# "枫桥经验"的时代之音

朱志华　周长康　主编

浙江工商大学出版社 ZHEJIANG GONGSHANG UNIVERSITY PRESS | 杭州

**图书在版编目(CIP)数据**

"枫桥经验"的时代之音 / 朱志华,周长康主编.
— 杭州：浙江工商大学出版社,2019.4(2022.10)

ISBN 978-7-5178-3174-7

Ⅰ. ①枫… Ⅱ. ①朱… ②周… Ⅲ. ①社会管
理-研究-诸暨 Ⅳ. ①D675.54

中国版本图书馆 CIP 数据核字(2019)第 057268 号

## "枫桥经验"的时代之音
### FENGQIAO JINGYAN DE SHIDAI ZHI YIN

朱志华　　周长康　主编

| | |
|---|---|
| **责任编辑** | 唐　红　谭娟娟 |
| **封面题词** | 刘　枫 |
| **封面设计** | 林朦朦 |
| **责任印制** | 包建辉 |
| **出版发行** | 浙江工商大学出版社 |
| | (杭州市教工路 198 号　邮政编码 310012) |
| | (E-mail:zjgsupress@163.com) |
| | (网址:http://www.zjgsupress.com) |
| | 电话:0571-88904980,88831806(传真) |
| **排　　版** | 杭州朝曦图文设计有限公司 |
| **印　　刷** | 广东虎彩云印刷有限公司绍兴分公司 |
| **开　　本** | 787mm×1092mm　1/16 |
| **印　　张** | 20.75 |
| **字　　数** | 307 千 |
| **版 印 次** | 2019 年 4 月第 1 版　2022 年 10 月第 3 次印刷 |
| **书　　号** | ISBN 978-7-5178-3174-7 |
| **定　　价** | 45.00 元 |

谨以此书纪念人民公安事业的老前辈、为"枫桥经验"做出重要贡献的吕剑光同志！

枫桥任驰骋时代之肩

刘枫题

# 序

刘力伟<sup>*</sup>

为纪念毛泽东同志批示学习推广"枫桥经验"55 周年、习近平同志指示坚持发展"枫桥经验"15 周年,浙江省公安厅朱志华、周长康两位老同志主编了《"枫桥经验"的时代之音》这一专著。他们把书稿送给我,嘱我读后写几句感言,我欣然接受。我逐字逐句,一气读完。"枫桥经验"的产生、发展过程,我是比较了解的。书中总结的各地创新发展"枫桥经验"的典型事例,除了上海长宁区人民法院、江苏盐城市公安局,其他地方和单位我都实地考察过。读这本书,我感到非常亲切。当然,更重要的是,我完全赞同作者们的观点,敬佩他们扎实深刻的学术精神和旗帜鲜明的战士风格。

我读书稿的时候,正逢中央政法委和浙江省委在绍兴联合召开"枫桥经验"纪念大会。中共中央政治局委员、中央政法委书记郭声琨同志在会上强调,要以习近平新时代中国特色社会主义思想为指引,坚定不移走中国特色社会主义社会治理之路,坚持创新发展新时代"枫桥经验",加快推进基层治理现代化,努力建设更高水平的平安中国,不断增强人民群众获得感、幸福感、安全感。我认为,《"枫桥经验"的时代之音》这本书,主题就是坚持和发展新时代"枫桥经验",其出发点、主要内容和基本观点,都是符合纪念大会精神、符合郭声琨同志讲话精神的。

"枫桥经验"诞生于 20 世纪 60 年代,核心价值是依靠群众化解矛盾,走人民治安道路。在不同历史时期,"枫桥经验"的表述有所不同。"文革"前,主要针对"四类分子"改造,概括为"依靠和发动群众,坚持矛盾不上交,就地解决,实现捕人少,治安好";"文革"后,在全国率先为"四类分子"摘帽,概括为"摘掉一顶帽,调动几代人";进入新世纪,为适应社会治安综合治理新形势,概括为"小事不出村,大事不出镇,矛盾不上交";党的十八大

---

* 注:刘力伟同志为原浙江省委常委(兼省公安厅厅长)、省人大常委会副主任。

以后,根据社会治理体系现代化的要求,概括为"矛盾不上交,平安不出事,服务不缺位"。

"枫桥经验"的总结推广,和毛泽东主席有关。"枫桥经验"的创新发展,和习近平总书记有关。1963年10月底,在杭州的毛泽东主席听说诸暨枫桥在"社教运动"中没有捕人后,说:"这叫矛盾不上交,就地解决。"同年11月下旬,他又在一份材料上批示:"应提到诸暨的好例子,要各地仿效,经过试点,推广去做。"2003年11月下旬,中央综治委和浙江省委联合召开纪念毛泽东同志批示"枫桥经验"40周年大会,时任浙江省委书记习近平同志在讲话中指出,要充分珍惜"枫桥经验",大力推广"枫桥经验",不断创新"枫桥经验"。2013年10月,习近平总书记又为纪念毛泽东同志批示"枫桥经验"50周年大会做出批示,要求各级党委和政府充分认识"枫桥经验"的重大意义,发扬优良作风,适应时代要求,创新群众工作方法,善于运用法治思维和法治方式解决涉及群众切身利益的矛盾和问题,把"枫桥经验"坚持好、发展好,把党的群众路线坚持好、贯彻好。

"枫桥经验"是人民群众创造的,也是人民群众发展的。"枫桥经验"的创造和发展,首先应当归功于党领导下的枫桥干部群众。枫桥镇(以前的枫桥区)所在的诸暨市(以前的诸暨县)、绍兴市、浙江省的干部群众,在各级党委的领导下坚持和发展"枫桥经验",创造了许多好的经验和做法。在坚持和发展"枫桥经验"的过程中,各地公安机关进行了积极的探索,做出了应有的贡献。

群众路线是我们党的一大法宝,"枫桥经验"是党领导群众工作的一大法宝。它过去是基层社会治安综合治理的法宝,现在是基层社会治理现代化的法宝。当然,它也是政法、公安工作的法宝。几十年来,浙江、绍兴、诸暨、枫桥全域范围内经济持续健康发展,社会持续安全稳定,很高程度上得益于"枫桥经验"的运用。

我个人也是"枫桥经验"的受益者。在担任浙江省公安厅厅长四年多的时间里,我几乎没有到过事故现场、命案现场、群体性事件现场。浙江的公安工作一直走在全国前列,并不是我们这些厅、局长本事比别人大,而是我们拥有"枫桥经验"这个法宝。

本书最后两章尤其值得一读。"枫桥经验"这么好,为什么还有人否定、攻击？我看并不奇怪。"林子大了，什么鸟都有。"世上如果没有了坏人，也就无所谓好人了。如果没有了谬误，也就无所谓真理了。真理总是在和谬误的斗争中发展壮大的。攻击"枫桥经验"的人，过去有，现在有，将来还会有。攻击不可怕，可怕的是大家都沉默。每个正直的人，都应当向朱志华、周长康这两位退休的老民警学习，嫉恶如仇，奋起批驳。

《"枫桥经验"的时代之音》，既是理论研究，又是经验总结，是一部关于"枫桥经验"理论和实践的权威工具书，值得阅读和收藏。

2018 年 12 月

# 引　言

习近平总书记在党的十九大报告中指出："时代是思想之母,实践是理论之源。只要我们善于聆听时代声音,勇于坚持真理、修正错误,二十一世纪中国的马克思主义一定能够展现出更强大、更有说服力的真理力量!"[①]"枫桥经验"要坚持和发展,就要聆听时代声音,在党的领导下,以人民为中心,研究社会矛盾和问题的形成与转化规律,预测风险的发生与危害,研究解决矛盾和问题的战略对策。马克思说:"问题就是时代的声音。"我们要敏感地聆听时代声音,"枫桥经验"历经半个多世纪和各个历史时期,在敌对势力威胁、刑事犯罪多发、社会矛盾叠加、风险频降的环境包围下,一直保持了平安和谐的"世外桃源"境界,盖源于聆听时代的声音,坚持党的群众路线,及时解决各类矛盾和问题,推动经济发展和社会进步。

2013年10月9日,习近平总书记就坚持和发展"枫桥经验"做出重要指示强调:"各级党委和政府要充分认识'枫桥经验'的重大意义,发扬优良作风,适应时代要求,创新群众工作方法,善于运用法治思维和法治方式解决涉及群众切身利益的矛盾和问题,把'枫桥经验'坚持好、发展好,把党的群众路线坚持好、贯彻好。"[②]这一指示明确了坚持和发展"枫桥经验"的方向。新时代的"枫桥经验"定性科学,内涵丰富,外延完整,方向明确,我们要正确理解,躬身实践,创新发展,提高社会治理社会化、法治化、智能化、专业化水平,提高预测预警预防各类风险的能力,进一步增强人民群众的安全感。

---

[①]　习近平:《决胜全面建成小康社会 夺取新时代中国特色社会主义伟大胜利——在中国共产党第十九次全国代表大会上的报告》,新华网,http://jhsjk.people.cn/article/29613458,2017年10月27日。

[②]　习近平:《把"枫桥经验"坚持好、发展好 把党的群众路线坚持好、贯彻好》,《人民日报》2013年10月12日第1版。

# 一

当今世界已进入大发展、大变革、大调整的时代,我国已进入中国特色社会主义新时代,我们要善于聆听时代之音,精确分析形势发展,抓住主要矛盾和问题,坚持和发展"枫桥经验",坚持和贯彻党的群众路线,将经过实践检验的理念和方法,运用到我国基层社会治理和国际秩序治理中去,为实现中华民族伟大复兴的中国梦,为构建人类命运共同体贡献智慧和经验。

## 一、时代是思想之母

深刻理解党的十九大报告中提出的中国特色社会主义进入新时代,深刻理解习近平新时代中国特色社会主义思想,深刻理解习近平总书记对当今世界正处于百年未有之大变局的判断。习近平总书记"把'枫桥经验'坚持好、发展好,把党的群众路线坚持好、贯彻好"的指示,使我们更充分认识到发展"枫桥经验"的重大意义。思想是一定历史时代的产物。一个正确认识的产生,不仅需要在实践基础上掌握丰富的感性材料,而且要正确运用辩证思维方法,进行一系列科学的思维活动。我们要提高政治敏感性,潜心研究新时代、新形势下出现的新的安全问题,研究坚持和发展"枫桥经验"的路径和方法,抓住新机遇,迎接新挑战,为战胜一切敌对势力和犯罪活动,化解社会矛盾纠纷,维护国家安全和社会稳定而努力奋斗。

## 二、实践是理论之源

务必深入群众调查访问,总结群众实践经验,将感性认识提炼为理性认识,再去指导现实斗争,实践—认识—再实践—再认识,如此循环往复,不断提高认识,下大力气预防和控制违法犯罪。说到底,社会安全不安全、稳定不稳定,主要看能不能预防和控制犯罪,犯罪活动控制问题是社会治理的重要课题。

研究"枫桥经验"必须深入群众实地考察、调查访问,辩证分析问题,只有将群众提供的情报信息认真研判,才能总结提炼群众的原创经验和方法。我们课题组有研究"枫桥经验"一二十年的同志,还有"枫桥经验"诞生时的见证者、参与者。2018 年以来,尤其是恰逢"枫桥经验"诞生 55 周年,我们组织作者们赴诸暨枫桥实地考察,赴学习"枫桥经验"较好的湖州市及下属的安吉县、长兴县、吴兴区、南浔区等地调查访问,与当地群众、治保和调解人员、社区民警和派出所所长、公安局长、党委和政府领导及先进人物杨光照等同志交流沟通,向他们调查、访问、请教和研讨,获得了可靠的第一手资料和真实数据。

系统总结党的十八大以来学习、推广"枫桥经验"的新观点新方法,不仅要总结枫桥的新经验,总结诸暨市公安局推广"枫桥经验"的新经验,更要总结浙江各地学习、推广"枫桥经验"的新经验,同时也要总结全国各地学习、推广"枫桥经验"的新经验,并提炼为科学理论,为预防和控制犯罪,为维护社会稳定,为创造实现"两个一百年"安全环境提供决策参考和依据,使"枫桥经验"适应新时代的要求。

### 三、聆听时代声音

我们要善于发现新生事物的诞生、成长和壮大,抓住当代面临的主要矛盾和问题,精确预测治安形势的发展趋势。研究与掌握犯罪活动规律,是坚持和发展"枫桥经验"必不可少的重要步骤。我们要预测预警预防,就要研究和掌握犯罪活动规律、社会发展规律、社会治理规律。要精确预测社会治安形势的发展,必须研究和掌握国内外主要矛盾和风险的发展规律,预测其今后十年或更长时期的发展趋势。要精准预测,首先要研究和掌握犯罪活动的规律。

不研究客观事物的发展规律,很难做到准确预测。研究犯罪就是研究社会,研究社会问题和社会矛盾。只有研究社会发展规律,才有可能科学预测犯罪活动的发展趋势,预测重大矛盾和风险的产生、发展和危害;按照风险发展逻辑,研究社会治理规律,逐步依次层层深入地研究预防和控制犯罪的战略对策。

### 四、适应时代要求

需要采集庞大的信息(就是大数据),进行精准的研判。什么是信息?许多人认为信息就是情报,很少包含知识。信息是指事物运动的状态以及关于事物运动状态的陈述。运动状态本身(例如观察到的事实、现象)是直接的信息,关于事物运动状态的陈述(例如经过加工整理的数据、资料、理论、观念等)则是间接信息。① 我们理解为,信息包括外部世界的物质客体,也包括主观世界的精神现象。信息是物质的一种属性,是事物运动规律的总和,是客观事物状态和运动特征的一种普遍形式。人通过眼、耳、鼻、舌、身感受到的视觉、听觉、嗅觉、味觉、肤觉,即人们从感性认识提炼成理性认识。信息包含数据、经验、文献、声音、语言、文字、图像、影视、气味等方式所表示的实际内容,一切客观事物的发展规律均属于信息。信息有普遍性、客观性、依附性、共享性、时效性、传递性等特征。

大数据可以被观察者感知、检测、提取、识别、存储、传递、显示、分析、处理和利用,它是决策的依据、控制的基础和治理的保证。运用大数据研究客观事物的发展规律,可以准确预测犯罪的发展趋势。预测犯罪的准确程度,预测社会治理效果的精确度,要在研究和掌握犯罪规律的基础上才有可能做到。研究这个重大课题,需建立学者型领导、实际工作者和理论工作者三结合的课题组,有组织地进行研究,才能充分发挥大数据治理社会的作用。

解读习近平总书记的指示,坚持和发展"枫桥经验",坚持和贯彻党的群众路线,聆听时代声音,适应时代要求,这就是本书的主题。

## 二

《"枫桥经验"的时代之音》一书共分三篇十八章,从主题的确定、提纲的拟就,到各位作者的撰写,反复修改或重写,再到最后统稿,我们尽量使本书观点正确、新鲜,既有理论概括,又有可操作性,论述言简意赅。各篇主要论点如下。

第一,发展篇——"枫桥经验"的新发展。从理论和实践的结合上认真解读、深刻领会习近平总书记"把'枫桥经验'坚持好、发展好,把党的群众路线坚持好、贯彻好"的重要指示,是本书的主题和核心,它为新时代"枫桥经验"的发展,指明了努力方向和行动纲领。

第二,实践篇——"枫桥经验"的辩证法。学习"枫桥经验",掌握精神

---

① 钟义信:《信息科学与信息革命》,载中共中央组织部等,《迎接新的技术革命》上册,湖南科学技术出版社1984年版,第216页。

实质,结合实际,经过试点,推广去做,或按安全、人权、法治和社会化、全球化专题研究,形成特色,充实和丰富新时代"枫桥经验"的内涵和外延。

第三,创新篇——"枫桥经验"的内生力。运用辩证思维,坚持实事求是的原则,明辨是非,弘扬正能量;澄清事实,批判错误观点,真理是在斗争中发展的,创新是在实践中萌发的。

发展、实践、创新三者互相联系,又有区别,发展蕴含着创新,实践促进事物发展,创新是发展动力。"枫桥经验"在实践中发展,在发展中创新。"枫桥经验"的生命力源于党的领导,群众路线,专门工作与群众路线相结合的实践与创新。

《"枫桥经验"的时代之音》一书由专门的编审委员会组织编写。编审委员会由朱志华、周长康、胡明法、叶冬平组成,负责本书的统筹、稿件的审读及出版经费的筹集等事项。

本书撰稿人分工如下:

| 引　言 | 周长康 |
| --- | --- |
| 第一章 | 周长康 |
| 第二至五章 | 张应立 |
| 第六章 | 周长康 |
| 第七章 | 周长康撰写第一、二节,朱志华撰写第三、四节 |
| 第八章 | 杨燮蛟　刘庆青 |
| 第九章 | 上海市长宁区人民法院课题组[成员:米振荣院长、宓秀范副院长、朱铁军副院长、许凯副院长,研究室孙海峰主任、周嘉禾,立案室(诉调对接中心)卫晓蓓主任、王宁] |
| 第十章 | 孙永刚 |
| 第十一章 | 朱志华 |
| 第十二章 | 朱志华(执笔)　胡明法　郑德明 |
| 第十三章 | 杨　琴　陈秋强　万国通 |
| 第十四章 | 上海市长宁区人民法院课题组 |
| 第十五章 | 石东坡 |
| 第十六章 | 王巧全 |

## 三

本书的编写得到诸暨市公安局、枫桥镇党委政府和枫桥派出所的支持，我们倾听了他们的经验介绍，实地调查和访问了群众及先进人物，获得了第一手资料，受到了新时代"枫桥经验"新发展的教益和启发。

我们到学习、推广"枫桥经验"很有成效的湖州市并分别到安吉县、长兴县、吴兴区、南浔区调查时，各级领导和民警热情介绍他们的新经验，带领我们深入基层深入群众调查访问，给我们留下了深刻的印象。他们对"枫桥经验"的独到理解和创新实践，充分体现在广大群众的实际行动之中，在此我们表示衷心的感谢！

本书系集体创作，各位作者各有风格，很难统稿，书中所表述的新时代"枫桥经验"的新发展，恐有不够完整与深刻之处。我们在书中提出了一些值得研究的问题，例如：如何科学解读习近平总书记关于"把'枫桥经验'坚持好、发展好，把党的群众路线坚持好、贯彻好"的重要指示，如何研究矛盾和风险的产生、发展及转化的规律，"枫桥经验"的人权观、文化维稳的安全观及新乡贤参与乡村治理等。这些都是值得研究的新问题，希望有识之士共同探讨。

编　者

2018 年 12 月

# | Contents | 目录

## 实践篇——"枫桥经验"的辩证法

## 创新篇——"枫桥经验"的内生力

党的十九大报告指出："时代是思想之母，实践是理论之源。只要我们善于聆听时代声音，勇于坚持真理、修正错误，二十一世纪中国的马克思主义一定能够展现出更强大、更有说服力的真理力量！"

# 发展篇——"枫桥经验"的新发展

2013年10月9日,习近平总书记就坚持和发展"枫桥经验"做出重要指示:各级党委和政府要充分认识"枫桥经验"的重大意义,发扬优良作风,适应时代要求,创新群众工作方法,善于运用法治思维和法治方式解决涉及群众切身利益的矛盾和问题,把"枫桥经验"坚持好、发展好,把党的群众路线坚持好、贯彻好。

# 第一章
# 各级党委和政府要充分认识"枫桥经验"的重大意义

"枫桥经验"历经 55 年的发展和积累,内涵十分丰富,它是服务群众的经验,是依靠群众的经验,是收集社情民意的经验,是化解矛盾的经验,是预防犯罪的经验,是保障安全的经验,是维护稳定的经验,是社会治理的经验。习近平总书记指示"各级党委和政府要充分认识'枫桥经验'的重大意义",说明全党和全国各族人民都要坚持和发展"枫桥经验",都要坚持和贯彻党的群众路线。当前,新时代"枫桥经验"的重大意义至少体现在三个方面:

一是"枫桥经验"的现实意义——迎战严峻复杂的社会安全风险;

二是"枫桥经验"的时代意义——应对新时代社会主要矛盾的变化;

三是"枫桥经验"的理论意义——构建中国特色社会主义社会治理体系。

## 第一节 "枫桥经验"的现实意义——迎战严峻复杂的社会安全风险

新时代我国面临的形势严峻复杂,国际国内敌对势力沆瀣一气地渗透破坏,境内境外刑事犯罪活动猖獗,重特大治安灾害事故不时突发。各类风险隐患复杂交织,构成对国家安全、社会稳定和人民安居乐业的严重威胁。

安全风险,指对人的生活、生命和财产安全造成威胁,对社会稳定、国家安全和政权稳定造成危险的可能性。把"枫桥经验"坚持好、发展好,把党的群众路线坚持好、贯彻好,对于应对各类社会安全风险,具有重大现实意义。

## 一、国际上敌对势力威胁与破坏之风险

国际形势正在发生深刻变化,国际格局处在大发展、大变革、大调整之中。美国奉行极端利己主义,宣扬"美国优先",处处把"美国利益放在第一位",唯恐我国挑战其霸主地位,采取软硬等各种手段,对我国发动全面围攻,从政治渗透、情报刺探、物色代理人、企图制造"颜色革命",到不时派出军舰、飞机滋扰我国领海、领空,搞军事威胁,再到全面开征高额关税打贸易战,企图遏制我国核心技术的发展,延缓我国的战略崛起,颠覆我国人民民主专政的政权。

美帝侵朝战争失败后,一直对我国进行渗透和颠覆,实施西化、分化的战略。1953年,美国前国务卿杜勒斯针对中国提出了"和平演变"战略,把赌注押在青少年身上。2000年,美国前国务卿奥尔布赖特强调"有了互联网,对付中国就有了办法"。2011年,美国前驻华大使洪博培在总统竞选中发表"扳倒中国论",称:"我们需做的就是伸出双手拥抱中国国内的亲美一族,我们可以称他们为'年轻一代',就是'互联网一代',要知道中国一共有5亿网民,8000万人使用社交平台,这一代网民带来巨大变化,将'扳倒中国'。"国内的一些政治异己分子,在敌对势力的豢养和唆使下,在微博、微信等社交平台上,通过发文章、图像、视频等形式,歪曲事实,虚构情节,造谣挑拨,攻击诬蔑,蛊惑群众,煽动上访,聚众闹事;西方媒体开动宣传机器,制造舆论,煽风点火,极力把事情闹大,企图引发社会动乱,制造西方所谓"颜色革命",达到颠覆我国人民民主专政政权的目的。美国还长期支持我国境内的邪教活动。"法轮功"教主李洪志长期潜逃于美国,受美国庇护,遥控指挥中国国内的信徒,攻击我国通信卫星,干扰我国通信事业,造谣诽谤党和政府,制造社会混乱。邪教"全能神"脱胎于邪教"呼喊派",其教主赵维山也因事情败露,于2000年潜逃到美国。根据《宗教蓝皮书:中国宗教报告(2013)》,近年来发生在全国各地的多起凶杀等刑事案件均与邪教"全能神"有关。2014年5月28日晚上,山东招远麦当劳餐厅一个女

孩仅仅因拒绝给陌生人电话号码,就被 6 名"全能神"组织成员当场殴打致死。[①]

近年来,美国霸权主义又对我国施展贸易战讹诈和军事威胁的手段,并利用东海钓鱼岛问题、南海问题和台湾问题,挑起事端,夹杂着美国中央情报局的"心理作战",妄想"不战而屈人之兵"。特朗普上台以来更加肆无忌惮,经济上对我国变本加厉地发起数波贸易战,军事上屡屡派军舰驶到南海、台海挑衅,派侦察机抵近我国领空侦察,政治上、外交上实施所谓"印太战略",图谋构筑对我国的包围圈。以美国为首的西方敌对势力长期以来对中国实行三种战略:一是围堵和遏制中国崛起,防止挑战其霸权地位;二是鼓励中国进入西方主导的世界秩序,采取"接触"加"遏制"策略;三是改变中国发展方向,使中国成为西方的附庸国家。然而在没能力围堵、遏制、改变中国时,则选择与中国进行一场新冷战。以美国为首的西方国家这几年来逐渐形成对中国的三个冷战判断:第一,西方对中国发展中的政治制度抱冷战思维;第二,对中国经济制度抱冷战思维;第三,对所谓的中国"新帝国主义"抱冷战思维。[②] 基于这样的冷战思维,我国同以美国为首的西方国家间的斗争将是长期的、复杂的和有风险的。

恐怖主义严重威胁着世界的和平和稳定。国际反恐经验一再证实,恐怖组织活动与美国的幕后支持有着重要关系。基地组织头目本·拉登原是美国中央情报局支持的阿富汗反苏力量的一员,后来逐步蜕变为国际恐怖势力头目。基地组织受到打压之后,国际恐怖势力纷纷归顺"伊斯兰国"(伊拉克和大叙利亚伊斯兰国,英文简称"IS")。近年来,IS 恐怖组织在受到沉重打击以后,有化整为零、分散作战迹象,其成员利用网络传播"圣战"极端思想,腐蚀毒害民众,招募勾连同伙,教唆暴恐分子,遥控指挥流窜、潜伏的恐怖分子进行"独狼式"的暴恐活动。暴力恐怖势力、民族分裂势力、宗教极端势力的渗透活动,对我国的社会稳定、"一带一路"和我国海外利益的威胁不断加大。

美国对反恐持双重标准,加剧了国际恐怖主义蔓延,在国内也得不到

① 萧辉:《招远血案宣判　2 人死刑 1 人无期》,《新京报》2014 年 10 月 12 日第 A05 版。
② 郑永年:《美国为什么要和中国进行新冷战》,《联合早报》2018 年 6 月 28 日。

公众的支持。美国虽受恐怖主义活动之害，但其本质上是自食其果。英、法、德等国也先后受到"独狼式"暴恐活动的袭击，这些国家的人民因此提心吊胆，常受惊吓。

众所周知，从 1988 年洛克比空难开始，美国便成了恐怖活动多发国家。1988 年，格林尼治时间 12 月 21 日，泛美航空 PA103 航班遭到恐怖袭击，在苏格兰小镇洛克比上空爆炸，造成 270 人罹难。这次袭击被视为对美国的象征性袭击，泛美航空公司在空难发生 3 年之后宣告破产。1995 年 4 月 19 日上午，美国俄克拉何马州首府俄克拉何马市发生了 1 起震惊世界的恐怖爆炸事件，1 枚汽车炸弹在 1 座联邦办公大楼外爆炸，巨大的爆炸力将这座 9 层大楼的整个北侧墙体和 2 至 9 层楼板及屋顶的 1/3 完全炸毁，爆炸造成 169 人死亡，475 人受伤。1998 年 8 月 7 日，美国驻坦桑尼亚首都达累斯萨拉姆和肯尼亚首都内罗毕的大使馆几乎同时遭遇汽车炸弹袭击。这两起爆炸共造成 224 人遇难，超过 4500 人受伤。美国国内恐怖主义升级的标志性事件就是"9·11"事件。2001 年 9 月 11 日上午，2 架被恐怖分子劫持的民航客机分别撞向美国纽约世界贸易中心 2 座大楼，这个纽约市的标志性建筑在遭到攻击后倒塌，该事件遇难者总数多达 2996 人，"9·11"事件是发生在美国本土的最为严重的恐怖攻击行动。2013 年，美国当地时间 4 月 15 日，波士顿马拉松赛终点处发生 2 起爆炸事件。两声巨响后，终点附近冒出了大量白烟，正途经爆炸点附近的参赛人群受到严重波及。事件造成 4 人遇难，140 多人受伤。2017 年，美国拉斯维加斯当地时间 10 月 1 日晚间，发生一起美国历史上伤亡最惨重的枪击案，造成 59 人死亡，527 人被送往医院。凶手在警察进入他所在的酒店房间之前就开枪自杀了。64 岁的凶手史蒂芬·帕多克是内华达人，他从拉斯维加斯曼德勒湾酒店 32 层开枪射击。警方在帕多克的房间内发现 23 支步枪、数以千计的弹药；在其内华达家中发现 19 支枪，共计 42 支枪。当时正在进行的音乐活动大约有 4 万人聚集在现场。听到枪声后，参加活动的民众慌乱逃跑。枪击持续大约 5 分钟。警方在停车场发现帕多克的汽车，里面藏有 59 磅（约 22.6 千克）爆炸物和超过 1600 发弹药。IS 组织随后宣称制造了这次恐怖袭击。美国遭受多次恐怖袭击，反映了美国以双重标准反恐，最后只能以失败告终。

## 二、以互联网为平台的新型犯罪活动的风险

随着经济社会的发展变化,科学技术的快速进步,犯罪方式和手段也在不断发展变化。当前我国社会新旧矛盾交织,极易激化并诱发犯罪。从类型上看,盗窃、抢劫、凶杀等传统犯罪案件的发生率虽有所下降,但电信诈骗、网络赌博、食品药品犯罪、环境污染犯罪等新型犯罪不断涌现出来。近几年,危害社会治安的黑恶势力猖獗,浙江省在中央部署扫黑除恶专项斗争后,立即开展了扫黑除恶专项行动。截至 2018 年 8 月底,共侦办涉黑案件 30 余起,恶势力犯罪集团案件 200 余起,摧毁了一大批涉嫌黑恶势力犯罪团伙,破获寻衅滋事、敲诈勒索等 10 类涉黑涉恶案件 6800 余起,扣押冻结一批非法资产,缴获一批枪支、管制刀具等作案工具。

仅 2018 年上半年,浙江警方就侦破利用网络游戏开设赌场案件 127 起,查获网络游戏赌博团伙 110 余个,抓获犯罪嫌疑人 1400 余名,扣押、冻结涉案资金达 7 亿余元,打掉涉赌网络游戏平台 36 个。浙江省温州市瑞安公安机关接到群众举报,有人利用直播平台打赏主播的形式聚众赌博,表面上看是用游戏币给主播"献花""送火箭",实际上是代理商给赌徒的等价转账金额。经过 3 个月的侦查,民警在杭州、宁波、温州、金华、江西、福建等地开展收网抓捕行动,侦破杭州 Z 公司、温州 F 公司等以"红磨坊视频聊天平台"为名义聚众赌博的多起开设赌场案,涉及省内外多家网络科技有限公司,参赌人员达数万人。民警先后抓获犯罪嫌疑人 65 人,采取刑事强制措施的有 42 人,查获并扣押服务器 20 余台、作案手机 60 余部、作案电脑 40 余台,涉案金额达 6 亿多元。

2018 年 6 月 9 日《钱江晚报》载,湖州市安吉县警方破获了一起由公安部督办的特大生产、销售假药案,捣毁制售假药窝点 9 个,现场扣押各类肉毒素 3828 盒、各类玻尿酸 40771 盒、纤维王等减肥药 5253 粒,涉案金额达 1.5 亿元。警方抓获 12 名犯罪嫌疑人,另有 1 人在逃。其销售遍布全国 30 多个省、区、市。①

---

① 郭楼儿、马俊、杜烨:《湖州公安破获美容行业特大销售假药案》,人民网,http://zj.people.com.cn/GB/n2/2018/0610/c370990-31686776.html,2018 年 6 月 10 日。

2017 年 10 月 16 日，金华市公安局破获制毒物品大案，缴获麻黄碱 12.7 吨，5 名犯罪嫌疑人被抓获。这家神秘工厂的员工都是外地人，上班不许带手机，老板称生产的是感冒药。

2018 年 6 月 8 日，永康市公安机关在排摸的基础上，一举打掉一个"车贷"黑恶势力犯罪集团，抓获团伙成员 17 人，查获尚未返还给受害人的各类车辆 90 余辆，价值 1000 余万元。该团伙与 4S 店员工联手，借用担保公司之名，在车贷中设下陷阱，在购车人因故逾期未还贷款时，采取暴力手段强行扣车，索要高额违约金、拖车款等，严重扰乱了车贷市场秩序。[①]

需要警惕的是，现代犯罪的案情性质比较复杂，有的案中有案、案中套案。2015 年 7 月，公安部指挥北京等地公安机关集中行动，摧毁一个以北京锋锐律师事务所为平台，自 2012 年 7 月以来先后组织策划炒作 40 余起敏感案件，严重扰乱社会秩序的涉嫌重大犯罪团伙。至此，一个由"维权"律师、推手、"访民"主导且三方相互勾连，组织严密、人数众多、分工精细的涉嫌犯罪团伙随之揭开，[②]表面上看是"聚众扰乱社会秩序"的刑事犯罪，实际上犯的是"组织、策划、实施颠覆国家政权，推翻社会主义制度"的危害国家安全罪。

网络犯罪是发展最为迅速的新型犯罪，每年以 30% 的速度增长，不仅关系到社会稳定，还关系到国家安全、政治安全、政权安全。犯罪集团以移动互联网为平台，传播犯罪信息，招募同伙，密谋策划，遥控指挥，跨境作案，贩卖武器，转移赃款，藏匿赃物，逃遁匿迹等，可以预见未来盗窃、诈骗、抢劫等各类传统犯罪均会利用移动互联网平台作案，犯罪正向科技化、智能化发展。网络时代犯罪具有隐蔽性、快速性、虚拟性、智能性、扩散性、跨国性、遥控性、复杂性、多变性等特点。这些网络时代犯罪的新特点，都是从互联网和移动通信中衍生出来的，网络正成为各类犯罪的平台，网络犯罪将成为大量盗窃、诈骗、抢劫、贩毒、杀人等犯罪的统称。随着移动互联网的发展，犯罪活动将进入高智能高科技发展阶段。移动互联网"主要由移动终端、移动通信网络和公众互联网服务等三要素构成，涉及无线蜂窝

---

① 张黎明、卞一夫：《永康公安打掉"车贷"恶势力团伙》，《金华日报》2018 年 7 月 15 日。
② 黄庆畅、邹伟：《揭开"维权"事件的黑幕》，《人民日报》2015 年 7 月 12 日第 2 版。

通信、无线局域网以及互联网、物联网、云计算等诸多领域,能广泛应用于个人即时通讯(信)、家庭互联、现代物流、智慧城市等多个场景"①。网络犯罪活动将侵害人们生产、生活的各个方面,将严重危害人民安居乐业,将影响社会稳定和国家安全。

2018 年以来,浙江省公安厅将打击侵犯公民个人信息列为网上秩序整治专项行动(简称"净网"2018 专项行动)。全省公安机关共清理网上公开买卖公民个人信息相关帖文 2405 条,处罚网站、网络服务提供商 209 家;破获侵犯公民个人信息类刑事案件 447 起,抓获犯罪嫌疑人 1863 名,查获泄露公民个人信息 22.8 亿余条;侦办、打击处理泄露信息的单位"内鬼"33 名,网络黑客 107 名,发现并督促整改安全隐患 6788 起,有效遏制了此类犯罪的高发态势。

有位研究网络犯罪的专家提出:"枫桥经验的本质是实事求是、因地制宜、依靠群众解决社会治安问题。当前,网络犯罪呈现出隐蔽性、专业性、变化快、链条式等特征,导致'防不胜防、堵不胜堵、打不胜打'的局面。推广网络空间治理'枫桥经验',推动由政府部门、行业协会、研究机构、企业及网民全员参与,形成'齐抓共管、良性互动'的网络犯罪防控治理体系,刻不容缓。"②整体合力治理网络犯罪成为当务之急。

### 三、重特大治安灾害、交通事故突发的风险

近年来交通设施不断完善,车辆持有量不断攀升,我国机动车保有量从 2007 年的 4417 万辆,攀升到 2010 年的 7619 万辆。2010 年以来,我国机动车保有量呈现井喷态势,2014 年仅新增机动车就达 1707 万辆,全国机动车保有量猛增到 2.64 亿辆,2017 年底更是增长到 3.1 亿辆,汽车驾驶人数量达到 3.85 亿。在机动车保有量不断攀升的同时,重大恶性交通事故多发势头未能得到有效遏制。

2012 年 6 月 29 日 4 时 30 分,广州沿江高速南岗段发生重大连环交通事故,沿江高速广州至深圳方向南岗段高架桥路段,发生货车与油罐车追

---

① 田倩飞:《移动互联网》,《光明日报》2018 年 5 月 31 日第 14 版。
② 连斌:《推动完善网络犯罪综合治理体系》,《中国信息安全》2018 年第 6 期,第 39 页。

尾撞车的交通事故,造成油罐车(载重 40 吨)所载溶剂油泄漏。泄漏的溶剂油顺着高速公路排水管流至桥底排水沟,遇火源引起爆燃,殃及货物堆场及周边建筑,造成人员重大伤亡,死亡 20 人,受伤 27 人。

气候变暖,全球异常天气发生频率加快,造成塌方、洪灾等灾害频发。2018 年 7 月 27 日 19 时 40 分,受强对流天气影响,浙江省桐庐县合村乡琅玕自然村桥面木质廊桥倒塌,致使廊桥下乘凉群众被压,造成 8 人死亡,3 人受伤。台风频发是气候异常的反映,台风"麦莎"是继 1997 年 11 号台风后至 2005 年期间,对中国影响最严重的台风。台风经过之处会出现大风、暴雨等极端天气,极易造成洪涝、山体滑坡、泥石流等自然灾害,严重威胁人民群众的生命和财产安全。据不完全统计,仅台风"麦莎"就造成 3064.2 万人受灾,20 人死亡,直接经济损失高达 177.1 亿元。

### 四、各类安全风险互相渗透、互相转化

恩格斯在《自然辩证法》中写道:"每一门科学都是分析某一个别的运动形式或一系列互相联系和互相转化的运动形式的,因此,科学分类就是这些运动形式本身依其内在序列所进行的分类、排序,科学分类的重要性也正在于此。"[①]敌对势力、刑事犯罪和灾害事故等风险存在着互相联系和互相转化的特点:传统安全威胁与非传统安全威胁互相混杂,国际敌对势力与国内敌对势力互相交织,虚拟犯罪与现实犯罪互相渗透。敌对势力会利用灾害事故造谣挑拨;刑事犯罪会趁秩序混乱作案;敌对势力的破坏、刑事犯罪的作案,可能造成重大灾害事故,或伪装成突发事故。各类犯罪的频发,迫切需要运用新对策:以网治网,以快制快,通过国际合作、制定法律、人技结合、依靠群众、夯实基础、掌握规律、预测发展,预防在先,撒网待鱼。

"枫桥经验"形成的共建共治共享社会治理格局,有利于预防和抵御各类风险的突发。枫桥公安派出所根据新形势组织了"红枫义警"等各类社会组织数十个,有治安巡逻、防盗、防特、防火、防爆炸、防交通事故等,采取各种群众喜闻乐见的宣传教育形式,在法制宣传中巡查,在安全检查中宣传,发现安全隐患依法限期整改,直到督促落实为止。群众一旦发现线索,

---

① 恩格斯:《自然辩证法》,人民出版社 2015 年版,第 122 页。

立即报告公安机关,确保情报信息通畅,提高了防范和抵御安全风险的能力。枫桥曾发现一名"飞车抢夺"犯罪分子弃车逃遁到山林之中,数百名群众主动上山协助民警抓获了犯罪嫌疑人。北京"朝阳群众"的火眼金睛可以随时识别违法犯罪的蛛丝马迹,协助公安机关破案。枫桥群众和"朝阳群众"形成了"全民皆警"的铜墙铁壁,编织了"警民合作,群防群治"的严密防控网。中国成为世界上最安全国家之一的原因就在于此。

坚持和发展"枫桥经验"的现实意义有三点:第一,预防和控制犯罪活动,防范和抵御各类风险隐患,确保人民安居乐业、社会安定有序、国家长治久安;第二,为推进浙江"八八战略"再深化、改革开放再出发、经济社会健康发展创造安全和谐的社会环境;第三,为构建中国特色社会主义社会治理体系提供实践经验与理论基础。

## 第二节 "枫桥经验"的时代意义——应对新时代社会主要矛盾的变化

中国特色社会主义新时代,是承前启后、继往开来的时代;是在新的历史条件下继续夺取中国特色社会主义伟大胜利的时代;是决胜全面建成小康社会,进而全面建设社会主义现代化强国的时代;是全国各族人民团结奋斗,不断创造美好生活,逐步实现全体人民共同富裕的时代;是全体中华儿女勠力同心,奋力实现中华民族伟大复兴中国梦的时代;是我国日益走上世界舞台中央,不断为人类做出更大贡献的时代。

### 一、中国特色社会主义进入新时代,我国社会的主要矛盾已经转化为人民日益增长的美好生活需要和不平衡不充分的发展之间的矛盾

党的十九大报告指出:"必须清醒看到,我们的工作还存在许多不足,面临不少困难和挑战。主要是:发展不平衡不充分的一些突出问题尚未解决,发展质量和效益还不高,创新能力不够强,实体经济水平有待提高,生态环境保护任重道远;民生领域还有不少短板,脱贫攻坚任务艰巨,城乡区

域发展和收入分配差距依然较大，群众在就业、教育、医疗、居住、养老等方面面临不少难题；社会文明水平尚需提高；社会矛盾和问题交织叠加，全面依法治国任务依然繁重，国家治理体系和治理能力有待加强；意识形态领域斗争依然复杂，国家安全面临新情况；一些改革部署和重大政策措施需要进一步落实；党的建设方面还存在不少薄弱环节。""人民美好生活需要日益广泛，不仅对物质文化生活提出了更高要求，而且在民主、法治、公平、正义、安全、环境等方面的要求日益增长。"

新时代从科学角度观察，是网络时代、大数据时代、智能化时代；从国际格局来分析，是大发展大变革大调整时代，是两种社会制度、两种意识形态和国家利益的斗争时代，是百年未有之大变局的时代。"枫桥经验"创造了安全的社会环境，枫桥镇的经济、政治、文化、社会、生态文明都得到了发展。因此，新时代的新矛盾是可以借鉴"枫桥经验"化解的。矛盾是推动社会前进的动力，社会是在矛盾运动中前进的，有矛盾就会有斗争。解决了重大矛盾，就能促进经济发展，推动社会进步。新时代是中国人民为了美好生活"撸起袖子加油干"，再接再厉、矢志不渝、蹄疾步稳地前进，为实现中华民族伟大复兴的中国梦而努力奋斗的时代。人是第一要素，伟大的时代、伟大的斗争，铸就了为伟大理想而奋斗的伟大人民，这是不可战胜的伟大力量，坚持和发展"枫桥经验"，坚持和贯彻党的群众路线，创新群众工作方法，任何重大疑难矛盾都能解决，其秘诀就在于以人民为中心。

### 二、"枫桥经验"是践行党的群众路线的典范，对化解新时代社会主要矛盾有重要借鉴和指导意义

在党的群众路线指引下，"枫桥经验"随着时代的发展而不断创新，经过各级领导干部和各学科专家学者的总结、概括和提炼，积累了维护稳定、治理社会的一系列概念，诸如调解矛盾、综合治理、社区警务、教育感化、安置就业、社区矫正、心理疏导、预防犯罪、网络安全、治安保卫、安全检查、文明执法、保障人权、公平正义、文化维稳，促进了经济发展和社会进步，每个概念都可在枫桥找到实际例子和生动故事。①

_____

① 详细内容可参考朱志华、周长康等著《"枫桥经验"发展论》，浙江人民出版社2011年版。

党的十八大后，诸暨市公安局和枫桥派出所总结了以党建统领，坚持人民主体，坚持自治、法治、德治"三治融合"，坚持人防、物防、技防、心防"四防并举"，坚持共建共享为核心的新时代"枫桥经验"；牢固树立"四个意识"，坚定"四个自信"，自觉践行对党忠诚、服务人民、执法公正、纪律严明。按照马克思主义关于阶级、政党、领袖的论述，"阶级通常是由政党来领导的；政党通常是由比较稳固的集团来主持的，而这个集团是由最有威信、最有影响、最有经验、被选出担任最重要职务而称为领袖的人们组成的"[①]。我们必须做到"一个带头、三个表率"，即带头维护以习近平同志为核心的党中央权威和集中统一领导，在深入学习贯彻习近平新时代中国特色社会主义思想上做表率，在始终同党中央保持高度一致上做表率，在坚决贯彻落实党中央各项决策部署上做表率。

习近平总书记提出的"系统治理、综合治理、依法治理、源头治理"，将"枫桥经验"的内涵和外延高度概括在内，是新时代社会治理的新思想新理念新战略，为坚持和发展新时代"枫桥经验"指明了前进方向。

根据"枫桥经验"的基本理念，我们要脚踏实地做好几件具有划时代意义的事。

(一)新时代要不断创新群众工作方法

随着"枫桥经验"的普及，许多地方公安机关精简机构，充实基层，增加社区民警，深入群众，服务群众，创新做群众工作的方法，把群众发动和组织起来，建立不同类型的社会组织，在化解矛盾、服务群众、排查隐患、预测预防风险等方面发挥积极作用；建立微信、微博、网络和电子信箱，收集情报，传输信息，发布预警；党员、干部、民警下基层与群众面对面谈心，又有移动网络24小时沟通互动，用传统与现代相结合的方法做群众工作，深受群众欢迎，最重要的是与群众心连心；不断提高党组织做群众工作的能力，对密切党群关系，增强党的战斗力，提高预防和抵御风险的能力，提高社会治理能力，不断增强党组织带领群众进行伟大斗争、建设伟大工程、推进伟大事业、实现伟大梦想的能力等，具有划时代的重大意义。

(二)完善突发事件处置机制，实现应对突发事件演练制度化经常化

现代社会是个高风险社会，在做好预防工作的基础上，提升风险应对

---

① 列宁：《列宁全集》第三十一卷，人民出版社1958年版，第23页。

能力是确保社会稳定的关键。不论是传统安全威胁还是非传统安全威胁,不论是刑事犯罪的侵害还是网络攻击和现行破坏,抑或发生恶性事故或遭遇地震、台风、水灾、山体滑坡和恶性传染疾病等灾害事件,都应该应对好这些突发事件,这是提高人的生存能力的重要途径。为此,应当运用传媒经常宣传,或经常播放发生突发事件的影像视频,组织群众开展突发事件救护和自救演练,进行心理疏导和抚慰知识的培训与教育,使这些知识家喻户晓。各级领导应当学习如何指挥应对、反击和处置各类突发事件,学会在突发事件中指挥群众避险和转移到安全地带,要做到未雨绸缪,事先准备好救生设备、食品、物品、医疗器材和药品等物资,组织医护人员对受伤人员展开救护等。当然要按各地的实际情况确定演习的项目和规模,努力做到一旦发生突发事件,沉着冷静、有准备有秩序地应对,预防和减少财产损失和人员伤亡。

(三)建立网络安全研究中心,应对网络带来的各类安全问题

互联网关系到国家安全,西方敌对势力把互联网作为"扳倒中国"的工具,唆使潜伏在我国内部的敌对势力以网络、微博、微信为平台,大肆宣扬西方所谓"人权、自由、民主"和"宪政"等观念,攻击污蔑共产党和社会主义制度,甚至伪造、篡改中央领导人的讲话,制造谣言,挑拨离间,扰乱人心,腐蚀青少年。网络犯罪猖獗,如网络诈骗、贩枪贩毒、网络赌博、黑客犯罪、侵犯知识产权、窃取个人信息等。为此,需要建立三支队伍。

1. 建立一支网络宣传队伍,占领网络空间。这支队伍应由文学艺术、哲学社会科学、自然科学的专家学者及新闻工作者组成,再由他们联系大批专业人才。要用最快速度、生动活泼的形式,吸引群众尤其是青少年,用微信、微博、图像、视频和游戏等方面的正能量信息,紧紧围绕党的中心工作,抓住社会热点和理论争论的焦点,通俗易懂地阐述正确观点,进行法制宣传。同时抵制一切反马克思主义的负面内容,诸如一切内容低俗、腐朽、迷信,宣扬暴力、淫秽、赌博、毒品及反动的影像制品。要广泛宣传马克思主义中国化和习近平新时代中国特色社会主义思想,宣传世界各国优秀文化和科技发明创造,内容包括经济、政治、法治、科技、文化、教育、民生、民族、宗教、社会、生态文明、国家安全、国防和军队、"一国两制"和祖国统一、外交、统一战线、党的建设等各方面做出的理论分析和政策指导,也要报道

典型案例和生动故事,使之成为群众百看不厌的信息,成为日常生活的需要。批驳一切反马克思主义的论著、视频和影像等作品,批驳一切削弱、歪曲、否定党的领导和我国社会主义制度的言行,"消除一切损害党的先进性和纯洁性的因素,清除一切侵蚀党的健康肌体的病毒"①,显示马克思主义强大的生命力和战斗力。通过两种制度、两种意识形态的斗争,培养和锻炼大批年轻的用马克思主义中国化武装起来的理论家和新时代的文学艺术家。

2. 建立一支网络技术创新队伍。挑选网络技术精湛的拔尖人才,经过考核和试用,集聚专门维护网络安全和创造网络新技术的队伍,分布在经济、政治、文化、科技等各个领域,并定期召开网络理论研讨和技术交流会,不断研究创新网络技术,占领网络技术制高点,确保网络安全,不被窃密,不被篡改,不被破坏,不被黑客捣乱。这支队伍要少而精和年轻化,不断流动更新,保持强大的战斗力。

3. 建立一支专门预防和控制网络犯罪活动的队伍。应由网络技术专家、资深侦查员和犯罪学专家组成,研究网络犯罪的现状、特点和规律,预测网络犯罪的发展趋势,提出预防和控制网络犯罪的战略方案,研究互联网立法,加强国际合作,提供领导做决策的依据。及时制止有害信息传播,并将侦破网络犯罪大案、抓获网络犯罪人员的典型经验,转发各地参考。

### 三、建立大数据研究中心,完善大数据库,奠定新时代运用"枫桥经验"开展社会治理的科学基础

(一)建立大数据研究中心的重要意义

数据库是指在计算机存储设备上合理存放的、相互关联的数据的集合。数据通常指进行各种统计、计算、科学研究或技术设计所依据的数值;在计算机科学中特指信息的表现形式和载体,即可以用符号系统表示的信息。公安机关拥有人口统计数据、报警统计数据、刑事案件和作案成员统计数据、行政治安案件和行政治安违法人员统计数据、火灾事故和道路交

---

① 习近平:《在中国共产党第十九次全国代表大会上的报告》,《人民日报》2017年10月18日第1版。

通事故统计数据等。这些数据中,有的是基层公安民警将一起一起案件统计起来逐级上报的,有的是人口普查时动员大批统计人员统计的,是十分宝贵的资料。虽然有的数据有"水分",但可以通过抽样调查或其他方法纠正。在研究犯罪问题时,需要运用系统、准确、可靠的数据。笔者在研究公安部承担的国家科研项目"中国现阶段犯罪问题研究(浙江省分卷)"时,曾充分运用公安业务统计数据,研究犯罪现状、犯罪历史、犯罪原因、犯罪规律,预测犯罪发展趋势,制定预防和控制犯罪战略。其中预测 10 年犯罪发展趋势的数据基本是准确的,得到了公安部的肯定,项目成果被浙江省人民政府评为哲学社会科学优秀成果一等奖,可见大数据的重要性。

(二)数据的类型

所谓数据,包括以下几项:

1. 人口、报警、刑事犯罪、作案成员、交通、火灾、爆炸等的统计数据。

2. 情报信息、经验总结、典型案例、调查报告、破案总结、领导指示、科研成果、历史文献、影像制品、国际资料。

3. 作案成员的性别、年龄、籍贯、职业身份、文化程度、家庭情况、违法经历和心理变异等。

4. 定期召开犯罪学理论研讨会,或召开运用大数据研究调解矛盾纠纷、预防犯罪和侦查破案经验交流会,提交的论文、调查报告和决策研究报告,反映的新观点、新理念、新方法。

5. 全国的经济、政治、文化、社会、生态等统计数据。

6. 国际上主要国家的统计数据,可做微观和宏观比较,研究发展规律。但需要经过甄别和分析,剔除虚假和不实的部分。笔者曾当面向美国著名犯罪学家、宾夕法尼亚大学教授马汶·沃尔夫冈请教美国统计犯罪数据的方法,他说司法部门的统计和专家学者的抽样调查是不一样的。我们研究问题时要注意数据的真实性。

(三)发挥大数据的作用

1. 及时研判、传递数据。按照数据(情报信息)的轻重缓急,分别传递至有关部门处理、储存、分析、综合、使用,及时反馈哪些数据发挥作用,哪些数据不准确、不及时,供以后收集数据时改进。面对海量数据,要分清轻重缓急,哪些是重要的、紧急的、有价值的信息,哪些是一般的消息,哪些是新观点、新思想、新方法，哪些是已过时的知识与观念。研判人员要有国际视野、政治眼光和实践经验，要有丰富的知识、敏锐的思维，要有现代情报学的知识，只有这样才有可能做到精确判断，科学分析，掌握规律，准确预测，提出战略对策。

2. 研究犯罪现状、犯罪历史、犯罪原因、犯罪规律，预测犯罪发展趋势，提出预防和控制犯罪战略方案，搞好顶层设计，报送党委和政府做决策之参考。

研究犯罪嫌疑人的性别、年龄、籍贯、文化程度、职业身份、违法经历，研究犯罪类型、犯罪手段、犯罪动机和所造成的危害等，可对违法人员的教育帮助、心理疏导、行为矫正、安置就业和对治安管理、侦查破案、预防重新犯罪提供依据。

在20世纪八九十年代，公安部承担国家重点项目"中国现阶段犯罪问题研究"，组织了十几个省区市公安厅局，开展了大规模的犯罪问题研究，经过5年的研究，出版了15部著作，这是我国犯罪学研究规模最大、成果质量最好的重点课题，对指导现实斗争和理论研究影响深远。中国青少年犯罪研究会针对青少年犯罪问题突出这一状况，在全国各省区市成立了青少年犯罪研究会，组织开展了群众性的调查研究和学术研讨，为预防青少年犯罪，向党委和政府提供了决策依据和立法建议，达到了预防和控制青少年犯罪的社会效果。

近几年来，中国犯罪学研究处于低谷，主要原因有三个：一是缺乏深入实际调查研究所掌握的第一手资料，又缺乏系统的准确的大数据，好多犯罪学观点是在办公室里制造出来的，基础理论缺乏实践依据，很难指导实际斗争，当然某些观点是可参考的；二是实战部门积累了系统的数据和丰富的实践经验，但没有将经验提升为科学理论；三是有些已经出版的犯罪学理论专著是西方犯罪学的翻版，缺乏从中国国情出发的研究成果，缺乏中国特色的犯罪学基本理论。因此，从"枫桥经验"中提炼中国特色犯罪学的理论元素，是一条正确的科学的道路，"枫桥经验"的研究路径和方法是可以借鉴的，甚至是可以移植的。

3. 研究社会矛盾和问题。围绕党和政府的中心工作，从研究犯罪入手研究社会问题，犯罪是矛盾激化的结果。如收入分配、教育、就业、医疗、住房、养老、社会保障、环境治理、食品药品安全等问题,这些社会热点或敏感的矛盾和问题如不及时疏导与解决,就可能引发违法犯罪、群体性事件,影响社会治安稳定。公安政法部门应结合业务工作的有利条件联合研究犯罪问题,研究社会治理问题,防止就事论事、就案办案的老习惯、老做法。党政各部门也要研究本部门、本系统的矛盾纠纷问题,及早从源头上解决,不要等矛盾激化、问题闹大,再动用公安政法部门力量去解决,去维稳。

4. 运用大数据设计依法调解矛盾纠纷、依法办理各类案件的模式,可供干部群众了解办案程序,为普法通俗化提供信息资料。建立矛盾调解数据库,将各地成功的调解案(事)件及依据分门别类地进行汇总,调解人员只要打开电脑,如何依法处理矛盾纠纷,什么类型和性质的矛盾纠纷用什么方法、什么法律调解一目了然,而且有典型案例做参考。什么样的疑难案件用什么方法侦破,并附典型案例,可作为培训新民警的教材。像电影《地道战》《地雷战》作为军事教材,既生动又形象,富有思想性,深受群众喜爱。

坚持和发展"枫桥经验"的时代意义有三点:第一,研究经济社会发展规律,研究矛盾的产生和转化规律,研究风险隐患产生的原因和发展的规律,预测风险隐患的发展趋势,提出源头治理之策;第二,从全局、长期、分层次研究预防和控制犯罪战略,搞好顶层设计,有计划、有步骤、有重点、分层次实施之;第三,坚持党的群众路线,建设平安浙江、法治浙江,建设平安中国、法治中国。

## 第三节 "枫桥经验"的理论意义——构建中国特色社会主义社会 治理体系

以习近平新时代中国特色社会主义思想为指导,以总体国家安全观为统领,运用马克思主义的实践观、群众观、阶级观、发展观、矛盾观,对"枫桥经验"的形成、发展和成熟的过程进行考察和研究,找出发展规律,提炼基层社会治理理论。

### 一、将"枫桥经验"提升为"枫桥理论"的重要性

一些专家学者在理论研讨时提出,将"枫桥经验"提升为"枫桥理论"。什么是经验?经验是由实践得来的知识或技能。它是朴素的原始的感性认识,尚需概括和提炼。辩证唯物主义认为,经验是在社会实践中产生的,是客观事物在人们头脑中的反映,是认识的开端。但经验有待深化,有待上升到理论。经验,一般有一定的时空限制,虽然是先进经验,但若得不到发展,也会过时。什么是理论?理论是系统化了的理性认识,是某个知识领域的概念、原理体系。理论具有一定的内在逻辑结构,是借助一定的概念、判断、推理和范畴形式建立起来的观点体系。理论的形成是一个过程,既包括在感性认识基础上获得对事物的规律性认识,又包括概念化过程中正确理论对错误理论的克服、先进理论对落后理论的扬弃。

"枫桥经验"与众不同,它经过半个多世纪的实践检验,仍然焕发着耀眼的光芒。究其原因有三:一是群众出于安全需要,不断创造新的人防技防安全举措,各级领导干部不断深入群众,总结维护社会稳定的经验;二是党中央重视,毛主席批示各地仿效,习近平总书记指示要坚持和发展"枫桥经验";三是专家学者将群众朴素的原创经验提升为理性认识,逐步形成科学理论。

科学理论是客观事物本质及其规律性的正确反映,是在社会实践基础上产生并经过社会实践检验和证明的理论。"枫桥经验"是在实践基础上产生和发展,又反转过来为实践服务的。科学理论的重要任务在于揭示客观事物的发展规律,指导人们的行动。我们将"枫桥经验"提升为治理社会的科学理论的重要性就在于此。

### 二、"枫桥经验"在实践中提炼了一系列新理念,促进了感性认识向理性认识的转变

半个多世纪以来,枫桥群众为了安全,创造和积累了许多经验。各级领导和各学科的专家学者通过梳理、提炼、概括,将枫桥群众实践中积累起来的对维护安全稳定、维护社会秩序的感性认识提升为理性认识,从原创的"枫桥经验"中提炼出"调解矛盾""综合治理""社区警务"等一系列治理

社会的概念和原理,现在的"枫桥经验"已经系统化、体系化,实际上已是"枫桥理论"的代名词,不仅适合农村,也适合城市,适合各类复杂矛盾的转化和解决。在今后的实践和理论研究中,要将"枫桥经验"继续推向系统化、科学化、智能化、法治化轨道,促进"枫桥经验"继续升华为"枫桥理论"。1999年9月,中国青少年犯罪研究会会长张黎群教授题词指出:"枫桥经验是社会主义市场经济的社会背景下预防犯罪的重要科研成果,它将预防犯罪的思想理论同司法实践紧密结合创造出如何实现良好的社会治安环境的科学方法。"

### 三、"枫桥经验"理论研究的思路和方法

影响与危害国家安全和社会稳定的主要因素是违法犯罪,我们研究社会治理首先要研究整治犯罪,进而研究社会治理。1993年浙江省第一次召开"枫桥经验"理论研讨会,以后每隔五年召开一次,平时经常组织专家赴枫桥进行专题调查研究、小型研讨。我们组织浙江、北京、上海、天津等地的哲学、法学、社会学、心理学、人口学、文化学、经济学、教育学、犯罪学等各学科的专家学者来诸暨枫桥实地考察和调查研究。我们对"枫桥经验"的研究与众不同,我们的研究不属于单一的法学或社会学,我们提倡"杂交优选法",运用哲学社会科学各学科的先进理念和方法,我们的研究属于综合性交叉学科,以不同的视角研究社会问题和犯罪活动,研究成果经实践检验是正确的、科学的。在研讨基础上,我们编辑出版了《当代中国小城镇社区犯罪控制》《走向21世纪的"枫桥经验"——预防犯罪实证研究》《枫桥经验的科学发展》《枫桥经验发展论》等4部著作,发表论文数百篇。

"枫桥经验"研究方法是从长期实践中摸索出来的,其显著的特点是追踪调查研究、动态发展研究、持续连贯研究,适应了经济社会的发展、社会矛盾的演化、违法犯罪的变异。追踪调查利于积累系统数据、素材和典型案例。坚持理论联系实际的研究方法有实地观察法、追踪调查法、情报研判法、统计分析法、科学实验法、文献研究法、定性定量法、实证思辨法、"杂交优选法"。

"枫桥经验"是随着时代的发展而发展的,某些人用老眼光看新问题,

说"'枫桥经验'是封闭社会的产物,改革开放不适用","'枫桥经验'过时了",或因不了解公安工作方针是党委领导、群众路线,专门工作与群众路线相结合,而提出"总结、推广'枫桥经验'不是公安机关的事"等。对此认识问题,需要凭事实解释和澄清。至于居心叵测的人对"枫桥经验"的攻击污蔑,则需及时揭露、批判和驳斥,以免流毒社会,误导群众。

### 四、"枫桥经验"的科研成果

为了实现依靠群众,"矛盾不上交,就地解决","把'枫桥经验'坚持好、发展好,把党的群众路线坚持好、贯彻好",经过各级领导的总结,各学科专家学者的持续调查研究、多次理论研讨,从"枫桥经验"中提炼了一系列治理犯罪、治理社会的原理,例如:

1. 调解矛盾纠纷,消除犯罪诱因;

2. 强根固本,夯实长治久安基石;

3. 社区警务建设与社会安全阀的建立;

4. 民主与法治建设,群众是维护社会治安的主体;

5. 以人为本,人权保障;

6. "枫桥经验"体现了刑事政策的新理念;

7. 经济社会协调发展,从根本上预防社会矛盾的发生;

8. "枫桥经验"代表国际社会预防犯罪的一个发展方向;

9. "枫桥经验"体现了人类文明的发展趋势;

10. 探索中国特色整体预防犯罪模式。[①]

经过多学科、多视角的深入研讨,当今的"枫桥经验"已不局限于诸暨枫桥的经验,它是化解矛盾、预防犯罪、治理社会的知识结晶,已是"枫桥经验"的代名词。我们要遵循习近平总书记指示:"要坚定不移走中国特色社会主义社会治理之路,善于把党的领导和我国社会主义制度优势转化为社会治理优势,着力推进社会治理系统化、科学化、智能化、法治化,不断完善中国特色社会主义社会治理体系,确保人民安居乐业、社会安定有序、国家

---

① 以上10个方面的详细论述,详见朱志华、周长康等著《枫桥经验发展论》,浙江人民出版社2011年版。

长治久安。"

### 五、研究"枫桥经验"发展阶段的划分

随着经济社会的发展,社会主要矛盾的变化,犯罪形态的演变,预防和控制犯罪形成阶段性。对"枫桥经验"发展的阶段性,有各种不同的划分。

第一种是按领导人批示划分。毛主席批示依靠群众,"矛盾不上交,就地解决"阶段;邓小平指示改革开放"稳定压倒一切"阶段;习近平总书记指示"把'枫桥经验'坚持好、发展好,把党的群众路线坚持好、贯彻好"阶段。

第二种是按经济社会发展和社会主要矛盾划分。如暂时困难时期、"文化大革命"时期、粉碎"四人帮"时期、改革开放时期、全面建成小康社会时期。

第三种是按犯罪活动特点划分。例如:暂时困难时期"四类分子"幻想变天阶段,"文化大革命"时期犯罪活动"无法无天"阶段,20世纪80年代初期青少年犯罪问题突出阶段,改革开放时期刑事犯罪猖獗阶段,新时期网络犯罪呈现新特点阶段。

专家学者为了便于研究,可根据研究课题选择不同标准,从不同视角对"枫桥经验"发展阶段进行划分,可视维护国家安全、社会稳定,确保人民安居乐业等情形来确定。

### 六、推广"枫桥经验"的社会效果

党的十八大以来,各地围绕"发案少,秩序好,社会稳定,群众满意,经济发展"的目标,按照"矛盾不上交,就地解决"的要求,结合当地实际,经过试点,仿效去做,又创造了新的经验,例如浙江涌现了"和事佬""老娘舅""武林大妈""红枫义警""家园卫士";内蒙古自治区的"屯不错",乌兰浩特市的"小治保",扎赉特旗的"民间警务室";上海长宁区人民法院的法庭调解;被媒体称为"世界第五大情报机构"的北京"朝阳群众";等等。群众性的社会组织如雨后春笋般在全国各地涌现,在推广"枫桥经验"维护社会治安中发挥着积极作用。不仅推广到农村,也推广到城市,直至推广到武汉、上海、北京等特大城市,使盗窃、抢劫等常发性案件的发生率不断下降,社会治安稳定,人民安居乐业,专心劳动创造,中国成为世界上最安全的国家

之一。

### 七、枫桥学派的形成与发展

枫桥学派是我国在长期的犯罪学理论研究中形成的一个本土学术流派。枫桥学派是在调解矛盾、综合治理、预防和控制犯罪、维护社会稳定中自然形成的一个研究犯罪学的流派。学派是由观点、学术范畴、研究方式等较为一致的学者组成。枫桥学派的学者围绕着"枫桥经验"的理论与实践,长期深入系统地开展研究,在犯罪学的一些基本问题上,尤其是犯罪的预防、治理问题上,形成较为一致的认识。

从维护稳定的实践和理论研究中形成了犯罪学的三个学派:以打击为主的实战学派,关在象牙塔里埋头搞基础理论研究的理论学派,预防为主、标本兼治的理论与实践相结合的枫桥学派。三个学派各具特色和风格,如能取长补短,理论与实践相结合,中国特色的犯罪学派将是世界上独一无二的最先进学派。①

### 八、"枫桥经验"向世界各国传播

"枫桥经验"代表国际社会预防犯罪的一个发展方向,体现了人类文明的发展趋势。"枫桥经验"可供发展中国家治理社会借鉴和参考,为构建人类命运共同体贡献智慧和方案。笔者曾于1999年以浙江省青少年犯罪研究会的名义,邀请国际犯罪协会学术委员会主席汉斯·尤尔根·卡尔纳教授到浙江诸暨枫桥参观访问,"枫桥经验"引起了卡尔纳教授的注意。开始他不理解"枫桥经验"的典型,不了解中国公安工作的方针是党委领导、群众路线,专门工作与群众路线相结合,他质疑"你们警察的权力有那么大",经过解释后他欣然题词:"衷心感谢你们的讲授。祝你们的典型经验取得更大的成效,获取更多的奖励。"这为"枫桥经验"向世界传播开了个好头。

当前世界并不稳定,矛盾纠纷叠加,争端激烈尖锐,武装冲突不断,暴恐袭击频发,不仅发展中国家不太平,西方发达国家更不安宁,欧洲恐袭接连突发,美国的枪案持续不断,其人民如惊弓之鸟,提心吊胆,不得安宁。

---

① 详见朱志华、周长康等著《枫桥经验发展论》,浙江人民出版社2011年版。

"枫桥经验"的一系列理念和方法,可供他们参考和借鉴。当然社会制度不同,政策法律各异,维护稳定的立场观点也不同,尤其是美国等西方发达国家的"双重标准",不仅使恐怖主义不易消除,而且使地区冲突难以解决。我们要看到美国坚持利益"优先",两种制度、两种意识形态的斗争依然存在,敌对势力一直在搞渗透、颠覆和破坏。"枫桥经验"通过典型的案例、生动的故事向国际上传播,人民群众乐于接受和仿效,可供对我国友好的国家参考,可供新兴市场经济体国家和发展中国家参考,可供各国人民群众保护自己安全、维护社会稳定参考。一旦公众掌握了"枫桥经验"的精神实质,就会产生巨大的物质力量,能为保障"一带一路"的安全,维护世界和平,推进构建人类命运共同体创造新的奇迹。

### 九、"枫桥经验"的生命力源泉

"枫桥经验"之所以历久弥新,始终保持着旺盛的生命力,主要是因为坚持不懈地贯彻党的群众路线,具体原因有三:一是随着时代的发展,群众为了安全而采取的各种预防措施,这是群众原创动力;二是各级党委和政府的推广,各地结合实际又创造了新的经验,逐渐成为长治久安之策;三是将实践经验提炼为科学理论,"实践—认识—再实践—再认识",循环往复,不断提升,经过实践的检验,使它适应时代要求,这才是真正的普适价值。

坚持和发展"枫桥经验"的理论意义有三点:第一,完善中国特色社会主义社会治理体系;第二,构建中国特色犯罪学理论体系;第三,培养和造就大批坚持理论联系实际,深入群众调查研究,总结实践经验并将其升华为理论,又以科学理论指导实践的优秀人才。

## 第二章
# 发扬优良作风

2014 年 6 月 30 日,习近平总书记在中共中央政治局第十六次集体学习时强调:"作风问题核心是党同人民群众的关系问题。加强作风建设,必须坚持马克思主义群众观点、贯彻党的群众路线,把出发点和落脚点归结到实现好、维护好、发展好最广大人民根本利益上来,归结到为民务实清廉上来,使改进作风的过程成为贯彻执行党的理论和路线方针政策的过程,成为推动改革开放和社会主义现代化建设顺利进行的过程。"[①]

"枫桥经验"在诞生、传承、发展中蕴含着丰富的党的优良作风,也可以说"枫桥经验"是党的优良作风的结晶。习近平总书记在纪念"枫桥经验"50 周年重要指示中指出的"发扬优良作风",是指发扬"枫桥经验"中所体现的党的优良作风,是指"枫桥经验"从诞生之日起,坚持和发展过程中始终贯彻党的群众路线,密切联系群众,尊重群众首创,一切从实际出发,理论联系实际,专门工作与群众路线相结合等优良作风。正是因为蕴含着这些优良作风,"枫桥经验"在传承和发展中获得的成绩优良,总结的经验做法比较先进,提炼的理念和方法比较科学,需要继续发展和弘扬,为新时代社会安定、人民幸福做出新的贡献。

---

① 习近平:《坚持从严治党落实管党治党责任　把作风建设要求融入党的制度建设》,《人民日报》2014 年 7 月 1 日第 1 版。

## 第一节 "枫桥经验"的优良作风的概念及特征

"枫桥经验"本身就是我们党优良作风的结晶,是践行党的群众路线的典范,是我们党密切联系群众,发动和依靠群众,凝聚群众智慧,化解矛盾,治理社会问题的成功经验。

根据习近平总书记关于作风问题的指示精神,"枫桥经验"的优良作风可概括为:

1. 深入群众、深入实际调查研究,实事求是,掌握第一手材料,一切从实际出发;

2. 密切联系群众,尊重群众首创,凝聚群众智慧,充分依靠群众,把专门工作与群众路线有机结合;

3. 理论联系实际,以党的理论和路线方针政策指导群众实践,用群众的实践来检验,不断推动党的路线方针政策的落实;

4. 坚持教育人改造人,在教育、帮助、感化中化消极因素为积极因素;

5. 总结群众经验,完善村规民约,严格依法办事。

作风建设总是跟优良作风的传承联系在一起,国家的强盛、民族的兴旺总是与一个国家、民族的优良作风的传承和弘扬直接相关。没有好的作风、传统,就不可能塑造起强大的国家、民族。

### 一、优良作风的概念及特征

优良作风是由"优良""作风"两个词组成的名词词组。按照《现代汉语规范词典》,"优良"一词是形容词,指品质、质量、成绩、作风、传统等非常好[①]。"作风"一词有两种含义,一是指思想、工作或者生活上一贯表现出的态度或做法;二是指风格[②],所谓风格是指不同时代、民族、流派或个人的文艺创作在思想内容和艺术手法上表现出的特点[③]。优良作风具有以下

---

① 李行健:《现代汉语规范词典》,外语教学与研究出版社、语文出版社 2004 年版,第 1580 页。
② 同①,第 1750 页。
③ 同①,第 390 页。

特征：

1. 优良作风是一种态度或做法，是思想上、工作上、生活上的态度或做法，而不是指其他方面；

2. 优良作风是长期形成的一贯的、非常好的、优秀的思想态度或做法，这种优良作风是在长期的思想、工作、生活中逐渐形成的，经过千百次锤炼传承下来，具有持久的生命力，而不是短暂的、昙花一现的；

3. 优良作风按照主体划分，有民族的、党派的、特定人群的等，如勤劳勇敢是中华民族的优良传统和作风，实事求是、密切联系群众、批评与自我批评等是中国共产党的优良传统和作风，等等；

4. 优良作风属于精神文明的范畴，是精神力量，产生于物质文明，但又对物质文明建设有着巨大的反作用。

## 二、党的优良作风就是我们党在长期的思想、工作实践中形成的一贯的态度和做法

党的优良作风是中国共产党在领导革命、建设和改革开放过程中逐步形成的，是党和人民宝贵的精神财富，也是党领导人民不断取得革命、建设和改革开放一个接一个胜利的法宝。我们党的优良作风很多，如密切联系群众、理论联系实际、批评与自我批评等。在我们党的发展史上，党的优良作风占有十分重要的地位，对推进不同时期党的建设发挥了重要作用。

习近平同志高度重视继承和弘扬党的优良传统和作风。2006年3月任浙江省委书记时，习近平率领浙江党政代表团参观革命圣地井冈山时就指出，"坚定信念、艰苦奋斗，实事求是、敢闯新路，依靠群众、勇于胜利"的井冈山精神是我们党优良传统的集中体现和宝贵的精神财富。我们要继承和发扬党的优良传统，用井冈山精神激励全省广大干部群众，进一步推动"干在实处、走在前列"的各项工作。2009年6月，习近平在甘肃调研期间强调：我们党在长期奋斗历程中形成的优良传统和革命精神，是一笔宝贵的精神财富和丰厚的政治资源，各级领导干部要紧密结合正在全党开展的深入学习实践科学发展观活动，与时俱进地加以弘扬，牢固树立立党为公、执政为民的宗旨观，时刻摆正同人民群众的位置，做到问政于民、问需于民、问计于民；牢固树立尊重规律、求真务实的政绩观，多干打基础、利长

远的事,真正干出经得起实践、人民和历史检验的政绩;牢固树立艰苦创业、勤俭办事的奋斗观,保持和发扬革命先辈那么一股革命热情、那么一种拼搏精神,以优良作风带领广大党员和干部群众迎难而上、锐意进取。[①] 2015年2月,习近平在听取陕西省委和省政府工作汇报时提出:我们党是一个具有长期奋斗历史和优良革命传统的党,也是一个紧跟时代步伐、善于与时俱进的党。党的建设必须坚持继承和创新相结合,结合时代条件发扬党的光荣传统和优良作风。党的十八大以来,中国特色社会主义建设事业进入了新的时代,社会主要矛盾发生了变化,社会出现了新的特征,新的历史时期我们党虽然在领导人民反腐、开展社会主义革命和建设中取得了很大成就,但风险与困难依然存在,需要我们在新的历史条件下继续发扬党的优良传统和作风。

## 第二节 "枫桥经验"中蕴含着优良作风

"枫桥经验"凝聚着的优良作风,是各地群众在党委和政府领导下传承和弘扬党的优良作风的结晶。从各地长期传承和发展"枫桥经验"的实践来看,"枫桥经验"中蕴含着党的丰富的优良作风,主要有党的领导、实事求是、密切联系群众、专门工作和群众路线相结合、教育人改造人等。继承和发扬这些优良作风,对新时代坚持和发展好"枫桥经验"意义重大。

### 一、实事求是、深入实际调查研究、一切从实际出发,是"枫桥经验"重要的优良作风

实事求是是我们党的三大优良作风之一,也是"枫桥经验"从产生到发展都始终坚持的党的优良作风,也可以说"枫桥经验"是贯彻党的实事求是、一切从实际出发的优良作风的典范。

(一)"枫桥经验"是从实际出发总结出来的经验

原创时期为了掌握实际情况,省委工作队成员同群众同吃同住同劳动,在

---

① 徐京跃:《结合学习实践科学发展观活动 弘扬党的优良传统和革命精神》,《人民日报》2009年6月12日第1版。

劳动中和群众交流谈心,同群众逐渐建立起深厚感情,取得了群众的信任。工作队在依靠群众的基础上摸清了"四类分子"现实表现,从实际出发开展评审,摆事实讲道理,以理服人,最终实现了不捕人,又制服改造了"四类分子"。

(二)"枫桥经验"从社会管制的经验演变成社会治安的经验,也是枫桥干部群众坚持党的一切从实际出发、实事求是的优良作风的结果

从教育改造"四类分子"的社会管制经验,到教育改造"二流子、懒汉、流窜犯"的经验,再到教育矫正归正人员的经验,都是枫桥干部群众根据发展变化了的社会治安情况,因地制宜、因时制宜而形成的。"社教"运动后,"四类分子"基本改造成为自食其力的新人,群众中的"二流子、懒汉、流窜犯"问题突出起来,并成为影响当地社会治安的主要因素。枫桥干部群众针对"二流子、懒汉、流窜犯"的实际情况,采取干部包干"三管"①式帮教,进而将这些人教育帮助好,消除了影响社会治安稳定的因素。

诸暨及枫桥率先开展对"四类分子"的摘帽工作,也是从"四类分子"教育改造的实际效果出发的。对改造好的"四类分子"都摘了帽,化消极因素为积极因素。根据诸暨的经验,中共中央于1979年1月做出《关于给地主、富农摘帽问题和地、富子女成分问题的决定》,调动了"四类分子"及其子女参加社会主义建设的积极性。

社会治安综合治理是省公安局(后改为厅)工作组根据"枫桥经验"的精神,到绍兴县城关镇实地调查总结的经验。按照党的政策,综合运用经济、文化、教育等手段,整治好绍兴县城关镇突出治安问题,实现从社会管制向综合治理的转变。公安部将社会治安综合治理的经验转发全国。

(三)诸暨枫桥的"社会治理"创新是浙江各级党委和政府从实际出发结出的硕果

2010年以来,诸暨市利用成为全国社会管理综合创新试点单位之机,构建了六大工作体系,即系统化的社会稳定组织体系、人本化的社会事务管理服务体系、多元化的社会矛盾化解体系、规范化的社会公平执法体系、立体化的社会安全防控体系和网格化的社会管理信息体系,形成了诸暨特

① "三管"是指管头、管脚、管肚皮。管头就是思想教育,管脚就是让其参加生产劳动,管肚皮就是让其有饭吃。

色的社会管理新经验。枫桥镇是诸暨市的试点单位,着力推进"五大项目、六大工程",形成了具有镇域特色、时代特征的社会管理新路子。"五大项目"即规范农村群防群治队伍建设、构筑联动的"大调解"工作格局、现代化的基层综治信息平台建设、农村社区矫正及安置帮教工作、农村闲散青少年的教育帮助工作,"六大工程"即多元化农村社会矛盾解决机制、综合性农村社会治安防控机制、农村重点人群服务管理机制、农村新社会机体服务管理机制、农村社会管理法治化、和谐新农村社区建设。[①] 诸暨和枫桥的做法,使得"枫桥经验"的基层社会治理经验更加成熟。

2018年4月,浙江省市联合蹲点调研组到诸暨、枫桥蹲点调查,总结提炼了党的十八大以来"枫桥经验"在其发源地诸暨的新发展,将这种新发展归纳为发生了新变化、探索了新做法、开辟了新境界、形成了新经验。新做法是指"六个创建、六个全面提升",即创建"红枫党建"品牌,全面提升基层党建引领的能力水平;创建镇村综合治理平台,全面提升服务群众的能力水平;创建村级治理新模式,全面提升基层自治的能力水平;创建多元共治新格局,全面提升社会组织参与治理的能力水平;创建矛盾纠纷多元化解机制,全面提升社会风险防控的能力水平;创建精神文明新家园,全面提升治理文化建设的能力水平。诸暨通过"六个创建、六个全面提升",开辟了"枫桥经验"共建共治共享的三种新境界,即矛盾不上交、平安不出事、服务不缺位,形成了新时代"枫桥经验"的新经验,即"枫桥经验"是一个以人民为中心的经验,是一个基层社会治理的经验,是一个平安和谐的经验。[②]

"枫桥经验"从原创到发展、传承都是各地干部群众遵循党的实事求是思想路线,发扬党的一切从实际出发的优良作风而实现的。正是因为"枫桥经验"源自实践,所以才能历久弥新。

## 二、坚持党委领导下发挥党组织的战斗堡垒作用和党员的先锋模范作用也是"枫桥经验"的优良作风

"枫桥经验"历久弥新,始终焕发活力,离不开各级党委的坚强领导。

---

① 卢芳霞:《"枫桥经验"50年辉煌成就》,《观察与思考》2013年第10期,第60—64页。

② 金伯中:《新思想孕育新经验——对新时代"枫桥经验"的一点认识》,《公安学刊——浙江警察学院学报》2018年第1期,第15—18页。

（一）"枫桥经验"是浙江省委提炼的，经毛泽东批示，以党中央文件形式推广的

原创时期"枫桥经验"是浙江省委工作队深入发动群众，把党的农村社会主义教育运动的政策交给群众，开展说理斗争，制服"四类分子"，实现"不捕人，矛盾不上交"，经毛泽东批示后推向全国而形成的经验。

（二）"枫桥经验"的创新和发展是在党委领导下实现的

"枫桥经验"诞生以来，各级党组织始终重视对"枫桥经验"的培育和发展。

2003 年 11 月 25 日—27 日，在时任浙江省委书记、省人大常委会主任习近平的部署和推动下，中央综治委和浙江省委在浙江联合召开纪念毛泽东同志批示学习推广"枫桥经验"40 周年大会。习近平在会上提出：要牢固树立"发展是硬道理、稳定是硬任务"的政治意识，充分珍惜"枫桥经验"，大力推广"枫桥经验"，不断创新"枫桥经验"，切实维护社会稳定。2004 年 5 月 10 日，浙江省委十一届六次会议通过《中共浙江省委关于建设"平安浙江"、促进社会和谐稳定的决定》，在全国率先提出"平安浙江"建设，把创新和推广"枫桥经验"作为建设"平安浙江"的重要抓手。

2008 年 11 月 24 日，中央综治委和浙江省委在绍兴市召开纪念毛泽东同志批示学习推广"枫桥经验"45 周年大会，会议指出："枫桥经验"是一笔宝贵财富，要认真学习运用"枫桥经验"，坚持抓源头、抓苗头、抓基层、抓基础，把矛盾化解在基层，把问题解决在当地，把隐患消除在萌芽状态。

2013 年 10 月 9 日，中共中央总书记、国家主席、中央军委主席习近平专门在纪念毛泽东同志批示学习推广"枫桥经验"50 周年大会上做出坚持和发展"枫桥经验"，坚持和贯彻党的群众路线的重要指示。

总结"枫桥经验"发展历史，可以说"枫桥经验"的每一次创新和发展，特别是改革开放以来的每一次创新和发展都是在党委领导下取得的，没有党委的坚强领导就不可能有"枫桥经验"的新发展。

（三）发挥党员的先锋模范作用是新时代"枫桥经验"坚持党委领导的重要措施

新时代各地党委在坚持和发展"枫桥经验"中不断创新方式方法，发挥党组织、党员在密切联系群众中的桥梁和纽带作用。

一是发挥党建在坚持和发展"枫桥经验"中的引领作用。浙江诸暨作为"枫桥经验"的发源地,始终重视发挥党建在坚持和发展"枫桥经验"中的引领作用,诸暨以党建为抓手,以提升村(社区)凝聚力和发展力为目标,将党建工作作为社会治理的着力点。枫桥镇对党员实行了亮牌考核,从党员日常表现、参与村级管理、联系群众等多个方面打分,根据得分来亮出"红黄牌",督促党员起到模范带头作用。还根据信息技术发展趋势,利用 QQ 群、微信群等方式,发挥党员党组织联系群众的作用。"店口企管群"原本是为解决企业内部或企业与属地以及企业与企业之间的矛盾纠纷而组建的 QQ 群,群主陈纪梁是诸暨店口某五金公司综合部主任,2017 年群主陈纪梁被店口镇党委任命为"店口企管群"党支部书记,成为绍兴首位"网络党支部"书记,"店口企管群"党支部已经有党员 40 多名。除了党员外,这个群还有很多群众粉丝,通过群里的聊天、信息发布等功能,可以了解群众心声,沟通党员与群众的联系。

2015 年开始,诸暨推出党员干部"返乡走亲"制度,让干部参与基层治理,为乡亲们办事。截至 2017 年初,诸暨 4000 多名机关干部返乡后收集各类意见建议 7000 多条,极大地密切了干群关系。群众呼声带上来,政策意见带下去;机关干部驻得了村、上得了门、说得上话、交得了心,"进村赶考"已成为新时期传承"枫桥经验"的重要形式。

二是广泛采用"互联网+",进一步发挥基层党组织在联系服务群众中的引领作用。诸暨为更好地发挥基层党组织在"枫桥经验"创新发展中的作用,广泛采用"互联网+",在乡镇(街道)层面建立健全"镇党委书记+村党支部书记"微信群,村级层面建立健全"村党支部书记+村支委+全村党员"微信群,利用微信群加强党员之间的交流和学习。对外出党员建立健全微信群、微信公众号,加强联络管理,发布党群活动、镇街大事、最新政策、村级事务、业务信息等,使在外党员实时同步获取信息,对家乡更有归属感。通过建立微信公众号、党员服务信息平台,召开在线视频会议,交流工作经验,获得信息资料,同时充分依靠党员干部的引领和影响作用化解矛盾,实现党员在线教育培训同步化。通过互联网,加强与乡贤的日常联络、感情交流,进一步发挥乡贤教化乡民、反哺桑梓、泽被乡里、温暖故土的重要作用。通过微信群、QQ 群联络各乡贤,请他们在线参与农村经济社会建设项目,经常性提供决策咨询、民情反馈、监督评议。通过网络发布,实现信息、资源互通,精准对接相应乡贤,让乡贤积极发表对镇街建设规划的意见。通过网络联络各村乡贤,发挥乡贤能人的影响力,让乡贤积极参与化解各村的矛盾纠纷,实现能人效应扩大化。

### 三、坚持密切联系群众,发动和依靠群众,尊重群众首创精神,是"枫桥经验"重要的优良作风

2017 年 12 月 10 日,中央政治局委员、中央政法委书记郭声琨在诸暨调研"枫桥经验"时指出:"为了群众、依靠群众,是枫桥经验的核心要义,也是枫桥经验 50 多年来历久弥新的关键所在。"从原创时期开始,"枫桥经验"的每一步发展都离不开群众,离不开群众的参与,离不开群众的支持,离不开群众的智慧。

(一)把党的政策、国家法律交给群众是"枫桥经验"密切联系群众的重要方法

原创时期的"枫桥经验"是浙江省委工作队深入群众,把党的政策、国家法律交给群众,引导群众讨论取得的;原创时期的"枫桥经验",也是浙江省委工作队深入群众调查研究,充分发动和依靠群众取得的。

(二)发动和依靠群众做好社会治安防范工作始终是"枫桥经验"的重要措施

违法犯罪人员隐藏在群众之中,侵害对象主要是群众。从被害人角度来说,防范违法犯罪的侵害,关键是调动群众的防范积极性,提高群众防范的自觉性和自我防范的能力。这方面更能体现出密切联系群众,发动和依靠群众的重要性。新时代里,枫桥派出所的安防教育体验基地,台州椒江的阮林根,湖州的王法金、马长林,都是密切联系群众,调动群众防范违法犯罪侵害、化解矛盾纠纷、维护社会稳定积极性的典范。枫桥派出所建立安防教育体验基地,把它作为对群众进行法治教育、防范教育的重要场所,将违法犯罪工具制成道具,展示给群众看,同时有针对性地传授群众防范应对的方法。台州椒江海门派出所的阮林根在做社区民警时就注重现身说法,注意收集各类常见多发的违法犯罪工具,研究违法犯罪手段,用恳谈会、座谈会、上门传授等方法,手把手传授群众防范常见的违法犯罪侵害的

方法。阮林根不仅是台州椒江的防范明星，他的道具防范教育法通俗易懂，受到了各地群众的广泛欢迎。他经常被邀请到全国各地做防范宣讲。湖州的王法金、马长林都是做群众工作的好手，在密切联系群众中加深警民感情，经常向群众手把手传授防范技术和经验，组织群众做好自身的防范工作，把违法犯罪可能造成的侵害降到最低限度。

### 四、坚持专门工作和群众路线相结合是"枫桥经验"历久弥新的重要法宝

公安司法机关是人民民主专政的工具，公安司法机关是服务人民打击敌人同违法犯罪做斗争的重要机构，公安司法机关的政治属性决定了公安司法工作必须走专门工作和群众路线相结合的道路。

专群结合是人民公安的基本工作原则。密切联系群众不仅是维护治安、侦查破案、预防和打击违法犯罪的需要，更是人民公安的宗旨，是其性质的必然要求。原创时期的"枫桥经验"充分体现了专门工作和群众路线相结合的方针；新时代各地公安机关不断创新专群结合模式，更好地发挥公安机关预防和打击违法犯罪、维护社会稳定的作用。近年来，浙江省公安机关开展民警包村回乡、家园守望等活动，更好地发挥了公安机关维护社会稳定的作用。

浙江省江山市公安机关实行党员民警包村制度，变村民上门办事为民警下村服务，密切警民关系。民警带上一支笔、一个本子、一部手机、一套处警装备，一周有四天时间穿梭在田间地头，用一颗为民的心守护着辖区村里的老老少少。江山市公安局长台派出所在实施党员民警包村制度活动中，12个党员民警包44个行政村，民警主动对接乡镇党委，带动村党支部的党建工作，以党风带动民风，实现辖区社会治安的进一步好转。在党员民警包的村里，党员民警既是调解员，又是代办员和服务员。包村党员民警对村情了如指掌，村民发现有苗头性倾向的问题也都会向包村党员民警反映，并得到及时有效的化解，真正实现"大事小事不出村"，"关口前移、重心下移、资源下沉、权力下放，民警深入下去了，村民发动上来了，村民意识唤醒起来了，真正实现人民群众当家做主"。

绍兴市上虞公安机关和湖州市安吉公安机关，开展乡警回归、家园卫

士(守望)活动,发挥家乡民警联系乡亲的天然纽带作用。上虞公安机关依托上虞乡贤文化的人文底蕴,创新实践"乡贤治理·乡警回归"工作,密切警民联系,有效提升基层社会治理效能。上虞公安机关建立"虞籍乡警"信息库,组织原籍为上虞的民警回原乡镇(街道)下属行政村(居委)报到,担任农村警务指导员,原籍为上虞区外的,统一到城区派出所报到,全区678名民警已全部定期回乡履行乡警职责,实行"一村多组、一组一乡警"网格化管理。除了组织上虞公安机关民警回乡外,还积极发动在外地公安机关工作的"虞籍乡警"加入乡警队伍。广大乡警积极响应"无案村居"创建工作,通过常回家看看,协助村居干部和驻村民警及时发现不稳定因素和违法犯罪线索,切实强化治安防范意识。组织乡警深入村居推动落实"心防工程""雪亮工程""四季护村"和"实名登记"等安防措施,当好村级安全管家,传授安防技术和经验,提高村民安全防范能力。上虞对全区公安机关"乡警回归"活动开展考核,要求乡警每月至少回村一次、联系一次村干部、沟通一次驻村民警,并邀请乡民担任群众监督员。开展每周一次法律学习、每月一次法律考试、每季一次法律竞赛,提升乡警队伍专业化、法治化水平。编制《乡警办案指导手册》,汇集纠纷调解、治安案件等法律法规和案例,提升乡警办案效率。研发民警队伍正规化建设绩效管理系统,通过乡民评价、日常督查,实行一季一考、一年一档考核,与民警评先评优、选拔任用挂钩,从而激发民警归乡、回乡、联系乡亲、贡献家乡治安的热情。

中共安吉县委组织部2013年起在全县发起了在职党员进社区的"双报到"活动,旨在让在职党员利用业余时间为社区做好事、办实事、解难事。乡情乡义是人间最难割舍的情感,谁不希望家乡好?谁不希望为家乡多做贡献?安吉公安机关抓住乡情乡义在民警、协警心中不可忽视的地位,充分激发广大民警、协警回归家园、反哺家乡的故乡情结和服务家乡、守护家乡、建设家乡的强烈愿望,为"家园卫士"工程的创建提供了思想原动力。结合党员"双报到",安吉公安机关开展"家园卫士"活动守护平安,动员全局民警、协警回归家园,主动认领原籍或所在社区的"政策法规宣传岗""未成年人教育岗""社区治安巡逻岗""民事纠纷调解岗"等公益岗位,为村居(社区)发展建言献策,实现两者双促双推,使全局民警、协警"上班时为护卫平安的勇士,下班后为守护家园的卫士"。通过"家园卫士"行动,有效解决了网格警力短缺、群防群治力量弱、矛盾纠纷化解难等问题。安吉公安机关通过对现有民警、协警进行摸排，发现现有民警、协警1552名，除4个行政村外，已实现全县15个乡镇（街道）205个村（社区）的全覆盖，覆盖率达98.1%。充分利用民警、协警在原籍地和现住地"人熟、地熟、情况熟、警务知识熟，工作开展便利""四熟一便利"工作优势，尤其是在原籍地"威望高、公信力强、说话乡亲爱听、办事群众信服"的人脉基础，打造一批家园的卫士、邻里的守护神，使网格警员由原来的58名，覆盖到全局民警、协警，增幅达数十倍，各项基础工作开展起来也就更加便捷顺畅了。

安吉公安机关制定出台《安吉县公安局"家园卫士"工程实施方案》《安吉县公安局"家园卫士"工程工作制度》，明确"家园卫士"在原籍地承担"信息收集、纠纷调解、联系志愿者、协助工作"四项职责，在现住地承担"信息收集、防范宣传、法制教育、纠纷调解、治安巡逻、联系志愿者、协助工作"七项任务。实行"身份公开、联系平安志愿者、网络交流、任务认领、评先奖优"等五项工作制度，以制度引领全局"家园卫士"回到家园，守护平安。要求民警身份的"家园卫士"在原籍地和现住地分别发展亲朋、邻居党员和公务员等不少于5名平安志愿者，不断扩充群防群治力量，2018年上半年已发展7788人。为便于"家园卫士"联系交流，派出所负责人与网格警员、网格警员与"家园卫士"之间建立钉钉交流群，用于内部交流，任务派发。而"家园卫士"与平安志愿者、平安志愿者与其亲朋之间则建立微信交流群，主要用于信息转发和情报收集，形成了"派出所、网格警员、家园卫士、平安志愿者、平安志愿者亲朋"五级金字塔式的信息传递平台。网格警员结合辖区实际，及时梳理季度、月度任务，派发至钉钉交流群，动员每名"家园卫士"每月"我为家园做一事"。如果遇到突发任务，随时派发，"家园卫士"根据自身优势和实际情况主动认领。所有"家园卫士"的任务领办情况由网格警员汇总成册，形成台账。安吉公安机关还注重典型示范引领，对表现突出的"家园卫士"，通过"平安安吉"微信公众号、《安吉日报》等媒体予以广泛宣传，营造氛围，每季度从中评选出10名"家园卫士之星"，并呈报全市"防范之星"，提升民警、协警荣誉感和满意度。对平安志愿者，择优评选

为"优秀平安志愿者",给予物质奖励,组织体验警营生活,增强其成就感。<sup>①</sup>

### 五、坚持教育人改造人是"枫桥经验"重要的优良作风

毛泽东1957年2月27日在最高国务会议第十一次扩大会议上做了《关于正确处理人民内部矛盾的问题》的报告,提出要区分和正确处理敌我矛盾和人民内部矛盾这两类不同性质的矛盾。毛泽东指出:敌我矛盾是对抗性的,在我国是非主流的,是次要矛盾;大量的人民内部矛盾是主要矛盾。我们历来就主张,在人民民主专政下面,解决敌我之间和人民内部这两类不同性质的矛盾,采取专政和民主这两种不同的方法。毛泽东说:"解决人民内部矛盾,不能用咒骂,也不能用拳头,更不能用刀枪,只能用讨论的方法、说理的方法、批评和自我批评的方法:一句话,只能用民主的方法,让群众讲话的方法。"<sup>②</sup>"枫桥经验"是发扬人民民主、正确处理人民内部矛盾的成功经验,教育人改造人是"枫桥经验"的优良作风。

(一)教育人改造人是原创时期"枫桥经验"的重要理念之一,"枫桥经验"的教育人改造人随时代发展而发展

改革开放以来,"枫桥经验"的教育人改造人经历了三个阶段。一是对轻微违法的青少年的帮教。改革开放初期,枫桥同全国其他地区一样,由于"文革"的后遗症,青少年违法犯罪亦逐渐凸显起来。枫桥人像父母对待犯错误的孩子、医生对待病人、老师对待学生一样,耐心帮助教育失足青少年,使他们认识并改正错误,走上正道。二是对流动人口的教育改造。随着改革开放向纵深推进,枫桥同其他经济发达地区一样,流动人口也越来越多,流动人口违法犯罪日益成为枫桥治安管理中的突出问题。枫桥人认识到流动人口违法犯罪问题与所在地对他们的教育帮助、关心关怀有直接关系,因此关心帮助和教育流动人口就成为枫桥人维护社会治安稳定的新任务。他们为流动人口建公寓,改善他们的居住生活条件,建立流动人口自我管理方式,以情感人,关心他们的家属就业、子女读书,使流动人口产生归属感。枫桥企业建立流动人口培训学校、图书馆、活动室,活跃流动人

① 侯兆晓、洪亮:《"家园卫士":安吉公安因地制宜开出"枫桥花"》,《民主与法制》2018年第23期,第17—21页。

② 毛泽东:《毛泽东选集》,人民出版社1977年版,第330—362页。

口的文化生活,用文化来熏陶流动人口。枫桥对流动人口的教育帮助有效地减少了流动人口违法犯罪。三是对刑满释放的归正人员的帮助教育。枫桥人民在长期的教育人改造人实践中形成了自身特色的帮教工作法:帮人要帮心,帮人要帮富,帮人要帮到底。[①]

20 世纪 80 年代,青少年犯罪问题突出,我国的违法犯罪问题凸显,严重影响了社会治安稳定,严重危害了改革开放所需要的稳定的社会环境。

浙江省公安局(后改为厅)派工作组到绍兴县城关镇蹲点调查研究,分析查找影响社会治安秩序的因素并对症下药,从经济、教育、文化、法律等层面采取针对性措施,迅速扭转了治安刑事案件发案率上升的局面。这一经验经省公安局简报介绍,上报公安部,由公安部加上"编者按"向全国公安机关转发,在我国官方文件中首次使用"综合治理"这一概念,进而在中央治理青少年违法犯罪中其作用得到进一步肯定和发挥,最终被全国人大立法认可,上升到法治层面。

### (二)新时代创新教育人改造人方式,维护社会治安

进入中国特色社会主义新时代,各级党委和政府在传承和发扬"枫桥经验"中不断创新教育人改造人方式,取得了新的成绩,为维护社会治安稳定做出了积极贡献。重新犯罪问题一直是社区矫正、帮教工作中的难题。宁波市北仑区弘扬"枫桥经验"教育人改造人经验,运用社会志愿服务,建设"红领之家",帮助教育社区矫正人员,破解社区矫正难题,积累了经验,取得了成就。2016 年 10 月 3 日—5 日,国际社区矫正协会特别邀请"红领之家"作为中国唯一代表赴加拿大参加国际社区矫正最高规格年会并做专场经验介绍,受到国际专家学者认可,引发各界关注。国际社区矫正协会主席安妮女士专门推荐了这一模式,并指出:"红领矫正模式表明中国在这方面跨出了里程碑式的一步,可以为世界各国提供很多借鉴经验。"

"红领之家"的前身是 2000 年成立的对残疾人提供帮助的社会公益组织,2011 年借用企业蓝领、白领之分,将拥护党章,忠于党的事业的党员、入党积极分子组织起来,更名为"红领之家",从事社会公益事业,开展清理垃圾、清洁城市环境、到养老院敬老等活动。2014 年 8 月起,北仑区探索依

---

[①] 张应立:《试论枫桥经验与帮助教育》,《宁波经济·三江论坛》2009 年第 4 期,第 41—43 页。

托"红领之家"开展特殊人群社会志愿服务,以社会志愿服务模式承担社区服刑、归正、吸毒人员和重性精神病人四类特殊人群的社区矫正、帮教救助、就业培训等工作。参加"红领之家"的社区矫正人员,在"红领之家"里同其他志愿者一样,穿黄马甲戴红袖章,参加各类社会公益活动,取得积分,纳入司法行政部门对社区矫正人员的考核。2014年以来,共有近400名社区矫正人员先后参与"红领之家"社会公益活动,没有一人出现再次违法犯罪情况。"红领之家"运用社会志愿服务模式管理矫正人员的经验,被誉为新时代的"枫桥经验"教育人改造人的典范。[①]北仑区"红领之家"的具体做法如下。

一是资源共享,拓展"帮扶型"管理新格局。

1."一对一"片区化帮扶。依托"红领之家"已注册的445名党员志愿者队伍,创新志愿者与社区服刑人员"一对一"帮扶结对模式,志愿者带领社区服刑人员开展学习教育、社区服务和社会活动,志愿结对率达到100%;创新"片区化"走访结对帮扶,即将"红领之家"所在的新碶街道划分成9个片区,配备片区负责人及志愿者,开展对重点社区服刑人员的日常走访、上门服务。目前志愿者结对600人,实地走访2802次,有效缓解了区域社区矫正工作"人少事多"的矛盾,使专职工作人员集中精力于执法活动。

2."多对一"精英化帮扶。联动公益力量,调动社会资源,引进区域知名讲师、优秀律师、医学心理专家、企业家及管理教育人才共计16名成立区矫正工作"专家库",为患有心理疾病者提供心理咨询和干预治疗,对有再犯倾向者开展心理矫正辅导,等等。专业社会组织给予柔性关怀,真正促进回归者和社会成员真情互动,弥补了原矫正工作人员知识面和专业性单一化缺陷。2016年10月,一名18岁的社区服刑人员因自卑心理和承受社会压力而表现出明显自闭倾向,"红领之家"及时邀请专家库成员、国家二级心理咨询师对其进行数次心理干预和专业辅导,最终成功引导其主动开展正常社交。近年来已集中组织心理矫治14次,帮助11名特殊人员较

---

① 王春苗:《新时代的"枫桥经验":宁波北仑的"红领之家"》,浙江新闻客户端,https://zj.zjol.com.cn/news/1006744.html,2018年8月13日。

好地融入社会。

3. "1＋N"个性化帮扶。每月固定一个"学习日"开设思想道德、形势政策、法律法规、道德文化等多样化课程教学,联系企业举办矫正人员专场招聘会,对接宁波特尔普光电、宁波甬孚纺机有限公司等企业,为社区服刑人员提供职业技能、沟通技能、人生规划、就业指导等辅导 17 次,共计参加学习 527 人次,帮助困难服刑人员解决工作及生活难题,矫正行为的同时传授其赖以谋生的一技之长。目前该区共有 1 家综合型帮扶基地、9 家单一型帮扶基地,先后为 26 名社区服刑和刑满释放人员提供了就业帮扶。

二是情感沟通,构建"去标签"矫正新模式。

1. "实名注册"模式淡化身份标签。创新"去标签"管理模式,搭建平等、互助、公益志愿者平台,带动社区服刑人员在自主自愿前提下通过实名登记注册成为"红领之家"志愿者团队的一员,平等透明、弱化身份开展论坛交流和活动报名;同时,在内部管理中将志愿者按照普通群众、入党积极分子、预备党员、党员、解矫人员、社区服刑人员细分为 6 类,以 0、1、2、3、4、5 作为开头数字进行编号,便于内部管控。"去标签"管理模式大大缓解了社区服刑人员因"身份标签"产生的抵触和逆反心理,消除其被歧视感,有助于激发其参与和完成社会服务的主动性。

2. "淘宝秒杀"模式调动奉献热情。以公益性志愿服务为轴心,将社区服刑人员原本强制性的社区服务和教育学习融入其中,并提供多样化选择"菜单",每月定期设定敬老、护绿、秀山、亲水、靓城、导医等六大主题日,结合区域实际,开展抗台、志愿者轻轨交通领航、国际女排大奖赛和男篮锦标赛等大型体育服务以及人民医院导医等活动。为方便社区服刑人员根据活动内容、时间安排进行自由选择,对每一项志愿服务活动设置人数限制,按照淘宝秒杀的模式实行网上申报,先认先得,形成"爱心需要排队,奉献需要秒杀"的氛围,调动社区服刑人员参与活动的积极性。目前已组织矫正人员 3706 人次,参与志愿、公益等服务活动 705 次。

3. "积分式成长"激励互动服务。社区服刑人员和普通红领志愿者一样,实名审核通过后,每人将获得唯一编号并领到红领成长卡,参加志愿服务、学习教育便会获得相应积分,积分标准依据服务时长、服务难度和社会价值确定,以参与活动 1 小时积 1 分换算,实时记录每个社区服刑人员参与情况。每次活动结束后,参与人员的总时长被换算成积分并记录在个人成长卡上,每月月底积分汇总,论坛公布排名,将以往社区服刑人员每个月强制的 8 小时社会服务和 8 小时学习教育转变为趣味排名,提升各类活动的吸引力。

三是角色转换,激发"反哺热"回馈正能量。

1. "爱心银行"兑换服务传递善行为。"红领之家"以"付出我的享受,享受我的付出"这一内涵设立爱心银行,采取积分兑换制以"服务换服务",社区服刑人员在完成每月基本分后,剩余积分兑换爱心券后可为自己和家人购买报刊订阅卡、文艺演出门票、健身卡、家庭保洁、水电维修、管道疏通、美容美发、保险卡、体检卡等学习、文体、家政 10 余项服务项目。犯危险驾驶罪的社区矫正人员小李每月都超额完成活动任务,累积积分兑换了一张体检卡送给母亲,老人没去体检而是每天带着体检卡,逢人便说这是儿子做好事得来的。兑换给社区服刑人员物质回馈,同时给予他们尊重和肯定,唤醒其善意和爱心,使社会服务充满人性关怀。

2. "三原色"矫正行为转换负能量。制定社区服刑人员学习记录、走访日志、活动足迹红黄蓝三原色个人档案,将其每次参与社会服务情况分类归档,为监管部门提供其社区服刑期间行为矫正轨迹记录和解矫后行为趋势分析,延伸帮扶触角。王某社区服刑期间情绪波动,志愿者了解到其儿子因外地户口无法正常升学,帮助他详细了解外来务工人员子女入学积分管理办法后,鼓励其参加公益服务获得加分并协助其提出申请,其儿子最后成功被当地一所中学录取。

3. "互动制"透明项目凝聚正能量。开设"红领之家"论坛,承担活动申报、网上报名、风采展示等功能;开设"@北仑红领之家"新浪微博和微信,设置红领足迹、活动预告、义卖义捐和学习园地等栏目,所有活动组织、策划、成果向志愿者透明公开,并提供建议渠道,每名社区服刑人员都能以主人翁的姿态参与活动。社区服刑人员小陈犯罪后给家庭带来沉重压力和精神负担,通过在医院协助病人挂号、取单等给更弱势者以帮助,积极参与导医志愿服务,服务累计达到 189.5 小时,被评为"红领之家"五星级志愿者,解矫后主动参与团队活动策划、组织,持续奉献社会。

## 第三节　坚持和发展"枫桥经验"面临的作风问题及对策

进入新时代以来,各地牢记习近平总书记在纪念毛泽东同志批示学习推广"枫桥经验"50周年大会上的讲话的重要指示精神,发扬优良作风,创新方式方法,在传承和发展"枫桥经验"方面取得了新的经验和新的成绩,但同时也暴露出作风不扎实等问题,制约和影响了新时代坚持和发展好"枫桥经验"。

### 一、新时代发扬优良作风,坚持和发展"枫桥经验"中存在的主要问题和不足

（一）存在着损害践行党的优良传统和作风的思想认识

这种错误认识之一就是"党的优良传统和作风过时论"。改革开放以来,我国经济建设取得了巨大成绩,但由于思想教育等不够重视,在打开国门对外开放过程中也受到一些不良思潮的影响,如对物质财富的过度追求助长了拜金主义等的滋生,甚至在工作生活条件有了极大改善的情况下,出现了"党的优良传统是新民主主义革命条件艰苦年代形成的,跟现在的条件不符合,因而过时了"的错误论调。还有一种错误认识就是,现代网络技术的发展不需要人与人面对面交流,因而没有必要到群众中去。在这种错误论调诱导下,一些党员干部、民警不愿意深入群众,不愿意跟群众面对面交流,逐步背离了党的优良作风。党的优良作风虽形成于革命战争的艰苦年代,但体现的是党的宗旨,是党领导人民不断取得新民主主义革命、社会主义革命及改革开放一个接一个胜利的法宝。实践反复证明,什么时候丢弃了党的优良传统和作风,党的性质就会改变,党的生命力就会削弱。

（二）"四风"问题的存在严重破坏了党群干群警民关系

四种不良作风就是形式主义、官僚主义、享乐主义和奢靡之风。"四风"虽是封建主义、资本主义的腐朽思想和作风,但总是如影随形,不断侵蚀我们党内的一些思想意志不够坚定的分子,破坏党群干群警民关系,损害党和政府的形象。门难进、脸难看、事难办,是群众经常遭遇的老"三难"

问题,这些问题近年来虽有所减少,但未能根除。一些地方不断追求办公场所豪华装修,超标配备公务用车,一些人到基层调研走马看花,搞迎来送往讲排场规格等,这些都是形式主义、官僚主义、享乐主义和奢靡之风的具体表现。形式主义实际是官僚主义、享乐主义的变种,形式主义重视花架子,不重视实效,往往劳民伤财、误国误民。奢靡之风也是官僚主义、享乐主义的变种。"四风"都是与党的优良传统和作风格格不入的。历史告诉我们,什么地方"四风"越严重,什么地方党的优良传统和作风就被丢弃得越厉害。

(三)监督制约不力助长了一些党员干部脱离群众等危害党的优良传统和作风的歪风邪气

我们党一直重视对危害党的优良传统和作风问题的查处,特别是党的十八大以来,陆续出台包括"八项规定"等反"四风"、弘扬党的优良传统和作风的具体政策措施。但是应当看到,制度虽不断完善,但是制度是人制定的,也需要依靠人来监督和执行,虽然这些制度执行情况总体是好的,但也要正视一些地方和单位还存在危害党的优良传统和作风的现象,如党的十八大以后不收手不收敛,对"八项规定"执行不力等。根据《十八届中纪委向党的十九大的工作报告》,党的十八大以后的五年里,各级纪检监察机关共查处违反中央"八项规定"精神的问题18.9万起,处理党员干部25.6万人。党的十九大以来,中央保持对违反"八项规定"的查处力度不减,但还是有人不收手。"四风"问题之所以屡禁不止,主要是因为监督乏力、不到位,导致执行起来走样变形,伤害了群众感情,影响了党群干群警民关系。

## 二、发扬优良作风,坚持和发展"枫桥经验"

(一)保持清醒的头脑,充分认识党的十八大以来,虽然党建取得了很大成绩,但风险与困难依然存在

习近平在2018年7月3日—4日举行的全国组织工作会议上强调,党的十八大以来,我们推进全面从严治党取得了显著成效,但还远未到大功

告成的时候。我们党面临的"四大考验""四种危险"①是长期的、尖锐的,影响党的先进性、弱化党的纯洁性的因素也是复杂的,党内存在的思想不纯、政治不纯、组织不纯、作风不纯等突出问题尚未得到根本解决。特别是要看到,在新时代,我们党领导人民进行伟大社会革命,涵盖领域的广泛性、触及利益格局调整的深刻性、涉及矛盾和问题的尖锐性、突破体制机制障碍的艰巨性、进行伟大斗争形势的复杂性,都是前所未有的。我们必须增强忧患意识、责任意识,把党的伟大自我革命进行到底。要全面贯彻新时代党的建设总要求,不断提高党的建设质量,把党建设成为始终走在时代前列、人民衷心拥护、勇于自我革命、经得起各种风浪考验、朝气蓬勃的马克思主义执政党。

(二)深化学习教育,提高全党对发扬党的优良传统和作风重要性的认识

认识不到位、制度执行不到位是制约和阻碍发扬党的优良传统和作风的主要问题。一方面,要看到党中央高度重视传承、发扬党的优良传统和作风,党和国家领导人多次在讲话中强调要发扬党的优良传统和作风,各级党委也反复发文要求传承、发扬党的优良传统和作风。另一方面,要看到确实有些党员,甚至是党员领导干部,思想上不重视,行动上不落实,嘴上一套行动上又一套,表面上重视党的优良传统和作风,实践中却往往背离党的优良传统和作风。如各级党委和政府都强调领导干部要深入群众调查研究,但真正深入群众的领导干部却很少,有些领导干部满足于做做样子听听汇报,调研都在车子上、饭桌上,走马看花,听不到群众的真实呼声。

近年来,各级党委陆续出台了党建方面的制度规定,以保障党的优良传统和作风的践行。但同其他制度一样,关键的问题还是执行不够到位,一些地方的领导干部以身作则不够,导致制度规定形同虚设。文山会海形式主义,曾经是群众和基层意见很大的一个突出作风问题,也是一个顽症,高层特别强调时,会好一阵子,然而一阵风过后又会死灰复燃,照样是开不

---

① 四大考验即执政考验、改革开放考验、市场经济考验、外部环境考验,四种危险即精神懈怠的危险、能力不足的危险、脱离群众的危险、消极腐败的危险。

完的会、看不完的文件,布置任务纯粹靠一级一级开会,一级一级发文件,最后结果往往也停留在纸上,与实际效果存在反差,甚至是很大反差。如对奢靡之风的整改问题,尽管一再查处,但各地存在不平衡,查处的力度、处理的结果,不同地区不一样。对违法违纪甚至构成犯罪的未能做到"法律纪律面前人人平等",存在高高举起、轻轻放下现象,有些甚至有包庇纵容之嫌,未能做到从严治党,结果造成问题依旧。

为此要深入开展党的优良传统和作风的学习教育活动,提高对发扬党的优良传统和作风重要性的认识。通过系统深入的学习教育活动,全体党员尤其是党员领导干部认识到党的优良传统和作风是我们党在领导革命、建设和改革的长期实践过程中形成的,是我们党和人民宝贵的精神财富,也是马克思主义普遍真理与中国革命具体实践相结合的产物。"枫桥经验"是党的群众路线的典范,是群众智慧的产物。对"枫桥经验"的认识也经历过反复和曲折,在"文化大革命"中和改革开放后,曾经有人怀疑和否定过"枫桥经验"。实践反复证明,"枫桥经验"来源于人民群众,依靠人民群众,体现着党的宗旨,依靠群众化解矛盾,实现矛盾不上交,就地解决,将大量的矛盾纠纷化解于基层一线,有效地避免了矛盾纠纷的激化,减少了矛盾纠纷对社会稳定的冲击。因此,必须深入开展"枫桥经验"的学习教育活动,使广大党员干部,尤其是党员领导干部,更加充分认识到继承和发扬"枫桥经验"优良传统和作风的重要意义,进而增强践行党的优良传统和作风的自觉性。

(三)发挥党组织的战斗堡垒作用、党员的先锋模范作用

2018 年 7 月 3 日—4 日在北京召开的全国组织工作会议上,习近平同志发表重要讲话时强调,中国特色社会主义进入新时代,我们党一定要有新气象新作为,关键是党的建设新的伟大工程要开创新局面。伟大斗争、伟大工程、伟大事业、伟大梦想,其中起决定性作用的是党的建设新的伟大工程。要把新时代坚持和发展中国特色社会主义这场伟大社会革命进行好,我们党必须勇于进行自我革命,把党建设得更加坚强有力。习近平同志指出,提高党的建设质量,是党的十九大总结实践经验、顺应新时代党的建设总要求提出的重大课题。提高党的建设质量,既要坚持和发扬我们党加强自身建设形成的优良传统和成功经验,又要根据党的建设面临的新情

况新问题大力推进改革创新,用新的思路、举措、办法解决新的矛盾和问题。

"枫桥经验"是党的优良传统和作风不可分割的组成部分,55年来以诸暨枫桥为代表的各级党组织不断创新工作方法,坚持和发展"枫桥经验"。新时代里,坚持和发展"枫桥经验",必须发扬这一优良传统和作风,党组织和党员应当继续发挥战斗堡垒和先锋模范作用。党的十八大以来,各地贯彻习近平同志在纪念毛泽东同志批示学习推广"枫桥经验"50周年大会上的讲话的指示精神,结合自身实际,在坚持和发展"枫桥经验"中积累了不少经验与做法,应当通过修改《人民调解条例》等予以吸收,将创新"枫桥经验"的一些成功做法提升到制度层面,固化这些成功的经验做法,为进一步推广提供制度层面的支持。

(四)健全制度,推动发扬优良作风、密切联系群众活动的深入持续开展

党的宗旨和本质决定了我们党离不开人民群众的支持,离不开与人民群众的血肉联系、鱼水情深。我们党始终强调密切联系群众,建立与人民群众血浓于水的关系,但总有些人甚至是党员领导干部联系群众不够紧密,甚至脱离群众高高在上,这就需要我们从制度层面反思,需要通过健全和完善制度来推动密切联系群众活动的深入持续开展。应当说,密切联系群众不是没制度,但确实存在有些制度规定过于有原则性,有的制度虽较为详细但存在着刚性不足的问题,缺乏约束力,导致联系群众流于形式或者不够密切,未能真正建立起党群、干群、警民间的深厚感情。健全和完善制度,一要在制度的刚性上做文章,能纳入法律的,应尽可能写进法律里面,如修改《警察法》,增加社区警务,明确社区警务的具体要求、手段、方式;建立社工法律体系,把社工工作作为密切联系群众的重要桥梁,辅助决策咨询。二要健全和完善密切联系群众的制度,针对不同工作岗位提出密切联系群众的不同要求,以及实现密切联系群众各种要求的方式方法。

(五)强化监督,确保发扬优良作风、密切联系群众的各种制度落到实处

一是各级党委和政府主要领导要率先垂范,在密切联系群众中发挥榜样作用,带动各级党委和政府密切联系群众制度的贯彻落实。各级党委和

政府主要领导要督促检查各部门的落实情况，不能停留在看台账听汇报上，要实地听取群众的声音，从群众反馈里倒查联系群众工作情况。二是把是否践行密切联系群众当作检验工作作风好坏的试金石、温度计，当作检验是否贯彻"以人民为中心"理念的最主要标准之一。三是兑现奖惩，奖勤罚懒。对密切联系群众工作做得到位的，在密切联系群众中关心并切实维护群众利益的，按照规定奖励；对脱离群众的，给予必要处罚，如因脱离群众引发群众利益受损造成群体性事件的，应当依法依纪追究渎职的相关责任。

**（六）正确处理专群关系，更好地发挥专门工作与群众路线相结合的作用**

一是必须认识到两者是辩证统一的关系，相互补充，相互促进。从治安管理、侦查破案、打击犯罪、维护社会治安而言，两者都是不可或缺、不能偏废的。一方面，侦查破案、打击犯罪需要专门技术，需要专门人才掌握和运用；另一方面，犯罪分子隐藏在群众之中，深受犯罪侵害的群众掌握着犯罪的证据和线索，需要侦查人员到群众中去收集和发现。

二是必须坚持"两手抓，两手都要硬"。既然两者的关系是辩证统一、不可割裂的，那么就必须坚持"两手抓，两手都要硬"。要警惕滋生唯技术论，认为在科学技术日新月异的今天，无须依靠群众就可以掌握犯罪活动证据，实施侦查破案。这种认识有很大的片面性，科技确实发达，但还存在着很多技术盲区，如天眼天网的监控系统还不可能实现无死角、无盲区的百分之百覆盖，这就需要我们的侦查员深入现场、深入群众，去发现和获取证据和线索，有力地打击犯罪。

**第三章**
# 适应时代要求

习近平总书记强调指出:"问题是创新的起点,也是创新的动力源。只有聆听时代的声音,回应时代的呼唤,认真研究解决重大而紧迫的问题,才能真正把握住历史脉络、找到发展规律,推动理论创新。"①

"枫桥经验"55 年来能够不断适应时代的要求历久弥新,它的动力源泉就在于能聆听时代之音,坚持党的群众路线,发现和解决矛盾和问题,从而推动经济社会发展和历史前进。

## 第一节　善于聆听时代之音,问题就是时代的声音

党的十八大以来,各级党委和政府坚持和发展"枫桥经验",善于聆听时代之音,把握时代脉搏,跟上时代发展的步伐,适应时代要求,积累了丰硕的经验,在理论与实践两个层面均取得了显著成就,迎来了中国特色社会主义建设的新时代。

### 一、什么是新时代

新与旧总是相对的,新时代是与旧时代相对而言的。新、旧时代是按

---

① 习近平:《在哲学社会科学工作座谈会上的讲话》,《人民日报》2016 年 5 月 19 日第 2 版。

照一定历史时期内一个国家的政治、经济、文化、科学技术及社会发展等特征来划分的社会发展阶段。所谓新时代,就是具有明显区别于旧时代社会特征的时代。党的十九大因社会主要矛盾发生变化而宣布我国已进入了中国特色社会主义建设的新时代。新时代里要根据对世界形势和国际力量对比状况的评估,对世界人民利益特别是本国人民利益的认识,制定国内和国际战略对策。

## 二、什么是时代之音

马克思说过,"问题就是时代的声音"。时代的声音就是问题所在、主流所寓、指向所赋,聆听时代之音就是要善于发现和把握时代的主要矛盾和问题,善于发现在地平线上刚刚冒出来的新生事物及新旧事物的博弈焦点,就是要寻找时代所面临的风险和危机。[①]"枫桥经验"之所以能在全国深入推广,解决涉及群众切身利益的矛盾和问题,维护国家安全和社会稳定,使我国成为世界上最安全的国家之一,根本原因就在于善于聆听时代之音。实践证明,只有聆听时代之音,以问题为中心,抓住时代的本质,攻克时代的难题,为群众排忧解难,扶植新生事物的成长,我们的工作才会更扎实有效,才能适应时代要求,人民才会更满意。

## 三、善于聆听时代之音,及时发现面临的问题和风险

随着我国社会主要矛盾的转变,中国特色社会主义建设事业进入了新时代。围绕着人民对美好生活的向往,聆听时代之音就是要聆听事关群众切身利益的就业、教育、医疗、收入分配、环境、食品药品安全等方面的矛盾和问题。应把握这些问题和矛盾的特点,进而对症下药采取针对性措施,以维护社会稳定和促进经济社会发展。

(一)聆听哪些新的时代之音

"人民对美好生活的向往,就是我们的奋斗目标。"与人民群众切身利益相关的问题和矛盾,就是我们新时代面临的主要问题和风险,也就是我们应当聆听的新时代之音。习近平总书记反复强调党的干部要敢于和善

---

① 商志晓:《善于聆听时代声音》,《光明日报》2018年8月17日第11版。

于回答现实生活中和群众思想上迫切需要解决的问题。这些问题需要我们到深入群众的丰富实践中去寻找和发现。习近平总书记在党的十八大后会见中外记者时的讲话中,已经指明了我们党"倾听"的方向:"我们的人民热爱生活,期盼有更好的教育、更稳定的工作、更满意的收入、更可靠的社会保障、更高水平的医疗卫生服务、更舒适的居住条件、更优美的环境,期盼孩子们能成长得更好、工作得更好、生活得更好。人民对美好生活的向往,就是我们的奋斗目标。"这就要求各级党委和政府,紧紧围绕人民群众的"八大期盼",紧紧围绕人民对美好生活的向往,去发现和研究各种观念与体制机制上存在的问题,明确改革的方向,积极推动问题的解决。

当前,我们需要聆听的新时代之音主要集中在以下八个方面。

一是教育问题。要深入群众去了解他们的教育需求,了解当地在满足他们的教育需求方面还存在哪些问题和困难,哪些问题和困难现在是具备条件解决的,哪些问题和困难还需要我们去创造条件才能解决,然后分清轻重缓急,逐步解决。

二是就业问题。首先,要了解即将就业的大中专学校学生、复退军人,在就业上遇到哪些问题和困难;其次,要了解那些上有老下有小的下岗失业人员再就业时遇到哪些问题和困难,需要政府和社会提供哪些帮助;最后,要了解掌握企业事业单位当下的用工需求及未来的用工计划。在掌握第一手情况的基础上,分门别类地采取针对性措施,以缓解就业方面的压力和困难。

三是收入问题。重点了解影响收入增长的因素,了解支出的组成结构,了解收入与日益增长的物质文化需要之间的差距。掌握居民、职工等广大基层干部群众的实际收入状况,出台针对性的稳收入增长的措施,增强广大人民群众改革红利的获得感。

四是社会保障问题。了解基层职工群众享受社会保障的现实状况,既要了解在职职工群众的社会保障缴纳情况,也要了解退休的职工群众和老年人的养老情况,逐步改善社保条件,不断扩大社保覆盖范围,更好地发挥社保机制在维护社会稳定方面的作用。

五是医疗问题。重点了解长期存在的群众看病难、就医难问题,要弄明白难在何处,了解现阶段可以采取哪些对策措施,将来可以逐步地采取哪些对策措施,了解群众医保用药看病占比情况,了解医保在降低群众就医看病支出、增强群众福祉方面的作用等。

六是房价问题。重点了解职工群众对房价的承受度,了解住房支出占家庭总收入的比例,了解房价对实体经济的影响度,了解现有住房质量问题、住房来源问题、居住的环境问题等。一方面为制定房地产发展政策提供依据,另一方面为向住房有困难的群众提供适当帮助提供依据。

七是环境问题。既要了解掌握环境问题的欠账情况,更要了解目前环保方面还存在哪些突出问题,倾听群众对政府解决环境问题的建议,要使干部群众深刻理解习近平总书记提出的"绿水青山就是金山银山"的理念。

八是食品安全问题。深入菜市场、食堂、饭店,深入居民群众家中,深入食品生产的基地、田头,了解居民群众身边存在的食品安全问题和对党委、政府保障食品安全问题的意见、建议。

新时代里,社会风险与问题的频发,不断给我们敲响警钟。只有认真聆听群众的呼声,准确全面地把握风险源,我们才能完善机制,提升防范新型社会风险的能力,减少各种社会风险的冲击。

(二)各类矛盾和风险的新特点

从实际情况来看,新时代里矛盾风险呈现出五大特征:一是矛盾的普遍性;二是矛盾的复杂性;三是矛盾的突发性;四是矛盾的风险性;五是矛盾风险的可预防性和可转化性。

一是矛盾的普遍性。枫桥半个多世纪来调解了大量矛盾,旧的矛盾解决了,新的矛盾又不断产生。矛盾是普遍存在的,包括人与人之间的矛盾,人与自然的矛盾,国家之间的矛盾,民族之间的矛盾,等等。可以说,矛盾无处不在、无时不在、无地不在。矛盾存在于经济、政治、文化等各领域之中,突出的矛盾是发展不平衡不充分的问题,民生领域有就业、教育、医疗、居住、养老和收入分配等方面的社会矛盾和问题。要学会辩证看问题,一方面,矛盾无处不在,没有矛盾就没有世界;另一方面,矛盾的发生与解决,推动了社会进步,矛盾是社会发展的动力。"枫桥经验"着力于矛盾的排查和调解,党政各部门、各单位、各系统高度重视矛盾调解,成立了大批社会组织,同心合力地调解矛盾,使枫桥社会风气文明和谐成为常态。

二是矛盾的复杂性。党的十八届三中全会做出全面深化改革的战略决策,揭开了我国全面深化改革的序幕,标志着我国的改革进入了深水区,深化改革的进程中必然会触及各类深层次矛盾,意味着我国社会进入了一个矛盾更加复杂、多发与凸显的时期。既有传统矛盾,也有非传统矛盾;既有现实社会中的矛盾,又有虚拟社会中的矛盾;既有政治经济矛盾,又有文化思想等意识形态领域的矛盾;大量是人民内部矛盾,又有敌我矛盾混杂其间;既有公开暴露的矛盾,又有隐蔽的潜在矛盾;等等。各种矛盾交织在一起,呈现出纷繁复杂的态势。传统矛盾,如常见的家庭成员间矛盾,邻里间的纠纷矛盾,等等;非传统的矛盾,如开发建设中的土地使用、房屋拆迁、环境污染、网络交易、知识产权等新型矛盾纠纷。国内矛盾,如国内各阶层间的矛盾;地区间的矛盾,经济发展与环境保护间的矛盾,等等;国家之间矛盾,如领土、领海矛盾,贸易不平衡矛盾,等等。各种矛盾交织在一起叠加累积,既相互联系相互影响,又相互冲突相互排斥,加剧了矛盾的风险。由于矛盾的复杂性,"枫桥经验"将调解组织分为各种类型,由专业调解人员调解各种复杂矛盾,收到了良好成效。

三是矛盾的突发性。有的矛盾的爆发是有规律可循的,是可以预见的,但有些矛盾是突然爆发的,是不可预见的。有些矛盾总是要爆发的,但在什么时间节点上,在什么地方爆发,往往具有不确定性。一些矛盾,往往因一些偶然因素突然爆发。

按辩证法的观点,突发事件并不是不可预测和预防的。那么为什么还会有突发事件?有的突发事件是官僚主义造成的,因为联系群众不密切,情报信息不灵通,对矛盾纠纷处理不当,或对正在激化的矛盾纠纷视而不见;基层政府出台政策未经过群众充分讨论,或缺乏宣传教育,也会引发突发事件;有的是因为对大数据缺乏深入研究,未掌握社会矛盾发展规律,无法精确预测社会矛盾的发生,一旦发生矛盾冲突,就被认定为突发事件。"枫桥经验"在新形势下加强和改进基层基础建设,专门设有情报信息员,情报信息非常灵通,一旦有事,"红枫义警"等基层组织就会闻风而动,将突发和风险事件处置在初发阶段。

四是矛盾的风险性。风险是指对个人的生活、生命、财产造成伤害和损失,对社会的稳定、政权的稳定、政治的稳定、国家的安全造成影响,带来危害的可能性。长期以来,人们运用"枫桥经验"及时排查与调解矛盾,避免了风险的产生,消除了风险源。矛盾是发展变化的,如不及时发现和处理,或处理不当,就会激化引起冲突,带来一定风险。风险有大有小,关乎个人或家庭安危,关乎单位或地区的经济安全和人员安全,重大风险更是关乎社会稳定和国家安全。

五是矛盾风险的可转化性和可预防性。矛盾的产生、发展与转化是有规律可循的,矛盾激化就有可能带来风险。矛盾风险是可以预防和转化的。在新的形势下,我国社会各类风险交织叠加,应从忧患意识出发,强化情报信息工作,运用定量与定性方法,研究与掌握风险发展规律,谨慎地预测危险源,辨认和识别危险源,预防和控制危险源的产生。

"枫桥经验"聆听时代的声音,敏感地发现矛盾和问题,善于发动群众及时依法解决,适应时代要求。重大风险是挑战,也是机遇,重大风险的预防、抵御和解决,必将促进经济社会大发展,促进全球治理体系大变革,这考验的是一个政党的智慧和力量。

(三)怎样聆听新的时代之音

这就要求我们的党员干部,尤其是领导干部必须放下身段,深入基层,深入群众。要真心实意地走出机关大楼,离开舒适的办公室、轿车、洋房,走到群众中间去。必须克服官僚主义特权思想,真正树立起"人民为中心"的思想和理念,树立人民主体意识,坚持从群众中来,到群众中去,一切相信群众,一切依靠群众,一切为了群众。这样做不仅可以摸准时代的特点、聚焦时代的问题,更能够在深入基层、深入群众中问计于民,拜人民为师,从而发现问题,找到解决问题的办法。能否倾听人民群众声音,关键在于各级领导干部能不能放下官架子,与群众平等相待,倾听人民群众的声音。这就需要各级领导干部始终保持与人民群众的血肉联系,始终与人民群众同甘苦共患难心连心。各级领导干部如果连人民群众喜在哪里、忧在何处都漠不关心或不得要领,又怎么可能去把握时代特点、抓住时代问题呢,更谈不上去有效化解新时代的特定问题了。脱离实际、脱离生活、脱离群众的结果,必然是纸上谈兵、无的放矢,也必然违背了"枫桥经验"的真谛。

## 第二节 以网治网,防控网络时代的新风险

随着网络基础设施的不断完善和网络技术的不断进步,我国的互联网普及率迅速提升,进入了网络时代。网络信息快速传播加剧了一个行业里新旧事物间的矛盾,甚至会诱发犯罪或群体性事件。敌对势力和犯罪集团利用互联网和移动通信频频作案,速度快、范围广、危害大,侵害人民群众的生命财产,影响社会稳定,危害国家安全,构成了网络时代的新风险。"枫桥经验"依靠群众的智慧,近几年逐步添加了"互联网+"新模式预防犯罪,即以网治网,犹如猛虎添翼,相得益彰,排查和调解了矛盾纠纷,预防和控制了违法犯罪。

### 一、中国特色社会主义建设的新时代也是信息化的新时代

我国进入全面深化改革的新时代,从技术层面来看,也是全面进入了信息化的时代。当前我国已开始了由互联网大国向互联网强国的转变,信息技术越来越广泛地渗透到社会生产生活和政治经济文化的各个领域。据《世界互联网发展报告 2017》,选取了涵盖五大洲 38 个国家的世界互联网发展指数,从总体指数来看,美国得分 57.66 排名第一,中国得分 41.80 排名第二,韩国得分 38.86 排名第三,日本得分 38.11 排名第四,英国得分 37.85 排名第五。在基础设施、创新能力、产业发展、网络应用、网络安全、网络治理等几项分项指标中,排名则各有不同,比如在基础设施方面,新加坡、芬兰、瑞典排名前三,而在产业发展方面,美国、中国和英国分列前三位。2019 年 2 月 28 日,中国互联网络信息中心(CNNIC)在京发布第 43 次《中国互联网络发展状况统计报告》,截至 2018 年 12 月,中国网民规模达 8.29 亿人,普及率达 59.6%,较 2017 年提升了 3.8 个百分点,全年新增网民 5653 万人,我国网络购物用户规模达 6.1 亿户,年增长率为 14.4%。中国电子商务研究中心在 2018 年 9 月 12 日发布的《2018 年中国网络零售市场数据监察报告》显示,2018 年上半年国内网络零售市场规模达到40810 亿元,同比增长 30.1%,跨境电商市场交易规模达到 11.2 万亿元,

相比 2017 年上半年的 9.8 万亿元,同比增长 14.3%。由此可见,中国由互联网大国向互联网强国转变的进程正在加快。

### 二、网络时代的新挑战

同任何技术进步一样,网络技术的迅速发展也是把双刃剑,在促进经济社会发展的同时,容易滋生危害社会文明与进步的因素。网络技术的发展促进了网络的运用,催生了网络社会,在网络普及率迅速提升的同时,对网络社会的治理提出了新的挑战。

(一)行业内部新旧事物间的矛盾与冲突

如传统出租车公司与网约车、滴滴快车等发生矛盾,特别是这种网约车进入中国市场时,为了迅速占有市场份额均采取低价的方式,甚至采取乘车返利或乘车有奖等营销策略,迅速挤占了传统出租车市场份额,直接影响了传统出租车公司的收益和出租车司机的收入,在一些地区甚至引发了传统出租车司机与网约车司机间的矛盾冲突,诱发了群体性事件。

(二)网络犯罪发展迅速

以手机为基本平台的网络社会,使人们的生活步入实时、交互、快捷、高频的"微时代",自主开放的自媒体话语权,隐蔽的信息源,交互快速的传播方式,碎片化、泛娱乐化、真假难辨的海量信息等,使网络社会与现实社会高频互动。这使社会舆论、社会情绪甚至社会行为以新的机制形成,传统的社会管理已难以奏效。网络社会风险突出表现为网络犯罪的快速发展。

近年来,我国网络犯罪呈 2 个 30% 的特点,即网络犯罪占犯罪总数的30% 以上,网络犯罪每年以 30% 左右的速度迅速增长。当前我国的网络犯罪已经由攻击网络和计算机的 1.0 版,发展到把网络作为平台和工具来实施各式各样犯罪的 3.0 版,犯罪的线上、线下结合特征更加明显。如开设钓鱼网站实施诈骗,采取植入木马、病毒等方式,侵入被害人手机、电脑,盗取被害人银行密码等信息,实施盗窃或诈骗,犯罪的智能化程度不断提高。还有就是传统犯罪与互联网技术结合,使犯罪的隐蔽性增强。如原本互相不认识的犯罪分子通过 QQ 群或者微信群临时纠结成伙,作案后迅速分散逃离;不法分子通过网络传授犯罪方法,出售犯罪工具。网络不仅仅作为一种犯罪工具手段,已经上升到一个犯罪平台,使犯罪呈现出网上网下结合、线上线下结合的网络化特征。犯罪的网络化特征,延伸出犯罪的另一个特征就是犯罪的隐形化,犯罪由接触式向非接触式转变,由面对面实施犯罪变成非接触式犯罪。近年来网络金融的发展使我国网络经济快速发展,然而网络金融的崛起也伴随着极大的风险,一些传统犯罪纷纷借助于网络金融的外壳蒙蔽和欺骗群众,一旦案发往往造成极大的经济损失,也给社会带来巨大的安全隐患。影响网络金融安全最严重的事件就是网络传销、网络集资等网络金融诈骗。

网络传销犯罪蔓延滋长,成为增长最快的一种网络犯罪。当前的网络传销犯罪有四大特点:一是涉及人员多,蔓延速度快,涉案金额高。仅2016年全国公安机关查处亿元以上网络传销案件就有30余起,一些网络诈骗、网络传销案件的受害人数动辄成百、上千甚至以万计。二是以金融创新为名,巧立名目,利用"电子商务""微信营销""数字资产""区块链技术"等所谓创新概念,打着"虚拟货币""金融互助""微商""爱心慈善"等幌子从事网络传销犯罪。2016年全国公安机关立"虚拟货币"类传销犯罪案件150余起,涉及"币种"高达60种。三是以高额回报为诱饵,制造盈利假象。"动态收益""静态收益""推广返利"等是犯罪人推销的手段,在初期给予一定返利,制造盈利假象,以引诱更多人员加入并继续发展下线。四是网络传销呈现出职业化、专业化特征。从传销网站搭建到运作多个传销平台,再到吸收职业传销团队当"操盘手",明显向职业化、专业化转变。安徽的"E租宝"案、广东深圳的"善心汇"案、湖南的"五行币"特大网络传销案等网络金融大案的频发,揭示了监管缺位下网络金融的巨大危害。校园贷是面向高校学生的一种网络贷款,也是近年来较为突出的网络金融犯罪,其手续简单,号称"裸贷",欺骗性强,表面上利息低,实际上利滚利,利息非常高,催讨贷款手段恶劣,不少校园贷背后有黑社会性质组织身影。近年来发生了多起由校园贷引起的大学生自杀事件。

(三)滋生大量的网络纠纷

网络纠纷是虚拟的,也是实体的,虽发生在虚拟社会,但影响着实体利益,如网络交易纠纷、网络侵权纠纷等。网络纠纷如不能得到妥善解决,则会激化、诱发网络犯罪,促进网络犯罪的快速增长,直接影响到网络经济的健康发展,也会波及实体经济的健康发展,甚至危害到社会稳定。

### 三、运用"互联网+",适应网络时代要求,助推矛盾纠纷化解

新时代的主要特征之一就是网络社会特征,为适应网络社会特征,各级党委和政府在坚持和发展"枫桥经验"的实践中创造了许多新的经验和做法。信息化时代里,运用"互联网+",通过微信、手机 App 等网络平台,发动和依靠群众这一"枫桥经验"的"法宝"变得更加智能化、信息化。

(一)借助"互联网+",收集和传输信息,使政府部门耳聪目明

化解矛盾首先要聚焦于问题,掌握情报信息。"互联网+"大大简化了信息采集程序,方便了群众反映情况,也提升了信息传输速度。在"枫桥经验"发源地——诸暨枫桥镇,"古镇枫桥"微信公众号家喻户晓。专(兼)职网格员或者其他群众在发现违法搭建、销售假冒伪劣产品、碰瓷诈骗、盗窃等违法犯罪时,用手机拍照,就可以通过"古镇枫桥"微信公众号上报到镇综合指挥中心。信息就会被"秒转"给相关站所的网格员,并迅速得到查处。在枫桥镇,运用"古镇枫桥"的,除了网格长、网格员,还有一个更大的群体就是"红枫网友"——热心参与社会治理的普通群众。遍布全镇的网格长、网格员和热心群众,借助"古镇枫桥"微信公众号用手机织起了一张覆盖全镇的信息收集传输网络,"古镇枫桥"微信公众号成为政府部门名副其实的千里眼、顺风耳。

(二)线上线下互动,形成合力,共同治理社会难点热点问题

近年来,诸暨枫桥镇借助于"最多跑一次"改革,加快了基层治理体系"四个平台"建设,逐渐破解了过去县乡断层、条块分割等基层治理体系存在的诸多问题,实现了综治工作、市场监管、综合执法、便民服务等功能的整合。枫桥镇在枫桥派出所内建立智能型综治中心,中心的大屏幕上每天滚动着全镇近 8 万人的"喜怒哀乐"。每条民生信息的采集、处理背后,都连着"两张网":一张网在线下,全镇被划分成 189 个村居网格,每个网格都配备网格长、网格员;一张网在线上,依托互联网建起的基层治理综合信息系统和综合信息指挥室。

为打通基层治理"最后一公里",实现网上网下、线上线下无缝对接,枫桥整合全镇各类站、所、庭、办,建立综治工作、市场监管、综合执法、便民服

务四大平台,实行大口子管理、集中式办公、扁平化管理,所有执法人员集中办公,全天候巡逻执法。将派出所的接处警、案管中心、视频中心和内勤室资源也整合进镇综治中心,统筹派出所综合指挥、值班处警、警务办事、信访接待、警民互动等功能,使派出所与其他部门间无缝对接。以镇综合信息指挥室为"中枢",全镇小到路灯破损、窨井盖缺失,大到违法违章、治污防洪,各类民生事件,从问题发生到事件交办,再到监督反馈,实现了实时收集、受理、流转、处置、反馈。村民线上传送信息,干部线下调解,综合指挥平台上督办反馈。目前,枫桥镇已整合综治办、人武部、司法所等机构,联合市级部门派驻的公检法等力量,通过"平安浙江"App和综合指挥中心,逐渐形成"一个平台受理、一个平台分流、一个平台反馈、一个平台考核,分级处置,统筹协调"的治理新流程。

(三)以"互联网+"新模式,解决社会治安问题,完善社会治理结构,助推矛盾纠纷化解

诸暨市主动地、创造性地运用现代科技手段,围绕"互联网+"矛盾化解、公共安全、公共服务、网格管理、基层自治等重点领域,在建设模式、应用模式和服务模式上积极探索,加快盘活"互联网+"在社会治理领域的新动力,为推进社会治理现代化插上信息科技的翅膀。

一是网上研判。把全市所有矛盾纠纷在大数据平台进行汇总,每月自动生成各类矛盾纠纷数据统计表和分析报告,然后定期对矛盾纠纷进行研判。市、镇(街道)两级每月对矛盾纠纷排查调处的整体情况、分类处置情况、存在的短板和完善措施等进行日常性研判,对矛盾纠纷发生的时间、空间进行研判,对矛盾高发点、敏感人群等进行预防性分析研判,提前布置应对措施,主动出击,改变被动应付局面。定期对全市面上同一类型的矛盾纠纷进行研判分析,从全市面上进行平衡,出台统一的处置意见,指导乡镇(街道)同类问题处理,提高处理效率,避免措施不同造成新的矛盾焦点。

二是网上调解。通过网络平台,方便了全市调节资源,创新了调解方法,提高了调解效率。建立市级调解档案库,实现调解档案信息化,消除信息孤岛,实现互享互通。对全市所有已经办结的调解案件档案进行信息化、数字化整理,全部上传到市级平台,实现数据积累、汇总。在此基础上,对调解案件进行分类研究,形成典型案例汇总,出台分类调解业务指导手

册。通过微信公众号、调解热线、微访谈等方式,普及调解流程、调解案例、调解法律法规等知识。深化推广调解 QQ 群、调解微信群。广泛建立法院、司法援助中心、司法所与各专业调解委员会、各乡镇人民调解委员会与重点村的调解委员会的 QQ 群、微信群,指导、帮助各调解委员会开展调解工作,有效遏制初信初访的发生。

三是网上信访。信访工作重在解决问题。可以借助互联网,提高处置信访问题的能力,收集、研判和及时回复各类信访投诉。诸暨市把来自国家信访信息系统、绍兴 E 网、12345、政民 e 线等各种渠道的信访投诉进行归并、整合,建立完善大数据,对民生领域突出问题以及涉众信访进行综合研判,预控风险。及时回复信访,避免初信初访转化为复杂信访问题。建立健全网上信访代理制度,每个村(居)委会设立不少于一个网上信访代理点,每个代理点配备不少于一名信访代理员,由村(居)委会干部、驻村干部、大学生村官等兼任信访代理员,依据信访人诉求内容,分别向有关机关提出代理的信访事项,及时反馈办理进展,形成代理事项档案。探索信访网上评判制度,对涉法涉诉信访、无理访、缠访、闹访等老上访户开展网上评判,通过社会道德舆论对老上访户施加压力,从而最终息访。

"枫桥经验"在新形势下利用互联网收集信息,调解矛盾,预防和控制犯罪,防范和化解风险,得到了新的发展,维护了"平安枫桥""平安诸暨",促进了"平安浙江"建设,适应了新时代的要求。

## 第三节　培育社会组织,创新矛盾化解方式

适应时代特征是事物发展普遍规律的必然要求。矛盾规律是物质和社会发展运动的普遍规律。唯物辩证法告诉我们,物质都是运动发展的,物质的运动和发展都是物质内部矛盾运动发展的结果,旧的矛盾解决了,新的矛盾产生并在物质运动中占据主导地位,就产生了新的物质。新的物质产生后必然影响和改变原有的物质间的联系,打破原有物质间的联系格局,建立新的联系,形成新的特点。在矛盾的不断发展中,新的事物不断产生,旧的事物不断消失,新事物增加到一定量时,量变引起质变,形成新的

物质世界和人类社会结构。网络对现代社会的生产生活带来的影响和冲击巨大，不断衍生着新的事物、新的行业、新的技术、新的业态，网络技术的迅速发展，加剧了人类社会的发展变化。物竞天择，适者生存。新时代必然有新特征，只有适应新时代新的社会特征、新的物质世界特征，个体、社会组织等社会主体才能更好地生存和发展。"枫桥经验"从教育人改造人的经验，到社会治安综合治理的经验，再到基层社会治理的经验，自其诞生55年来，就是在适应新的时代特征中不断发展、不断成长的。新时代矛盾纠纷的重要特征有矛盾的多发性、矛盾类型的多元性等。在坚持和发展"枫桥经验"中，各级党委和政府调动一切积极因素，培育社会组织，发挥社会组织的作用，最大限度地化解矛盾纠纷，努力实现"小事不出村，大事不出镇，就地化解"的目标。

## 一、不断引导和培育群众性社会组织，发挥社会组织在化解矛盾、维护社会治安稳定中的作用

群团组织是指群众性社会团体，天然的群众属性使得群团组织在联系群众、组织群众、沟通化解矛盾等方面有优势。"枫桥经验"发源地浙江诸暨建立平安社会组织培育机制，引导热心群众参加矛盾化解、平安巡防、隐患排查等活动。枫桥派出所给党委和政府做好参谋，推动建立"红枫义警"工作站，打造示范型平安公益类社会组织孵化基地，仅枫桥的"红枫义警"工作站近年来培育出同类社会组织9家，会员700余人。"红枫义警"前身是"红枫志愿者协会"，2017年5月枫桥派出所主动上门对接，帮助制定章程，参与选拔培训，开展业务指导，明确治安巡逻、法制宣传、安防教育、纠纷调解、文明劝导、社会关怀等职责，2017年7月21日正式成立"红枫义警"，现有队员119人，其中党员47人，在化解矛盾、维护社会治安中发挥了积极作用。北京有"朝阳群众"，诸暨有"枫桥大妈"。2016年3月8日，枫桥300多名各界妇女聚集在一起，举行"枫桥大妈"联合会成立大会，其以"和谐、活力、文明、发展、公益"为宗旨，以女性独特魅力优势营造平安和谐，发挥妇女半边天作用，为创新新时代的"枫桥经验"添砖加瓦。经过几年的培育，枫桥镇形成了较好的社会组织发展基础。目前全镇共有各类社会组织223家，参与人数14500人，涵盖调解维权、群防群治、公益慈善、文

化体育等领域,在化解矛盾、维护稳定等方面发挥着独特作用。诸暨市现有各类社会组织 1800 余家,成员 6 万余人。

浙江各地纷纷探索建立"和事佬""老娘舅"等群防群治组织,聘请有专业特长、懂法律政策、有一定群众基础的社会成员担任"和事佬""老娘舅",发挥矛盾纠纷化解作用。浙江象山县针对渔民出海多、渔船多、渔事纠纷多的特点,于 2006 年建立全省首家"渔业海事调处中心",下设纠纷受理、事故调查、公共法律援助、调解、磋商 5 个部门,实现海上矛盾"统一受理、共同调查、联合调处",减少纠纷群众多跑路、跑冤枉路的情形。象山"渔业海事调处中心"还利用专职调解员、海上老娘舅、渔嫂促进会 3 个群众组织,延伸矛盾纠纷调处触角。象山"渔业海事调处中心"邀请县公共法律服务中心在其内部设立视频对接援助点,提供线上线下法律咨询;吸收海上名老大、资深渔民、渔业能手组建一支 50 人的海上老娘舅队伍,2012 年以来海上老娘舅队伍年均调处纠纷 100 余起;与宁波海事法院订立诉调对接协议,宁波海事法院提前介入疑难海上渔事纠纷。宁波北仑区九峰山新农村社区,下辖 9 个村 1 个社区,实有人口 8000 多人。随着区域开发,矛盾纠纷凸显,影响了区域开发开放。社区向民间借力,建立和谐促进会,遴选在群众中有威望的老党员、人大代表、退休教师、退休干部、企业家、老年协会会长等 20 余人,采取上门调解、坐堂调解、走访调解等形式,常态化开展矛盾纠纷化解、法律政策宣传工作。自 2008 年成立以来,化解大小矛盾纠纷 4000 余起,较好地发挥了化解矛盾,促进区域和谐稳定的作用。

## 二、建立健全警调对接机制,弘扬重视矛盾化解的传统,发挥"枫桥经验"在维护社会稳定中的作用

### (一)枫桥派出所较早地实行警调对接机制

化解矛盾是"枫桥经验"最基本的经验,公安机关不仅在"枫桥经验"原创中发挥了主导作用,长期以来在传承和弘扬"枫桥经验"中也始终注重通过化解矛盾预防违法犯罪,维护社会稳定。枫桥派出所为发挥全国优秀人民警察杨光照的调解特长,2009 年推出"老杨调解中心",其与镇综治调解中心对接,在镇综治调解中发挥重要作用。"老杨调解中心"实行三级分工,一名副所长担任总负责人,重点把握案件定性,引导、培训调解人员树

立正确的法律意识、证据意识、程序意识,保证合法、文明、规范地调解;杨光照负责调解中心的日常运作;聘请三类调解员,由当事人从中选择自己信任的调解员主持调解,一是从老治保、老调解中选择3名专职调解员,二是从人大代表、政协委员、司法干部、企业家等社会知名人士中选聘10名特邀调解员,三是由各村治调干部组成的辅助调解员。2014年起枫桥派出所在"老杨调解中心"的基础上,为实现调解网络全覆盖,搭建由专职社区民警、驻村干部、综治副书记、治保调解主任、治安信息员组成的"五位一体"的网格管理平台,强化派出所、警务站两级纠纷联调平台,提升矛盾纠纷的预防和化解能力。

（二）全省推广建立警调对接机制

枫桥派出所针对警情中纠纷比例大、耗时多、大量占用警力的特点,为了及时化解矛盾纠纷,发挥老民警优势,整合社会力量建立了调解中心的做法,可为其他地区公安机关所学习和借鉴。一些公安派出所运用矛盾化解方法维护社会治安,取得了良好成效。为推广这一经验,浙江省司法厅、浙江省公安厅2013年9月联合下发《关于进一步推进"警调衔接"机制建设的意见》,全面推广警调对接机制。2014年9月浙江省公安厅、浙江省司法厅组成3个联合督导组,分赴全省对"警调衔接"情况进行督导,并联合通报全省"警调衔接"机制建设情况。全省731个派出所建立了驻所调解室,占全省派出所总数的67%,一年中全省通过"警调衔接"机制共调处纠纷145615起,调处成功138046起,调处成功率为95%,其中驻所调解室调处95722起,占调处总数的66%,调处成功91961起,调处成功率为96.1%。

### 三、发挥媒体优势特长,帮助化解矛盾纠纷,助力平安建设

一些媒体在平安建设中不甘只做宣传者和旁观者,纷纷主动介入矛盾纠纷的化解工作。媒体人充当"和事佬""老娘舅",帮助群众化解矛盾纠纷,成为新时代浙江传承"枫桥经验"的一道亮丽风景。浙江卫视的《娘家姐妹花》栏目、宁波电视台的《娘舅大石头》栏目等,通过物色群众工作经验丰富的人担任主持人,常态化接受群众请求,充当调解员"和事佬",对当事人的矛盾纠纷进行化解工作,取得了明显成效。作为浙江卫视科教频道的

一档精品栏目,《娘家姐妹花》关注民生,从一些民间纠纷入手,以小见大,在反映老百姓真实生活的同时,实时地帮老百姓解决生活中的难事、急事、烦心事。老百姓的家长里短、劳务纠纷、经济纠纷、邻里矛盾通过记者全记录的拍摄手法,实时地展现出来,主持人从中介入协调,力求帮忙解决矛盾,做到有效沟通。宁波电视台《娘舅大石头》栏目中,有多名专兼职"老娘舅",陈邦效作为其中的一员,自 2010 年 8 月开始充当"老娘舅",截至 2018 年 3 月,仅陈邦效一个人就调解大小纠纷 700 多起。鄞州区东胜街道司法所为发挥陈邦效的调解专长,专门为他成立了"陈邦效调解工作室"。"陈邦效调解工作室"公开了 QQ 群、微博及微信,借此宣传法律法规知识,并在线受理矛盾纠纷。工作室还依托社区网站开设了"老娘舅"陈邦效工作室专栏,推出了调解案例讲解点评、"老娘舅"亮相点单式调解等内容,让老百姓切实感受到"老娘舅"就在身边。

## 第四节　时代是思想之母,实践是理论之源

时代是思想之母,实践是理论之源。"枫桥经验"是群众创造的经验,在其 55 年发展历程中,人民群众适应时代发展,不断探索创新"枫桥经验"的实践,是"枫桥经验"理论升华取之不竭的源泉。科学总结新时代人民群众创造的经验,才能不断地推进理论的创新和发展。在总结提炼新时代"枫桥经验"的过程中,我们需要不断克服消极因素,改进工作作风,不断深入群众进行调查研究,总结提炼"枫桥经验"的新做法,丰富"枫桥经验"的内涵。

### 一、正确认识制约和影响"枫桥经验"适应新时代的主要因素

从实际情况来看,制约和影响"枫桥经验"适应新时代的主要因素有认识滞后因素和机制僵化因素。

(一)认识滞后因素

快速变化的市场关系、市场要素、市场环境必然会影响到社会关系,随着社会主义市场经济体制改革的推进,市场机制不断完善,市场在资源配

置中的作用逐渐由基础性作用演变成决定性作用。市场的种种变化必然反映到社会治理问题上，给社会治理带来新的机遇与挑战，这就要求我们的认识必须跟上时代的发展，把握变化了的市场形势。认识滞后表现为三个方面：一是认识水平或能力不足，限制了对市场变化情况的认知；二是责任心缺失，心中没有群众，没有市场，只把服务好领导看成第一要务，导致没有时间和精力去关注市场的变化；三是缺少深入市场的调查研究，对市场的认知停留在原有水平。认识滞后将导致无法认识规则，对市场变化情况熟视无睹，影响"枫桥经验"的坚持和发展，甚至决策失误。

（二）机制僵化因素

认识滞后会造成反应迟钝。反应是人们基于认识的行为表现，认识滞后会带来思维僵化，会使人抱住老经验老办法不放，固守原有的过时机制。以公安机关接处警方式为例，坐等群众报警是计划经济时代社会治安静态特征的反映，市场经济是动态的经济，市场经济条件下随着交通条件的不断改善，人财物的流动不断加速，违法犯罪的流窜性也必然增强，社会治安的动态特征越来越明显，然而一些民警甚至领导习惯于老经验老办法，仍然坐等群众报警，接到报警后再从公安机关办公场所出发，这样容易错失现场抓获的时机，必然不能胜任市场经济条件下维护社会治安的职能。面对瞬息万变的市场，建立起灵敏的反应机制，适应不断变化的市场环境，才是唯一正确的办法。机制僵化有两种情形：一是尽管外部环境已发生变化，机制却长时间不变；二是机制变化没有经过调查研究和科学论证，没有发动群众集思广益，决策者想当然做出决定，或者照搬照套别的地方的做法，不考虑自身的实际情况。

## 二、建立敏锐的认知体系和灵敏的反应体系，不断聆听时代之音

只有不断聆听时代之音，科学把握时代旋律，才能使我们的对策具有很强的针对性。

（一）坚持传统与现代有机结合的信息系统，全面及时收集各方面的信息，准确判断市场及社会发展变化

一方面，在网络普及率已近60%的背景下，要尽可能使用信息技术采集信息，大量使用移动终端、手机、互联网等，拓宽信息收集渠道，增强信息

收集的便捷性,配合大数据技术,由经过培训的专业人员准确分析研判信息。另一方面,仍要坚持发扬优良传统,深入群众,与群众面对面,了解群众心声,排摸社会情况,发现问题和解决问题。真正有价值的核心情报信息蕴藏在群众之中,需要人工搜集。传统作风和现代技术的有机结合,可以互通有无,弥补信息源的不全面、不准确的缺陷。

(二)建立中间环节少的直接反应系统,提升反应的敏捷性

一个系统反应的快慢与系统主体自身的体量成反比,与系统体系经过的环节多少成反比。自身体量越大则反应越慢,中间环节越多则反应越慢。减少中间环节与让主体瘦身是现代社会提升反应速度、提高处置效率的重要途径。社会治理亦如此,治理机构越臃肿,反应就越迟缓。因而减少治理体系的中间环节,是提升社会治理组织反应敏捷性的重要措施。

### 三、不断改进学风,坚持实事求是思想路线,深入群众调查研究

群众的想法、群众的经验存在于群众当中,只有我们深入群众,与群众同吃同住,为群众服务,拉近与群众的距离,密切同群众的鱼水感情,取得群众信任,群众才会把他们创造的经验提供出来。总结提炼群众实践经验须做到以下四点。

(一)强化广大党员干部的党性修养

不断学习马克思列宁主义、毛泽东思想、邓小平理论、"三个代表"重要思想、科学发展观、习近平新时代中国特色社会主义思想,提高自身理论素养,树立以人民为中心意识,树立人民主体思想,树立人民史观,坚持"人民,只有人民,才是创造历史的真正主人",克服英雄史观,正确认识英雄的历史作用,只有这样才会有深入群众的动力。

(二)不断改进学风

要沉下身子,放下身段,谦虚谨慎,戒骄戒躁,虚心向群众学习,向群众请教,甘当学生,克服好为人师的习惯,没有谦虚的态度,群众是不会信任我们的,也不会把实践中创造的经验与我们共享。

(三)坚持实事求是思想路线,忠于实践、忠于历史、忠于事实

"实事"就是客观存在的事物,客观存在的事物不以人的意志为转移,调查研究就是追究和探索事物的本来面目,必须忠于事实真相,来不得半

点虚假。现在的调查研究,花架子多,浮光掠影的多,对事物真相一知半解,喜欢根据自身需求,"添油加醋",导致调研出来的群众经验失去本色原味。要还原事物本色,只有脚踏实地,深入群众、深入实际进行调查研究。

(四)时代在发展,"枫桥经验"也在发展

"枫桥经验"诞生55周年之际,浙江省委调研组、浙江省公安厅调研组,经过深入群众调研,总结提炼出"枫桥经验"六大新变化。这六大新变化就是:①基本理念从以维护社会稳定为重点,向以人民为中心转变;②基本定位从基层预防化解矛盾的做法,向基层社会治理模式转变;③基本路径从群防群治,向构建自治、法治、德治相融合的基层社会治理机制转变;④基本手段从以人防、物防、技防为主的"三防",向建立健全人防、物防、技防、心防"四防并举"的社会风险防控体系转变;⑤基本方式从传统方式向传统方式加智慧治理转变;⑥基本目标从"小治安"向"大平安"转变。新时代"枫桥经验"的基本特征是"矛盾不上交、平安不出事、服务不缺位",新时代"枫桥经验"的主要内容是"六创建六提升"(即创建"红枫党建"品牌,全面提升党建引领基层社会治理能力水平;创建平安特色小镇,全面提升平安建设能力水平;创建基层治理新模式,全面提升民主自治能力水平;创建多元共治新格局,全面提升共建共治共享能力水平;创建矛盾多元化解新机制,全面提升社会风险防控能力水平;创建枫桥精神新家园,全面提升基层社会治理文化软实力)①。只有把握新时代"枫桥经验"的新变化、新特征,才能进一步在新的历史条件下把"枫桥经验"坚持好、发展好。

---

① 金伯中:《新思想孕育新经验——对新时代"枫桥经验"的一点认识》,《公安学刊——浙江警察学院学报》2018年第1期,第15—18页。

**第四章**
# 创新群众工作方法

2015 年 10 月 29 日,习近平在党的十八届五中全会第二次全体会议上的讲话指出:"坚持创新发展,必须把创新摆在国家发展全局的核心位置,不断推进理论创新、制度创新、科技创新、文化创新等各方面创新,让创新贯穿党和国家一切工作,让创新在全社会蔚然成风。"

## 第一节　新形势下创新群众工作方法的重要意义

创新是民族进步的灵魂,是人类社会经济、文化、科技发展进步的根本动力。依靠群众不断创新,是"枫桥经验"55 年来历久弥新的动力和源泉所在。"枫桥经验"创立以来,特别是党的十八大以来,各级党委和政府牢固树立以人民为中心理念,始终在发动群众、组织和依靠群众上下真功夫,不断创新群众工作方法,更好地服务群众,在优化服务中不断密切党群、干群、警民关系,取得群众信任,获得群众的支持,不断取得化解矛盾、预防犯罪、治理社会的一个接一个的胜利。

### 一、"枫桥经验"的创新最重要的就是群众工作方法的创新

创新是指以用现有的思维模式提出有别于常规或常人思路的见解为导向,利用现有的知识和物质,在特定的环境中,本着理想化需要或为满足

社会需求,而改进或创造新的事物、方法、元素、路径、环境,并能获得一定有益效果的行为。[①] 简单地说,创新就是指创造新事物或者革新。

创新是"枫桥经验"历久弥新的重要的动力源泉,"枫桥经验"是在不断创新中发展的。"枫桥经验"从教育人改造人的经验,到综合治理的经验,再到基层社会治理的经验,每一阶段的发展都离不开创新。"枫桥经验"的每一个发展阶段不仅有内容创新,实践"枫桥经验"的方法和手段也在不断创新。"枫桥经验"是践行党的群众路线的成功经验,是相信群众、依靠群众的经验,凝聚着群众的智慧,因而"枫桥经验"创新很大程度上就是群众工作方法的创新。

## 二、新时代创新群众工作方法的必要性和意义

### (一)创新群众工作方法是新形势的必然要求

在新形势下,我们党的群众工作面临的新情况和新问题都是前所未有的。群众工作在不同历史时期和同一历史时期的不同发展阶段具有不同的历史特点,当前创新群众工作方法,是适应新形势下群众工作出现新情况新问题的必然要求。进入中国特色社会主义建设新时代以来,随着全面深化改革的推进,社会结构深刻变动、利益格局深刻调整、思想观念深刻变化,群众工作的要求和难度亦不断增加。从群众工作的对象看,已从以单位为基本组织的"单位人"管理,转变到打破单位界限、适应人口自由流动择业的"社会人"管理,特别是随着互联网经济的日趋活跃和发达,新的业态、新的阶层、新的群体不断涌现,使群众工作的对象更加广泛和多样。从群众工作的内容看,在改革进入深水区后,群众工作中的各种矛盾问题主要集中在事关群众切身利益的事项上。个别利益和普遍利益、少数利益和公共利益、短期利益和长期利益相互交织,合理或虽合理但暂时不具备解决条件的诉求与不合理诉求交汇混杂。因而在新的形势下,保障和改善民生、帮扶困难群众、教育引导群众、协调利益矛盾、疏导群众情绪等,都大大拓展了群众工作的内容和范围。

---

① 创新:搜狗百科,词条,https://baike.sogou.com/v178267.htm? fromTitle=创新,2018 年 9 月 10 日浏览。

（二）创新群众工作方法是提高党员干部、民警等主体群众工作能力水平的必然要求

当前我们必须正视，一些地方、一些部门、一些党员干部的群众工作水平和能力，与党和人民的要求还存在相当的差距。善于做群众工作，本来是我们党的优良传统，我们党是靠做群众工作起家的，也是靠带领群众奋斗发展壮大的。但在"文革"时期对党群、干群、警民关系的严重破坏，改革开放以来一些群众观念淡薄的党员干部对群众工作的忽视，使我们党面临脱离群众的危险。面对这样严峻的形势，一些党员干部管理手段单一，甚至用简单、粗暴的方式对待群众，官僚主义严重，危及社会稳定。这些现象既反映了群众工作在方式方法和体制机制上存在缺陷，也反映了我们的党员干部等群众工作能力水平不高，更折射出其背后的理念和认识滞后。因而，创新群众工作方法不仅成为扭转当前一些地方普遍存在的群众工作被动局面的重要手段和紧迫任务，也是提升党员干部群众工作能力水平的必然要求。

## 第二节　党员、干部、民警必须深入基层、深入群众，为人民服务，赢得人民满意

适应新时代要求是创新群众工作方法的基础。群众工作，主要包括发动和宣传群众、服务群众、教育群众、组织群众等。在以人民为中心理念的指导下，服务群众是我们党第一位的群众工作。创新群众工作方法，就是要适应新时代新的特征和要求，创新服务群众、组织和发动群众、宣传和教育群众的方式方法和措施。为此要在内容、程序、手段方法三方面下功夫，不断改革和创新群众工作方法。党的十八大以来，各级党委和政府坚持和发展"枫桥经验"，不断围绕着创新群众工作方法而锐意改革，取得了显著成效。

### 一、深化改革，简政放权，服务群众有新的载体

与群众有距离感，不能无缝对接，是群众工作的一大障碍。如何尽可

能缩短与群众的距离,是新时代做好群众工作的关键。浙江先行并迅速推广到全国的"最多跑一次"改革是新时代拉近与群众距离,提高党委和政府服务群众和企业的水平和能力的重要实践,是"以人民为中心"理念的一次成功实践,是新形势下坚持和发展"枫桥经验"的一次重要创新。

(一)"最多跑一次"改革由浙江先行,迅速向全国推广

所谓"最多跑一次"改革,是指通过一系列措施,使群众和企业到政府办理行政权力和公共服务等事项,在申请材料齐全、符合法定受理条件情况下"最多跑一次"就办结。"最多跑一次"萌芽于浙江省 2014 年的"互联网＋政务服务"体系建设,以"四张清单一张网"改革为引领,浙江省不断深化全省统一架构、五级联动的政务服务网建设,形成了全省事项清单统一发布、网上服务一站汇聚、数据资源集中共享的"互联网＋政务服务"体系。2016 年 12 月在经济工作会议上,浙江省委在深入调研的基础上,以"互联网＋政务服务"体系建设初步成效为契机,提出推进"最多跑一次"改革。2017 年 6 月浙江省第十四次党代会进一步明确将"最多跑一次"作为浙江省深化改革的突破口,作为创新群众工作方法的重要举措。受浙江"最多跑一次"改革启发,2017 年 3 月陕西省西安市公布首批"最多跑一次"事项;2017 年 7 月,江苏省推出"不见面审批"服务,首批上万个事项清单在政务服务网公布;2017 年 8 月起,上海市在东方、徐汇、杨浦、长宁、闸北、闵行公证处开展办理公证"最多跑一次"试点工作;2017 年 9 月,安徽省出台《关于创优"四最"营商环境的意见》,努力实现市场主体登记"最多跑一次"或"一次不跑"。2018 年 3 月 5 日,国务院总理李克强在十三届全国人大一次会议上所做的政府工作报告中,首次向全国推广"最多跑一次"改革。"最多跑一次"改革迅速掀起热潮,极大地提高了党委和政府服务群众的水平和能力。

(二)"一窗受理、集成服务"是实现"最多跑一次"最有效途径

"一窗受理",是指在各级政府的行政服务中心分领域设置若干综合窗口,群众来办事,无须到多部门或多窗口分头跑,只需将材料提交给综合窗口,由行政服务中心进行全流程协调,按责转办。"集成服务"是指各部门协同作战,开展并联审批、模拟审批、容缺预审、全程代办等,为群众和企业提供高效集成的政务服务。

2018年3月8日,浙江省委书记车俊表示,浙江省"最多跑一次"实现率达到87.9％。这一改革虽然切口小,涉及的是办证、登记、挂号、过户、结算、报批、资质认定等具体事项,但受益面大,惠及在浙江工作生活的每一个人、每一户家庭、每一家企业。

"最多跑一次"改革从与企业和人民群众生产生活关系最紧密的领域和事项做起,以人民利益最大化来设计改革的方案,用政府权力的减法来换取市场活力的乘法,促使政府部门从理念、制度到作风进行全方位变革,"一改多得"。从"群众跑腿"变为"数据跑路","最多跑一次"改革背后是服务型政府的建设,通过"互联网＋政务服务","最多跑一次"改革提高了政府服务效能和群众工作能力,大大方便了广大人民群众办事。"最多跑一次"改革通过数字化技术打破信息孤岛,使办事流程标准化,方便群众办事的同时,有效规范、制约、监督政府的权力运行,切实扎紧权力的制度笼子。①

(三)公安机关在"最多跑一次"改革中密切了警民联系,进一步改善了在群众中的形象

公安机关是重要的治安行政管理机关,"最多跑一次"改革中涉及的公安治安行政管理事项也很多。浙江省公安机关在"最多跑一次"改革中发挥了主力军作用。宁波市公安机关紧紧围绕"一次办""一网办""一证办""一件办"任务,一个事项一个事项认真梳理,一个事项一个事项抓好落实,积极打造宁波公安"最多跑一次"改革名片,建设推出"阿拉警察"App 2.0版,共有行政审批类、便民服务类、新闻资讯类等服务办事功能169项。截至2018年6月,"阿拉警察"下载量突破100万次,注册用户人数达96万人,总使用量达560万次。其中原生开发二代居民身份证、居住证、驾驶证、行驶证等证照电子化应用功能,实现宁波大市范围内配备相关设备的网吧上网、旅馆住宿和散装汽油无证件登记,以及交通违法处理窗口办事、民警路面治安核查、电动车信息核查等七大现场实景的证照电子化应用。宁波市公安机关在"最多跑一次"改革中还全面推行"机器换人",实现由

---

① 叶晓楠、师悦、崔潇宇:《从浙江经验走向全国 "最多跑一次"书写简政放权新篇章》,《人民日报》(海外版)2018年4月10日。

"群众跑到机器跑"的转变,市、县两级行政服务中心(分中心)自助设备已全进驻,并按照"合理布局、有序推进"原则,辐射延伸到公安网可以通达的基层所队、流量较大的场所、智能警务亭,实现 24 小时随时办、就近办,尽可能方便群众办事。截至 2018 年 6 月,宁波全市共投放"车管自助办理机""购置税自助缴纳机""交通违法自助处理缴款一体机""出入境自助填表机""出入境港澳再次签注一体机""出入境发证机"等各类自助设备 396 台,设立 1 个车管 24 小时服务区和 5 个出入境 24 小时服务区。海曙分局推出 24 小时智能语音电话咨询应答服务;宁波市宁海县将亲人死后全部事项办理整合为"一件事",变"至少跑五次"为"一次也不跑",浙江省委书记车俊批示给予了充分肯定,副省长、公安厅长王双全批示要求全省推广。此外,宁海新生儿出生登记、象山旅馆(民宿)审批、鄞州网吧设立和变更备案实现"一件事情"联办取得初步成效;宁海在全市公安窗口率先引进"人像身份验证系统",涉及居民户口簿申换补领、居民身份证换补领、流动人口居住登记等 12 个办件量大的事项,实现群众刷脸办事、无证办事。

## 二、深入群众,聚焦于难题,改善民生有新的路径

破解民生难题既是新时代服务群众、密切党群干群关系的重要措施,也是检验党委和政府群众工作能力的重要标准。2018 年宁波市公安机关以破解民生难题为载体,开展"千警下基层、万警大巡防"专项行动,通过着力破解民生难题来倒逼领导机关沉下去,深入群众耐心细致地查找民生难题,切实提升领导机关的群众工作能力。

### (一)民生难题是造成群众对党委和政府及公安司法机关有怨言和意见的重要因素

民生难题已经成为新时代群众工作的拦路虎,阻碍了群众对党委和政府及公安司法机关的信任感的建立。2018 年 3 月,李克强总理在十三届全国人大一次会议上所做的政府工作报告提出:"要在发展基础上多办利民实事、多解民生难事,兜牢民生底线,不断提升人民群众的获得感、幸福感、安全感。"宁波市公安局党委在前期调研试点的基础上,针对存在的"重点人员管不住、治安死角管不到、新兴业态管不好、火灾隐患管不细、交通事故管不力、职能交叉管不实"等突出的民生难题,牢记习近平总书记重要指

示精神,在坚持和发展"枫桥经验"的实践中决定开展为期三年的"千警下基层、万警大巡防"专项行动,通过专项行动形成一套机关牵手基层的"创新战法",各警种专业力量按需分配、有的放矢到基层支援,为基层"赋能",建立长效工作机制,提供"机关＋基层"的科学解题思路,破解民生难题,创新群众工作思路和方法。

**(二)聚焦于破解民生难题,寻找群众工作创新的着眼点和突破口**

2018年3月初,宁波市公安局连续下发《关于组织开展全市公安机关"千警下基层、万警大巡防"专项行动的通知》《关于印发全市公安机关"千警下基层、万警大巡防"专项行动实施方案的通知》(以下简称《方案》),部署在全市开展"千警下基层、万警大巡防"专项行动。《方案》明确了实行三大工作机制,即"1对1领导挂帅蹲点机制","1＋2"专业团队攻坚机制,"1＋X"行动专班工作机制。《方案》还明确了市县(区)两级公安机关党委班子成员在综合考虑分管的业务优势、派出所风险隐患类型特点的基础上,认领一个派出所蹲点调研,对辖区风险隐患和基层工作难题进行"解剖麻雀",实行蹲点局领导与派出所所长"双组长"负责制,视情况组建若干攻坚团队进行定向攻坚;攻坚团队原则上由"属地派出所民警、若干机关专业警种、综合部门民警"组成,相关人员从市县(区)两级机关民警中抽调,并根据排查发现的隐患问题类别动态调整,具体警力由驻所工作小组提出需求、市县(区)两级专班汇总、政工部门调配保障;市县(区)两级专项行动指挥部负责专项行动总体部署、重大事项指挥协调,指挥部下设工作专班,负责专项行动统筹推进、重大隐患督办检查、攻坚团队组建协调、情况战果汇总交流等日常事务。

专项行动自2018年3月开展以来,坚持问题导向,不设预案,对症下药,全市市县(区)两级公安机关党委班子成员124人蹲点基层,1500余名民警直插一线,用看似最苦、最累、最笨的方法,去化解最复杂、最棘手的问题。截至2018年8月,专项行动在全市共排查并整改重点风险隐患3361个,一般风险隐患36873个,协调解决基层实际难题2185个,全市有效警情、刑事发案率同比下降15.4％、18.4％。

**三、手段创新,化解矛盾,预防违法犯罪有新的举措**

化解矛盾是"枫桥经验"最基本的经验,中国特色社会主义新时代能否继续深化矛盾化解工作,是能否坚持和发展"枫桥经验"的关键。人员流动性强,是市场经济时代的重要特征,新时代随着改革开放的不断深化,在高铁、高速公路等便捷交通条件作用下,人员的流动性将进一步增强,人员流动的数量及频率均将快速增长。一方面,人员流动性强有助于繁荣市场、活跃经济,有助于缩小地区差异,提升区域经济一体化水平;另一方面,人员大流动会滋生大量的矛盾纠纷,如果其得不到及时化解,就会影响到社会稳定和经济社会发展。浙江各级党委和政府适应新时代特征,在传承和弘扬"枫桥经验",做好新时代矛盾化解工作方面积累了新的经验。

(一)建立在线矛盾化解机制,适应人员大流动的需要,方便群众化解矛盾纠纷

在线矛盾纠纷多元化解平台,是中央综治办赋予浙江的创新项目,杭州西湖区人民法院率先建立在线矛盾化解机制,利用网络将矛盾双方通过视频连线,进行化解工作,为老百姓提供了线上与线下结合、诉讼与调解相对接的司法服务,在新时代背景下赋予了"枫桥经验"新的时代内涵。其自2017年3月正式上线以来,从西湖区人民法院迅速扩展到全省10个先行试点地区,访问量达87万余人次,注册调解员1.35万余人,调解纠纷3587件。目前平台功能仍在不断更新换代,正在为全球在线纠纷解决机制积累"中国经验"。曾预言"法律人的明天会怎样"的英国首席大法官科技顾问理查德·萨斯金,2017年7月29日在认真观看在线矛盾纠纷多元化解平台的操作流程,并反复确认法院没有"水分"后,将在西湖区人民法院看到的一切写进预言里:"中国在法律技术领域将成为下一个领导者!"[①]

宁波市公安机关复制枫桥的"老杨调解中心"经验,2013年在原江东区东柳派出所设立"老潘工作室",这也是宁波市第一家以调解员名义命名的调解工作室。老潘,真实名字叫潘明杰,2012年起担任东柳街道人民调解委员会驻东柳派出所专职调解员,热心调解工作,调解工作经验丰富,调解成功率高。在任东柳派出所专职调解员期间,老潘日均调解纠纷1.1起,2013年老潘获"宁波优秀人民调解员"称号,同时当选"最美江东人",2014年获"宁波好人",2017年被司法部授予"全国模范调解员"。2017年

---

① 张亚、崔立伟等:《枫桥经验在互联网之都焕发新生机》,《法制日报》2018年4月10日。

11月,鄞州公安分局创新构建以"老潘警调"为龙头品牌的"互联网＋警调衔接"新模式,全面推广复制"老潘工作室"经验,在基层普遍构建共建共治的矛盾纠纷化解格局,并利用"互联网＋"和机制创新的复合优势,使调解效率更高,资源分配更均衡,基层治理的社会化、智能化、专业化水平显著提升。2017年,全区受理各类矛盾纠纷6097起,通过"警调衔接"机制成功调解5894起,调解成功率达96.7％。2018年鄞州公安分局将"老潘工作室"升级为警调管理中心、疑难纠纷调处中心、调解人才培训中心三位一体的"老潘警调中心",统筹管理鄞州区23个"警调工作室"。充分吸收"老潘警调"品牌建设经验,升级全区23个派出所"警调工作室",打造"老潘警调"品牌"加盟店"。同时,根据辖区治安特点,突出"加盟店"的特色化建设,有针对性地提升专项矛盾化解能力。上述新模式运作以来,鄞州基层调解组织逐步形成"层层带动、互为补充、整体响应"的良性格局,单个"盆景"变为连片"风景",资源得以充分整合,实力得到全面增强。

鄞州公安分局出台《新时代创新发展"警调衔接"机制实施意见》等一系列文件,在"警调衔接"的基础上,进一步建立与其他类型调解组织的联动处置机制,并将重大项目纠纷处置、疑难信访案件化解、重大群体性事件处置等领域纳入调解范围。同时,通过内部选拔、公开招聘等方式,组建全区警调专家"智库";聘任人大、政协、政府部门、民间调解组织、协会组织20余名业务骨干,组建警调兼职"智库",形成"社会各界共建共治,和谐成果普惠共享"工作格局。目前,宁波多个大型市政建设项目的推进工作均力邀警调"智库"成员参与,市信访局邀请老潘每周专席"坐堂"一天。对矛盾纠纷进行前置评估,按照矛盾等级,按需调配调解资源,创建"一般纠纷就地调解、疑难纠纷'智库'调解、重大纠纷联合调解"的分级调解模式。对一般风险的矛盾纠纷由发生地警调工作室就地化解;对一次调解不成的疑难纠纷,经当事人申请,由"智库"专家进行"问诊",并根据矛盾特征,选调兼职"智库"成员进行援助;对重大矛盾纠纷,由政法委牵头组织多个调解组织,开展"会诊"。

在做大做强"实体店"的基础上,按照"互联网＋"的理念,将"警调衔接"机制从"线下"搬到"线上",推动线下调解与线上线下调解相融合,调解效率全面提升,优质调解资源得到合理分配。一是预约调解。自主研发具有网上预约、在线咨询、评价打分等功能的"宁波警调一网通"系统,并链接至公安门户网站、"两微"平台、"阿拉警察"App和城市智能警务亭自助服务区。将"智库"成员的专长公示在PC端、手机端、自助服务端、警务实体端功能"菜单"中,群众可以在任一终端自助选择预约。群众的预约申请,自动流转到系统后台,由各地警调中心工作人员,协调确定调解时间和方式地点,安排"智库"成员进行调解。二是远程调解。在每个派出所的"警调工作室"和城市智能警务亭建设远程视频调解室,配套建立"专家远程调解机制",使群众在任何一个派出所和智能警务亭,都能享受到专家提供的远程调解服务。将视频远程调解系统与手机端、PC端关联,警调工作人员可以在视频调解室以外的地点开展调解工作,群众也可以在任何有网络的地方得到专家远程服务,打通了调解"最后一公里"。2018年3月30日,"老潘警调中心"负责人潘明杰通过远程调解系统,不到半小时的时间,就"足不出户"化解了发生在异地的一起疑难邻里纠纷。三是流动调解。启用"流动调解车",对涉及当事人隐私等特殊情形或来派出所调解有困难的特殊人群,借助"宁波警调一网通"系统的预约功能,开展"滴滴式"的上门服务、移动服务,做到"群众点一点,调解就到家",以"实打实""看得见"的细致和贴心,赢得了群众的口碑和赞誉,擦亮了"老潘警调"品牌。

鄞州公安分局出台调解人才培育实施方案,建立规范的人才挖掘、培养、激励等工作机制,为调解员队伍全面营造一个"有竞争、有待遇、有提高"的职业发展良性环境。积极发挥"老潘"等领军人才的传帮带作用,依托"旗舰店"的多元化功能,通过远程培训、跟班学习、集中轮训等方式,更多"小潘"脱颖而出。在调解室开通"直播""录播"功能,实现经典案例现场直播、实时回放,以案施训,提升培训效能。创办"老潘讲坛",积极打造全市调解人才开展经验交流的"明星"论坛。建立网上评估机制,群众打分评价,网上晒出结果,作为调解员考核的重要依据,倒逼调解员提升职业素质。邀请高校、法院、司法等领域专家,开展"年度优秀调解员""十大成功调解案例"等评选活动,激发优秀调解员干事创业、争先创优热情。在不折不扣落实"警调衔接"工作经费纳入同级财政保障的基础上,创建"基本工资+级别工资+以奖代补"收入体系,拓展调解员待遇增长空间,提升其工作积极性。规定调解员基本工资待遇不低于派出所协警年收入;以群众认可程度、工作年限、工作绩效为依据,建立层级晋升制度,根据层级档次发放层级工资;实行工作绩效量化考核,以补助形式定期予以奖励。

温州借助信息库,将历史上化解医疗纠纷的成功案例输入信息系统,以便现实生活中发生医疗纠纷时可以借鉴,使化解工作更加具有说服力,提升了医疗纠纷化解效果。余杭等地借助信息手段打造交通事故化解平台,化解交通事故纠纷时,让当事人双方坐到屏幕前,点击鼠标寻找类似的交通事故做参考,大大减少了调解工作量,避免了很多纠纷。

(二)设立安防体验馆,创新安全防范教育,帮助群众有效提升防范能力,减少被违法犯罪侵害

群众的防范意识、防范能力是影响违法犯罪发生概率及侵害后果严重程度的重要因素,群众防范意识强,就会主动采取一些防范措施,减少因疏忽等给不法分子造成可乘之机。打击违法犯罪必须坚持专门工作与群众路线相结合,单纯依靠公安机关孤军作战,成效不太好。密切联系群众,依靠和发动群众,始终是公安工作的优良传统。"枫桥经验"就是在密切联系群众,依靠和发动群众中产生的。在坚持和发展"枫桥经验"中,各地公安机关纷纷围绕如何提升群众的防范意识和防范能力下功夫做文章。在群众已有的防范意识的基础上,逐步通过针对性的宣传教育培训,提升防范技巧,改善和提高群众自身的防范能力。

台州市椒江区海门派出所的全国优秀人民警察阮林根在长期的社区警务中,坚持向群众普及安防知识。阮林根根据发案情况,从中分析盗窃、诈骗的手段方法,并搜集违法犯罪人员的作案工具,利用这些作案工具来讲解违法犯罪人员的作案手法,并针对性地传授预防技巧。阮林根是浙江省第一个用道具宣传讲解安防知识的人。阮林根用旅行箱将这些道具装起来,现在随着搜集的作案工具的增加,装满安防道具的箱子已经增加到9只。阮林根无论走到哪里都带着这些安防道具百宝箱,对所到地区群众进行防范知识的宣传教育,受到了广大群众的热烈欢迎,收到了良好的效果。阮林根负责的社区由案件多发变为案件少发。2010年底,受公安部宣传局邀请,阮林根还带着道具箱去北京宣讲防范技巧。

阮林根为了扩大安防宣传教育的影响和效果,陆续推出安防知识宣传车和安防体验馆,他与公交公司协商,将公交车改造为流动的安防知识宣

传车,将安防知识宣传触角不断延伸,走出所在社区,走向椒江,走向台州。为了固化安防百宝箱经验,在上级公安机关的支持下,阮林根在海门派出所建立了全国派出所第一家安防体验馆,推广宣传安防技术。一些生产安防产品的企业很支持阮林根的工作,研发出新的安防产品时,第一时间就会送到阮林根的安防体验馆,接受群众的检验。2013年1月《社区警务——阮林根工作法》由群众出版社正式出版。2014年"阮林根工作法"入选公安部《公安机关践行党的群众路线经验做法选编》一书。

随着"阮林根工作法"推向全国,阮林根利用道具开设安防体验馆的做法也受到各地的效仿,浙江省每个县级公安机关都设有安防体验馆,向群众开放,用道具向群众宣传和普及安防知识。枫桥派出所在宣讲式安全防范教育基础上,专门建设了集"全日开放、综合服务、安防体验、消防逃生、警民交流"于一体的安防体验馆,量身打造兼具法律宣传、防盗防骗、灾害避险、消防逃生、交通安全等教育功能的体验项目,充分运用文字图片、声控影像、场景演示、知识竞赛、实景体验等多元形式,既让枫桥群众参与安防体验,又作为全市中小学生的安防体验基地,教育培养群众的安防意识,提升群众的安防能力,助力社会治安稳定。

### 四、机制创新,服务群众,化解矛盾纠纷有了新空间

法庭历来是庄严神圣的,民事纠纷一直在法院审判业务中占据重要份额,法院向来重视民事审判中的调解工作,民诉法也将调解作为民事审判的必经程序。浙江一些法院在坚持和发扬"枫桥经验"中积极探索诉调对接,取得了明显成效。

(一)衢州市衢江区法院组建了家事调解中心,专业化调解婚姻家庭、继承、相邻关系以及侵权等民事纠纷

衢州市衢江区法院于2016年建立家事调解中心,将调解引入家事审判领域,组织乡贤做调解观察团成员,参与调解,在判决前化解了97%的家事纠纷。家事调解中心的装潢设计风格也明显走亲情路线。衢州市衢江区法院家事调解中心的墙面颜色以温馨色调为主,窗阔室亮,两边墙上挂着一幅幅全家福照片和一些温馨提示语,目的是让当事人来到这里后能够放松心情。家事调解中心调解区中央是一张椭圆形大桌子,桌子上的席位

牌用"丈夫""妻子""父亲""母亲""兄弟""姐妹"等家庭身份,代替"原告""被告"等称呼,营造家事纠纷化解的柔性氛围。衢江区法院在改造家事调解中心环境的基础上提出纠纷递进式化解的理念,在诉前由法官、调解员先调解,法官对调解员法理不明的地方进行指导,使调解员在调解时能向当事人释明法理、讲清情理,尽可能将矛盾纠纷化解。家事调解中心邀请获得"中国好人""浙江好人""最美衢州人"等荣誉称号的热心人士,加盟特邀调解员团队,参与案件调解。2017年,衢江区法院83.5%的民事案件在家事调解中心快速化解,民事调撤率达81.2%,调解案件自动履行率达80.1%。[①]

**(二)温州市法院系统建立家事调解团队,探索家事案件诉前调解程序**

温州市法院系统将建立家事调解团队,探索家事案件诉前调解程序,作为深化审判改革的重要组成部分。全市法院设立专门或驻院家事调解室20个,聘任家事调解员137人。家事纠纷诉前调解机制建立以来,引导一审家事纠纷诉前调解案件6603件。在温州法院系统,所有家事案件均先由调解员进行调解,像李修凤这样的特邀家事调解员,仅温州中院就有25人。

温州中院还创设了离婚案件冷静治疗期制度,并将该制度推广运用至所有家事案件;在全市出具统一格式的离婚证明书,避免裁判文书给当事人及其子女造成"二次伤害";建立离婚案件财产申报机制、家事纠纷心理疏导机制、子女利益最大保护机制、家庭暴力人身保护机制、涉外涉侨家事纠纷化解机制、家事调查回访机制、保护家事纠纷当事人隐私等创新机制。温州中级人民法院是全国首批家事审判方式和工作机制改革试点法院。温州中院所探索的创新人身安全保护裁定制度、同居关系家暴列入家暴范畴、家暴告诫制度等八条"温州经验",已被《中华人民共和国反家庭暴力法》所吸收。[②]

---

① 张亚、崔立伟等:《大调解助力"无讼"衢江》,《法制日报》2018年4月13日。
② 陈东升、王春等:《温州中院家事审判经验被反家暴法吸收》,《法制日报》2017年12月6日。

### 五、方法创新,联系、发动和组织群众有了新平台

人员流动性与基层工作机关化倾向,是新时代坚持和发展"枫桥经验",提升群众工作能力的一大障碍。浙江省各级党委和政府利用"互联网+",将深入群众中收集的信息汇总起来,建立数据库,大大方便了维护社会治安稳定工作。

(一)建立民情数据库,开启密切干群关系掌握民情民意的网络新途径

2010年,浙江松阳四都乡干部开展网格式管理组团式服务时,下乡的干部发现找不到门,于是就寻思将民情绘成地图,以方便开展群众工作,逐步发展到包括民情地图、村情民情图、产业发展图、结对帮扶图、防灾避险图等在内的6张地图。2018年4月,由松阳县委组织部承担、浙江省标准化院提供技术支持,松阳"民情地图促服务"的基层社会综合治理标准化试点,以96分高分通过国标委的验收,标志着浙江以"民情地图促服务"为代表的基层社会综合治理标准化模式得到国家的高度认可。松阳以民情地图为工作载体,在地理信息系统中录入松阳全县401个行政村、21.4万人口的8000多万项信息,构建起"民情大数据",并与平安建设信息系统的实时运作情况,包括线索管理、实有人口、组织场所、实有房屋、日常办公、事件处理、研判分析、数据管理等条块内容相连,使民情地图作用最大化。浙江省标准化院将"标准化+"理念融入民情地图,通过制定《结对帮扶服务规范》《民情诉求处理规范》等一批核心标准,为基层社会治理工作和规范化服务提供了技术支撑,实现了良好的治理成效①。民情大数据不仅大大方便了掌握民情民意,还利于化解矛盾,消除火灾等隐患,维护了社会稳定。

(二)借助网络,开展互动,不断拓展群众工作渠道

信息时代,互联网技术越来越广泛地渗透到人们的生产生活和工作学习中,网络无处不在,运用网络技术,将使信息化时代群众工作方法插上技

---

① 张亚、陈东升等:《新时代"枫桥经验"新亮点系列报道(8)——松阳民情地图成基层干部工作法宝》,《法制日报》2018年4月17日。

术的翅膀,事半功倍。各级党委和政府广泛地运用网络、微信、微博等新媒体手段与群众沟通,网上与网下、虚拟与现实互动,全媒体运用,极大提升了宣传、组织和发动群众的效率。

信息技术的迅速发展,为各地公安机关践行"枫桥经验"、做好群众工作提供了新的平台。2016年,枫桥派出所制定了《枫桥派出所微信信息警务实施方案》,将微信作为发动、组织和服务群众的新阵地,建立枫桥镇信息警务中心,利用"群防云"App创新信息警务管理模式。在枫桥派出所微信公众号中设置微服务、微互动、微传播模块,集信息提供、警情举报、警务通报、防范宣传等活动于一体。社区民警开通微信警务室,增加微信好友数量,做大微信朋友圈,"多建群、建小群"。社区民警建立或加入各种微信群,如建立治保调解群、重点单位群、重点行业群、平安议事群、治安志愿者群、便民服务群等,使微信群成为社区民警的千里眼、顺风耳。浙江省湖州市公安机关开通微博、QQ群和手机短信平台等,利用信息技术沟通民意,掌握民情。各地公安机关运用信息技术传承和弘扬"枫桥经验",为"枫桥经验"增添了时代色彩。

## 第三节　创新群众工作方法方面存在的问题及对策

坚持和发展"枫桥经验",在创新群众工作方法的过程中,一方面,要看到多数地区认真贯彻落实习近平总书记在纪念毛泽东同志批示学习推广"枫桥经验"50周年大会上的讲话的重要指示精神,适应时代特征,做了许多探索和实践,取得了很大成绩;另一方面,也要正视,还有一些地区党委和政府由于认识滞后等因素,在创新群众工作方法方面无所作为,搞形式主义。

### 一、创新群众工作方法方面存在的主要问题

从实际情况看,创新群众工作方法方面主要存在以下问题。

(一)思想不端正,认识不到位

党的十八大以来,国务院陆续出台了一系列改进工作作风的办法和规

定,包括禁止拜金主义、享乐主义等,但一些地方没有认识到作风问题的重要性,没有将党风政风同党的形象、党的生死存亡联系起来。正是由于对作风问题重要性认识不足,因而执行起来存在一阵风走过场,上面要求严查得紧时,执行起来会规范些;但一旦上面新的工作重点又出现时,就将改进工作作风抛之脑后。这些工作作风问题的存在,直接影响了对待群众的看法,导致脱离群众。思想不端正、认识不到位实质上就是党性不纯的表现,是对党的宗旨认识不够。一些人入党是为了升官发财,动机不纯。思想不端正、认识不到位,就会丧失做群众工作的动力,更谈不上创新群众工作方法了。

(二)监督不到位,措施不落实

群众路线是我们党的优良传统和作风,也是中国革命和建设、改革开放不断取得胜利的法宝。我们党在贯彻群众路线方面有很多成熟的制度和规定。党的十八大以来,中国特色社会主义进入新的发展阶段,十八届四中全会提出"全面推进依法治国"战略决策,一个重要特征就是法治不断健全和完善,也完善了群众工作、群众路线的制度规定。但由于监督乏力,"肠梗阻"现象依然存在,"最后一公里"没有打通,导致一些贯彻群众路线的制度规定仍然停留在纸上,没有真正起到改进群众工作的作用。

(三)能力和水平不够,群众工作的效果差

由于制度性问题,我国较长时间以来存在大学生毕业后一出校门就进机关的现象。大学生毕业后直接通过公务员考试进了机关,学校里本就缺少群众工作的教育培训,直接进机关工作又使得大学生缺少基层锻炼的环节,从而导致这部分机关工作人员不熟悉群众语言、不了解群众心理、不懂得与群众沟通的技巧、不清楚群众生活,群众工作能力先天不足。再加上一些地区、部门原本就存在对群众工作不重视问题,一些人从跟着领导下基层走马看花式的调查研究中形成了脱离实际调查研究的习惯,到自己主持工作时也难以纠正这种思维定式,更加制约了群众工作能力和水平的提升,因此难以通过群众工作获得群众的理解和支持,难以听到群众的真实呼声,决策也得不到群众的真正拥护。

## 二、新时代创新群众工作方法的途径

新时代坚持和发展"枫桥经验",创新群众工作方法可从以下几方面着手。

（一）强化学习，不断提升党性修养，增强做群众工作的自觉性

重点是强化对党章的学习和对党的优良传统和作风的学习，通过学习牢记党的宗旨，牢固树立全心全意为人民服务的思想，牢固树立"以人民为中心"理念和公仆意识。通过学习和工作实践，树立正确的人生观、价值观和世界观。邓小平同志反复强调，我们共产党人除了最广大人民群众的利益，没有自己的私利。建立党性修养终身学习锻炼制度，不仅入党积极分子要学，预备党员转正要学，党员领导干部轮训等也应当学习，通过反复的学习，不断提升党性修养。党性修养提高了，"以人民为中心"理念坚定了，也就有了为人民群众服务的自觉性。

（二）创新机制，强化锻炼，不断提升做群众工作的能力和水平

仅仅有"以人民为中心"理念还不能胜任群众工作，在强烈的党性修养和"以人民为中心"理念支撑基础上，还必须有良好的群众工作能力和水平，才能做好群众工作。为此，要从机制上入手，一是逐步减少机关工作人员从校门到机关门的比例，增加机关工作人员从基层遴选的比例，提升机关工作人员中有基层经历人员的比例，弥补机关工作人员的群众工作能力先天不足的缺陷；二是增强机关处级以上领导干部基层工作经历的刚性要求，修改党员领导干部选拔任用条例，除特殊岗位如专业技术性较强的岗位外，将三到五年基层工作经历作为机关处级以上领导干部选拔任用的法定条件，确保大多数处级以上领导干部具备基层锻炼的经历，明确基层经历就是指乡镇街道及区县部门的派出机构工作经历；三是将群众工作能力列入公务员岗位培训的必修课、公共课，面对群众、面向基层岗位的公务员，必须经常性接受群众工作能力和知识方面的教育培训，且必须培训合格才能上岗；四是对新入职的机关工作人员等，实行师徒（导师）制，选拔有责任心、作风正派公道、有群众基础和一定群众工作能力的人担任师傅（导师），指导新入职的工作人员提升群众工作能力等；五是对40周岁以下缺少基层工作经历的工作人员，包括处级领导，实行下基层锻炼制度，一方面弥补基层工作经历，另一方面通过下基层锻炼增加对基层群众疾苦的了解，培养同群众的感情，提高群众观念。

（三）坚持传统和现代相结合，切实深入群众，体察民情民意

一方面，要尽可能地采用现代信息技术，为收集采纳群众意见、听取群

众呼声提供技术支撑。当今时代已经进入信息化时代,信息技术正以前所未有的速度和频率渗透到社会生产生活的方方面面,随着移动互联网触角的不断延伸,自媒体无处不在,为我们采集民意提供了无限可能;另一方面,我们也不能迷信技术,从网络角度而言,我国还有近5亿人不是网民,在一些边远、交通不便、通信设施落后地区,信息技术尚无法发挥作用,因此用信息技术收集民意对非网民而言就没有效果,还必须依靠脚步,一个脚印一个脚印地走到群众中去,跟群众面对面,才能倾听群众的意见和呼声。同时,一些内幕性、战略性的核心情报信息,还需要人工收集。更重要的是,要从海量信息中发现有价值的情报信息,就需要培养既具有高度政治敏锐性又具有专业知识的人才。

# 第五章

# 善于运用法治思维和法治方式解决涉及群众切身利益的矛盾和问题

法治,简单地说,就是依法治理。怎么样实现依法治理?这就需要运用法治思维和法治方式来解决问题、化解矛盾。

## 第一节　法治思维和法治方式概述

思维做名词使用时,是指理性认识及其过程,即把经过感性认识获得的大量材料,通过整理和改造形成概念、判断和推理,以反映事物全体的本质和属性。① 思想是客观存在、反映在人的意识中经过思维活动产生的结果。② 意识是人脑对客观物质世界的反映,是感觉、思维等各种心理过程的总和。③

### 一、法治思维的概念和特征

法治建设离不开法治思维、法治意识、法治思想。法治思维是指将法律作为判断是非和处理事务准绳的一种思维方式,法治思维要求崇尚法治、尊重法律,善于运用法律手段来解决问题和推进工作。简言之,法治思

① 李行健:《现代汉语规范词典》,外语教学与研究出版社、语文出版社 2004 年版,第 1234 页。
② 同①,第 1235 页。
③ 同①,第 1555 页。

维就是将法治的诸种要求运用于认识、分析和处理问题的一种思维方式，是一种以法律规范为基准的逻辑化的理性思考方式。[①]

根据学界讨论达成的共识，法治思维有五大特征，即规则性、权利义务性、程序性、权衡性和建设性。基于这五大特征，换句话也可以说：法治思维就是规则性思维，法治思维就是权利义务思维，法治思维就是程序性思维，法治思维就是权衡性思维，法治思维就是建设性思维。[②]

(一)法治思维是一种规则性思维

规则具有确定性、可预期、可执行等特点，是人们对事物理性期待的体现。规则性思维的逻辑起点是：既定的规则告诉人们哪些可为(权利)、哪些不可为(义务)，以及如何行为(程序)；既定的规则还告诉人们行为后果是可预期的，不可为的为了将承担什么样的后果，按照规则做了该做的行为将出现哪些可预期的后果，等等。各级党委、政府和政法机关维护社会稳定，首先必须带头自觉严格遵守规则，维护规则的稳定，否则就会破坏人们的预期，理性就会变成感性，心安就会变成恐惧，有序就会变成无序。[③]在法治语境下，执政党和政府守法、遵守规则是第一要务。只有党委和政府自觉守法，才能带动群众守法，自觉遵守规则，才能对群众守法有号召力和说服力，群众才会相信法律相信法治。

(二)法治思维是一种权利义务思维

权利和义务是法律关系的关键要素，也是判断是非善恶的标准。所有的法律关系均是围绕着权利与义务而展开的。法治思维的实质就是从权利和义务角度来观察、分析和处理问题，通过规范权利和义务的运行，实现法的指引、评价、预测、教育、惩罚功能。[④]法律关系也可以说很大程度上就是社会成员间权利与义务的关系，法律通过规范性规定明确法律关系当事人、参与人的权利与义务，告诉人们可以做什么，不可以做什么，该怎么做等。当人们都能自觉地按照法律规范的规定，行使法定权利，履行法定义务，那么执政者所期盼的法律秩序就会实现。权利与义务解决的是行为内

---

① 张立伟：《什么是法治思维和法治方式》，《学习时报》2014年3月31日第5版。
② 汪永清：《法治思维的五大特点》，《浙江日报》2014年8月15日第14版。
③ 同①。
④ 同②。

容,明确社会成员要做什么和不做什么及怎么做的问题。

**(三)法治思维是一种程序性思维**

如何理解程序的基本含义? 一是任何人不能做自己的法官;二是同等情况同等对待、同等关注;三是权力在阳光下运行,在监督中行使;四是执法司法者不能从当事人那里牟利,否则会出现偏私。① 程序的本质是一种形式合理性、可实践的理性。借助程序这个"形式性操作杠杆",就把利益的博弈和价值衡量转化为在法治规程上表达的诉求,人情、关系、偏见才会被消除,相应纠纷和问题最后都会在法治轨道上得以解决。程序解决的是行为的步骤方式方法,以便人们能行使权利履行义务。程序性也是公平正义的一种保障,不讲程序就无法实现社会的公平正义,因而也有程序正义之说。

**(四)法治思维是一种权衡性思维**

法治作为定纷止争的理性实践,突出特征在于对各种价值和正当利益的合理平衡,因而法治思维必然体现着权衡利弊、瞻前顾后、兼顾各方的权衡思维特征。它所要求的是,看问题、做决策,要依法处理好当前和长远、局部和全局、个别和一般的关系,尽可能把事情考虑得更周全,把方案设计得更缜密,把负面影响降到最低,以实现法律效果、社会效果的最大化。②

**(五)法治思维是一种建设性思维**

建设性思维以建设社会、修复被损害的社会关系为目的。从人类社会发展史看,法治作为治国理政方式,是建设性而不是破坏性的③,需要法律规范调整的社会关系往往都是发生过纷争、受到过伤害的社会关系。在纷争和伤害中,人们痛定思痛,纷争的各方冷静下来寻找解决纷争、减少伤害的方式。法治思维以建设性思路确定制度,修复社会关系,解决社会问题。

## 二、法治方式的概念及其与法治思维的辩证关系

### (一)法治方式的概念

法治方式,简单地说,就是用法律来治理社会、处理问题的方法和形

---

① 汪永清:《法治思维的五大特点》,《浙江日报》2014年8月15日第14版。
② 同①。
③ 同①。

式;规范地说,就是运用法治思维来处理和解决社会问题的方法和形式。

（二）法治方式和法治思维的辩证关系

法治方式与法治思维是内在和外在的关系、内容和形式的关系。法治方式就是法治思维实际作用于人的行为的外在表现,也可以说法治方式是人的法治思维的外化。法治内化于心成为法治思维,法治外化于行就成为法治方式、法治行为和法治实践。与法治思维相应的法治方式,其外延更为宽泛。人们通常所说的"办事依法、遇事找法、解决问题用法、化解矛盾靠法",都属于法治方式的范畴。就法治方式而言,一个重要方面就是要消除在旧的思维模式下所形成的一些与法治要求不符的办事方式,破除遇事就托关系、找门子、潜规则的办事方式,打破选择性执法等执法不公。[①]

## 三、运用法治思维和法治方式是全面推进依法治国基本方略的必然要求

（一）中国共产党领导下的中国社会主义法治建设,经历了"加强社会主义法制"向"建设社会主义法治国家"的转变

法治与人治相对立,两者都是社会治理的一种方式,法治简而言之就是依法治理,中国的法治思想最早萌芽于战国时期的法家思想。人治,是法治相对立的概念,是指依靠个人意志的作用来管理政权实行政治统治,从理论上讲人治也是依靠统治者个人的权威来治理国家的一种政治主张。在中国,人治思想源于儒家文化。如孔子认为"为政在人","其人存,则其政举;其人亡,则其政息"。在西方,古希腊思想家柏拉图提出"哲人治国论",主张哲学王的统治,也是一种人治理论。

我国长期的封建统治时期实行的是人治,汉武帝时开始实行"德主刑辅","出礼入刑",即在道德伦理解决不了的情况下依靠"刑",所谓德政仁政还是一种"人治"。尽管我国历史上也曾经萌发过法治思想,如法家的一些思想,但真正的法治建设是中国共产党领导下实现的。中华人民共和国成立以来,我国"法治"是由"法制"发展而来的,这种演变体现出我们党对法治建设的认识发展进步的过程。1954年第一届全国人民代表大会上通

---

① 张立伟:《什么是法治思维和法治方式》,《学习时报》2014年3月31日第5版。

过《中华人民共和国宪法》，标志着我们党领导全国人民开始走上探索我国社会主义法制建设之路。1978年党的十一届三中全会上，党中央提出"健全社会主义民主，加强社会主义法制"的法制建设总目标。1999年党中央提出"依法治国，建设社会主义法治国家"，正式由"法制"转变为"法治"。2014年党的十八届四中全会通过的《中共中央关于全面推进依法治国若干重大问题的决定》明确提出，"全面推进依法治国，总目标是建设中国特色社会主义法治体系，建设社会主义法治国家"，开启了我国社会主义法治建设新的里程碑。"法制"与"法治"，虽一字之差，但标志着我们党对法治建设的认识有了重大进步。"法制"与"法治"都强调了静态的法律制度，以及将这种静态的法律制度运用到社会生活当中的过程。两者最大的不同表现在：法制的概念不包含价值；而法治包含了价值内涵，强调了人民主权。[1] 法制只是强调形式意义方面的内容；而法治既强调形式意义的内容，又强调实质意义的内容。法制更偏重于法律的形式化方面，强调"以法治国"的制度、程序及其运行机制本身，它所关注的焦点是法律的有效性和社会秩序的稳定性。这也正是法治的第一方面（形式意义的法治）所要达到的目标。由此可见，法制是法治的前提条件和基础，没有法制，也就谈不上法治。另一方面，仅仅强调法律的形式化方面，并不能揭示法治（尤其是实质意义的法治）更深一层的内涵。法治实际上包含了许多层面的含义，它是指一种治国方略和社会调控方式，法治强调依法治国、法律至上，法律具有最高的地位。

**(二)《中共中央关于全面推进依法治国若干重大问题的决定》是我国社会主义法治建设的重要里程碑**

2014年党的十八届四中全会审议通过的《中共中央关于全面推进依法治国若干重大问题的决定》（以下简称《决定》），根据国家治理现代化的要求，系统地提出了依法治国建设社会主义法治国家的目标，为国家治理体系现代化提供了有力的法律基础，确立了法治与国家治理的辩证逻辑。根据《决定》精神，建设法治中国，必须坚持依法治国、依法执政、依法行政共同推进，坚持法治国家、法治政府、法治社会一体建设。"治国""执政"和

---

① 张立伟：《什么是法治思维和法治方式》，《学习时报》2014年3月31日第5版。

"行政"都属于国家治理的范畴,而坚持"依法治国、依法执政、依法行政共同推进",就意味着要依法构建国家治理体系,"法治国家、法治政府、法治社会一体建设"表明在"国家各项工作法治化"的过程中,要关注"国家""政府"及"社会"相互之间的作用和影响,实现国家治理的法治化。[①] 法治作为治国理政的基本方式,体现在运用法治思维和法治方法去深化改革、推动发展、化解矛盾、维护社会基本共识。没有国家治理体系的法治化,就没有国家治理体系的现代化,国家治理体系的现代化的重要标志就是治理体系的法治化。"法治化"与"现代化"是相互依存、相互促进的关系,必须齐抓共促、齐头并进,才能推进社会主义法治道路向前发展。正是从这个意义上讲,全面推进依法治国方略是提升、实现国家治理现代化的必经之路、必然要求。

## 第二节 "枫桥经验"是法治的经验

法从约束力和制定主体上划分,可分为刚性法、硬法,柔性法、软法。国家权力机关制定的是刚性法、硬法,非国家权力机关制定的是柔性法、软法。在后现代化的社会治理背景下,西方国家越发重视软法的作用和对软法的研究。软法是一定人类共同体通过其成员参与、协商方式制定或认可的,从而其内容具有相应的民主性、公开性、普遍性和规范性。[②] 从社会治理的整体而言,软法与硬法相互补充,共同发挥着规范人的行为,实现社会正常秩序的作用。"枫桥经验"在发展中,注重通过不断完善制度来解决涉及群众切身利益的矛盾和问题,有些上升为法律属于刚性法、硬法范畴,也有些属于软法范畴,发挥着软法的作用。从一定意义上讲,"枫桥经验"也是法治的经验。一方面,"枫桥经验"从诞生到发展的过程中,始终注重制度的作用,体现了法治的精神;另一方面,"枫桥经验"发展过程中,一些成熟的经验不断地被总结提炼上升为法律,如化解

---

① 张立伟:《什么是法治思维和法治方式》,《学习时报》2014年3月31日第5版。
② 姜明安:《软法的兴起与软法之治》,《中国法学》2006年第2期,第27页。

矛盾的经验不断被吸收进《人民调解条例》中,全国人大常委会通过的《关于加强社会治安综合治理的决定》将"枫桥经验"中综合治理社会治安的经验,上升为维护社会治安稳定的国家法治战略;此外帮教、挽救失足青少年及帮教归正人员的经验,也被部分吸收进《预防青少年犯罪法》及社区矫正的法律法规中。

### 一、制定和完善村规民约,依靠村规民约开展村民自治

法治精神成为新时期"枫桥经验"的重要精神内涵,把依靠人民群众、充分发扬民主和严格依法办事有机统一,进一步推进农村干部依法治村,学会依法依规做群众工作。

枫源村是当年"枫桥经验"的发源地之一。枫源村是由原先的三个村合并而来的大村,近年来因开发建设等,村民间矛盾纠纷呈上升趋势。枫源村在传承"枫桥经验"中注重运用民主+法治来治理村民事务,通过"三上三下"方式修改完善村规,依规治村。当了30多年村干部的枫源村主任骆根土认为:"农村里出事,往往是村干部不按规矩办事造成的。村里的事情都应当由村民一起来决定,而不是村干部决定。"枫源村经过反复的民主恳谈后形成了"三上三下"民主决策机制。"一上一下"是指村"两委"成员到群众中去收集议题,再上门征求意见;"二上二下"是指酝酿方案,召开民主恳谈会,对方案进行深入的讨论;"三上三下"是指审议决议,将协商的具体方案交党员会议审议,经村民代表会议表决通过后组织实施。2015年,枫源村经过"三上三下"民主决策制定了28条村规,并将村规刷在村道两边的墙壁上,形成人人对照村规规范自身行为,人人监督村规执行的良好局面。[1] 枫桥镇的杜黄新村,也重视村规民约在化解矛盾、规范村民行为、维护农村社会秩序中所起的作用。2016年4月,杜黄新村召集47位村民代表,开了5次会议,将"红黑榜"纳入村规民约,一旦村民违反了村规民约,村里会先对其进行劝告;屡教不改的,他的名字就会出现在村部的滚动屏幕上,也就是村民口中的"黑榜",反过来做了好事就上"红榜"。上了"黑

---

[1] 史春波:《骆根土:枫源村里三件宝 坚持了半个多世纪的枫桥经验,助力和谐浙江协调发展》,《钱江晚报》2017年10月14日第14版。

榜",在村里是件很让人抬不起头的事,所以一旦上了"黑榜"村民就会想方设法改正违反村规民约的行为,争取早点从"黑榜"上下来。"红黑榜"对村民行为起到了较好的制约和促进作用。截至2018年4月,杜黄新村有37名村民因为违规养鸡养鸭、乱堆放、破坏绿化等上了"黑榜",也有46人因孝老爱亲、防洪抢险等好人好事上了"红榜"。杜黄新村还有一支由村老年协会组织保护村规民约的专门队伍,每逢周末,队员们戴着红帽子穿梭在村子的每个角落,对照村规民约查看村民行为,发现问题及时纠正。通过"红黑榜"及"红帽子"督查,村民已自觉践行村规民约,提升了村民素质,也大大改善了村容村貌。

枫桥陈家村村规民约最为成熟。2008年,陈家村根据党的政策和国家法律法规,结合本村实际,采取"村民提、群众议、大家定"的方式制定村规民约。为了保证村规民约与党的政策、国家法律相一致,陈家村还专门邀请西南政法大学教授到村里蹲点半年,执笔起草。经村民反复讨论,五易其稿,形成村规民约,经全体村民表决通过后实施。陈家村村规民约分为四大块14项:第一块是政治事务,规定村民会议及村民委员会章程、村籍管理规约、村务公开规约;第二块是经济事务,规定土地及建房管理规约、村务管理规约;第三块是治安事务,规定治安与消防规约、纠纷预防与调解规约、外来建设者管理规约;第四块是文明建设,规定计划生育规约、卫生与环保规约、婚丧喜庆事务规约、家庭关系规约、公益与慈善事业管理规约等。陈家村村规民约制定科学、内容详尽、程序到位,已成为村民心目中最大的道德公约、最基本的文明底线和建设美丽乡村的基础,是村民自治的小"宪法"。目前,陈家村每年都会根据情况的变化,适时组织召开村民代表大会对村规民约进行修改补充,使村规民约更加适应时代特征。

### 二、完善和健全制度,用制度来管理社会事务,化解矛盾纠纷

"枫桥经验"与法治的结合蔚然成风,成为新时代法治建设的一道亮丽风景。

（一）奉化通过深入践行使新时期"枫桥经验"在基层人民调解中落地生根

奉化凝聚多方合力，积极探索"人民调解协议司法确认"的奉化实践、奉化样板，最大力度化解矛盾纠纷，给基层警力减负，提升警务实战效能。

2016年以来，共成功调解各类矛盾纠纷1686起，其中人民调解协议司法确认78起，履行率达100%。自实施以来，因案件调处不成、拖而未决而引发的涉警信访投诉同比下降15.8%。

为推进人民调解协议司法确认，奉化人民法院、公安分局、司法局三家厘清人民调解相关法律法规，以《浙江省最高人民法院关于人民调解协议司法确认的若干意见》为准则，在试点完善、深入调研、达成共识的基础上，联合下发《奉化区人民调解协议司法确认工作规范》，明确了4种情形受理范围、2种自愿申请方式、3个时限节点、7项确认材料清单，设计了分类调解协议、司法确认申请书模板。整套制度依据严谨，流程规范，操作简便。为帮助民警更好地开展调解工作，发挥调解在维护社会稳定中的作用，奉化公安机关联合司法部门出台《奉化区法律工作者联络公安派出所工作规范》，确认了16名资格律师"一对一"联络16个基层所队，随时为矛盾双方当事人提供法律咨询援助。律师作为第四方介入案（事）件的调解及"司法确认"，并承担执法监督员职责，提升了"司法确认"的公信力和执法品质。同时，驻所人民调解室积极推行"预约调解""上门调解"等服务机制，尽量做到让群众少跑腿、民警多跑腿，提升满意度。2018年以来，共提供法律援助100余次，开展上门调解30余次。

（二）鄞州通过完善制度来做大做强"大调解"的品牌

"老潘工作室"是鄞州公安机关"警调衔接"工作创新实践中涌现的杰出代表。该工作室最大限度地整合辖区调解资源，积极构建"矛盾联调、成果共享"的工作格局，年均调解疑难纠纷案件300余起。中央电视台、人民公安报曾专题报道过"老潘工作室"。为进一步扩大"老潘工作室"的品牌效应，鄞州公安机关制定《新时代创新发展"警调衔接"机制实施意见》等一系列文件。编印《警调三十六计》，供警调工作人员学习借鉴，增强本领。升级23个警调工作室，打造品牌加盟店，实行预约调解、流动调解、上门调解、在线调解等方式，不断扩大品牌效应，使其更好地发挥化解矛盾纠纷的作用。

## 第三节 当前需要依法解决的涉及群众切身利益的问题

与人民群众切身利益相关的矛盾和问题是全面依法治国应当关注和解决的重点。按照《现代汉语规范词典》,切身是指跟自身关系密切;利益一般做名词使用,是指好处。[①] 人民群众切身利益就是指跟人民群众自身关系密切的利益。从实际情况来看,食品药品安全、环境污染、征地、拆迁、教育、医疗、工资待遇、收入分配等均是关系到群众切身利益的问题,这些问题如果处置不当,就会诱发矛盾纠纷,一旦激化就会损害党委和政府形象,影响社会安全和社会稳定。

### 一、当前事关群众切身利益的主要问题

当前事关群众切身利益的主要问题体现在以下几个方面。

（一）教育问题

一是素质教育不力。尽管再三强调要进行素质教育,但受高考影响,各地中小学仍然不得不以应试教育为主,忽视学生德智体美劳全面发展。二是教育资源不均,如城乡优质教育资源、优秀老师分布不均造成的教育质量差距,东西部地区教育资源差距。三是教育不公问题,突出表现是流动人口子女的上学难问题。

（二）就业困难

一是失业率较高。公布的数据显示,失业率长期在 4％ 左右,加上隐性失业,城镇失业率水平就更高了。二是结构性就业困难,既存在一些行业领域劳动力过剩,出现就业难问题,又存在蓝领技术工人大量匮乏,产生招工难问题。此外,还存在脏苦累的工作岗位无人问津现象。

（三）分配不公、贫富差距问题

早期是脑力劳动与体力劳动收入倒置问题,"造原子弹的不如卖茶叶

---

① 李行健:《现代汉语规范词典》,外语教学与研究出版社、语文出版社 2004 年版,第 1053、809 页。

蛋的"。近年来最突出的是演艺、金融证券等少数行业从业人员收入畸高问题。税收是重要的社会分配调节器,也是社会财富再分配的重要手段。然而长期以来,我们的个税征收仍然存在一些问题。

### (四)社会保障不力问题

一是社会保障尚未实现全覆盖,一些农村地区群众还没有享受养老保险和医疗保险这些最基本的社会保障待遇。二是享受社保的退休人员待遇差距较大,既有同行业不同地区间的差异,也有同一地区不同行业、部门间的差距,影响了社保水平。

### (五)医疗问题

一是医疗资源过度集中在城市,尤其是大中城市,导致普通群众有疑难杂症只能往大城市奔波。二是过度医疗问题普遍存在,尚未引起足够重视,如滥用抗生素问题已经危及群众身体健康。三是长时间存在以药养医现象,未能根治,药价过高,群众就医负担过重。

### (六)房价问题

一是进入 21 世纪以来,我国房价水平总体上涨过快,房价虚高严重,背离了"房子是用来住的"初衷,相当长时间以来买房的主要目的不是居住而是炒房,等待房产升值,背离了发展房产的初衷。二是广大普通群众因高房价高房租而承受的住房压力和负担过重,房价严重背离了国际上通行的房价与收入比。

### (七)环境问题

一是环境问题欠账过多。长期以来忽视环境保护的恶果正在显现,如由北方逐步蔓延发展到南方的雾霾问题,大量的水体污染问题,等等。二是破坏环境的行为未能从根本上得到扭转。时至今日一些地方党委和政府环保意识依然淡薄,一些环保职能部门对污染问题视而不见,置若罔闻。

### (八)食品药品安全问题

食品安全问题主要体现在:一是生产销售有毒有害食品、假冒伪劣食品事件频发;二是转基因食品问题未能引起足够重视。毒奶粉、以次充好的假酒、工业酒精勾兑的毒酒、过期的鸡肉猪肉、激素饲养的鸡肉猪肉水产品等市场上屡见不鲜,引发了群众的焦虑与不安。如 1998 年,山西省文水县农民王青华用 34 吨甲醇加水后勾兑散装白酒 57.5 吨,出售给个体户批发商王晓东、杨万才、刘世春等人,造成至少 27 人丧生,222 人中毒入院治疗,其中多人失明,轰动全国。[①]

药品安全问题:一是滥用抗生素问题突出。2018 年 7 月,央视再次公布复旦大学公共卫生学院"有关江浙沪儿童普遍暴露于多种抗生素"的研究结果,呼吁重视儿童的抗生素污染问题。该研究通过监测上海、江苏和浙江的 1000 名 8 岁到 11 岁在校儿童人群的尿液,证实样本儿童体内确实存在低剂量的抗生素成分。有 58% 的儿童尿中检出一种抗生素,25% 的儿童尿中检出 2 种以上抗生素,有的儿童尿液样本中能检出 6 种抗生素。如果这类成分长期存在于体内,将对儿童的生长发育造成不良影响。这次监测还发现,金霉素、恩诺沙星、泰乐菌素等 3 种一般只限于畜禽使用的抗生素,在儿童体内均有检出。[②] 二是疫苗安全问题。疫苗是人类对抗传染性疾病最有力的武器,足够多的人接种疫苗,才能够形成广泛的、有力的传染性疾病防御。目前我国之所以能将白喉、百日咳和新生儿破伤风的发生率控制在较低水平,靠的就是极高的百日咳和破伤风疫苗接种率。2018 年 7 月中旬接连爆发了长春长生和武汉生物 2 个企业的问题疫苗事件,2 个厂家被查出有问题的百白破疫苗批次高达 65 万支,数量众多,触目惊心[③],给疫苗安全敲响了警钟。

(九)征地拆迁补偿及安置不公问题

一是征地拆迁安置补偿政策前后不一致、不透明,影响了被征地拆迁群众直接经济利益。二是涉及一些村、乡镇(街道)甚至县级政府等的利益,其以各种理由进行盘剥,将安置补偿的费用进行层层克扣,导致被征地拆迁群众到手利益严重缩水,影响了群众生活质量。三是暴力拆迁问题。由于一些地区实行拆迁进度与干部的政绩挂钩政策,于是一些干部为了政绩不择手段进行拆迁,给拆迁范围内的群众非法断水断电,甚

---

① 赵振江:《朔州假酒案二十年:死者家属仍在求赔偿,多名幸存者失明度过余生》,http://www.rztong.com.cn/newshtml/20187/ns104751.shtml,2018 年 7 月 25 日。

② 《江浙沪儿童尿检 1000 名儿童 583 个有抗生素》,https://news.qq.com/a/20150416/048676.htm,2015 年 4 月 17 日。

③ 《长春长生疫苗事件始末详情 如何确定问题疫苗 百白破疫苗还能打吗》,深圳热线,2018 年 7 月 23 日。

至动用黑社会势力拆迁,而一些地方的党委政府、司法机关对种种非法拆迁行为视而不见,助长了非法拆迁。此外,法律政策上长时间存在种种漏洞或缺陷,如政府的强制拆迁权直到近年才取消。正是这些法律政策上的漏洞与不足,导致被征地拆迁群众的正常利益无法用法律手段保护,激化了政府与群众、党群、干群、警民等之间的矛盾,使其成为重要的社会不稳定因素。

### 二、影响解决涉及群众切身利益问题的因素

影响解决涉及群众切身利益问题的因素既有思想上的,也有政策法律措施上的,思想上的因素是基础性的,思想认识不到位会诱发政策法律措施偏差。

#### (一)思想上的因素主要是执政理念问题和政绩观问题

有没有"以人民为中心"的执政理念,以及有没有将"以人民为中心"理念贯穿于执政全过程,直接影响到能否运用法治思维、法治方式处理关系到群众切身利益的矛盾和问题。只有心中始终装着人民的利益,信奉人民利益无小事,才能时刻关注人民利益,尤其是时刻关注关系到人民群众切身利益的问题和矛盾。科学的政绩观,也是影响对人民群众切身利益关注程度的重要思想基础。只有在科学发展观指导下真正树立起科学的政绩观,克服以前政绩观中长期存在的唯 GDP 主义,才能爱护青山绿水,才能关心群众的生活生产环境。

#### (二)政策法律措施因素主要反映在制定政策法律措施时能否以保护群众切身利益为重

执政理念的偏差和政绩观的偏差,必然反映到政策法律措施的偏差上来。也就是说,没有树立"以人民为中心"理念,没有科学的政绩观,就不可能在出台政策法律措施时去关心和维护群众的切身利益。以拆迁补偿政策而论,如果制定和出台政策者自己心中无私,不去考虑自身或者小集团小圈圈的利益得失,就不会刻意去层层克扣群众的补偿安置费用,也不会出现同一地区前后政策上的巨大反差,更不会容许借助黑恶势力去强拆民房。我们政策措施的部门化行业化,往往与部门行业政策措施制定者的大局意识、全局意识有关,说到底就是执政理念的偏差和政绩观的偏差引起的。

（三）干部的素养是执行层面影响解决涉及群众切身利益问题的重要因素

近年来,随着"以人民为中心"理念的不断贯彻落实,过去存在的法律制度、政策措施上对群众利益,特别是群众切身利益关心关注不够的现象逐步得到扭转,全面深化改革的"四梁八柱"已经建立起来,接下来关键要看执行层面的贯彻落实情况。所谓消除"肠梗阻",打通"最后一公里",说到底就是负责执行的干部素养问题,负责执行的干部始终是干部的大多数,这些负责执行的干部素养决定着"肠梗阻"问题有没有,决定着"最后一公里"通不通。应当讲,总体而言,干部素养在不断提高,但确实也存在着一些不爱学习、政策素养不高的干部,他们干扰了政策法律的执行,使好的政策法律在执行中变味走形。

## 第四节　依法解决涉及群众切身利益的矛盾纠纷应注意的问题和掌握的原则

习近平总书记指出:"要把体现人民利益、反映人民愿望、维护人民权益、增进人民福祉落实到依法治国全过程,使法律及其实施充分体现人民意志","努力让人民群众在每一个司法案件中感受到公平正义"。贯彻习近平总书记指示,依法解决涉及群众切身利益的矛盾和问题,需要做到以下几点。

### 一、牢固树立"以人民为中心"理念,真正把人民利益放在第一位

党的十一届三中全会做出了转变党和国家工作中心的战略决策,将经济建设作为党和国家的一切工作的中心。这一决策在当时经济基础薄弱、生产力水平极端低下的情况下,是十分必要的。经过40年的改革开放,围绕着这一中心,我党持续推进改革开放,大力发展经济,我国的经济社会发展提高到一个新的历史水平和高度,我国已由一个贫穷落后的国家逐渐变成一个中等发达国家,少数领域的发展水平已经步入世界先进行列。改革开放40年后的今天,一方面,要充分肯定以经济建设为中心的决策取得了

巨大成效;另一方面,也应当看到这一决策执行过程中出现的一些诸如破坏环境资源、民生工程薄弱、国富民穷等消极因素。民生问题事实上已成为当今中国乃至世界各国所面临的、不可回避的重要课题。当今,中国特色社会主义已进入新时代,是改变这种消极因素的时候了。为此,我们要认真学习并坚决贯彻习近平总书记关于民生问题的一系列讲话精神,把民生问题真正提高到一个历史高度来审视。

习近平总书记在多个场合反复强调民生问题。2012 年 11 月 15 日,习近平总书记在十八届一中全会后举行的媒体见面会上发表重要讲话,其中一个非常鲜明的主题就是民生。习近平总书记说:"我们的人民热爱生活,期盼有更好的教育、更稳定的工作、更满意的收入、更可靠的社会保障、更高水平的医疗卫生服务、更舒适的居住条件、更优美的环境,期盼孩子们能成长得更好、工作得更好、生活得更好。人民对美好生活的向往,就是我们的奋斗目标。"习近平总书记强调把人民对美好生活的向往,确立为新一届领导集体的奋斗目标,新一届领导集体要始终与人民心心相印、与人民同甘共苦、与人民团结奋斗。围绕着实现上述目标,习近平总书记同时还系统阐述了什么是共产党人应有的政绩观。习近平总书记强调,党的各级领导干部要做得人心、暖人心、稳人心的事,领导干部要解决群众最关心、最迫切需要解决的问题,全面建设小康社会,促进人的全面发展。

2012 年 12 月 31 日,习近平总书记在主持十八届中共中央政治局第二次集体学习时强调,改革开放是亿万人民自己的事业,必须坚持尊重人民首创精神,坚持在党的领导下推进。改革开放在认识和实践上的每一次突破和发展,改革开放中每一个新生事物的产生和发展,改革开放每一个方面经验的创造和积累,无不来自亿万人民的实践和智慧。改革发展稳定任务越繁重,我们越要加强和改善党的领导,越要保持党同人民群众的血肉联系,善于通过提出和贯彻正确的路线方针政策带领人民前进,善于从人民的实践创造和发展要求中完善政策主张,使改革发展成果更多更公平惠及全体人民,不断为深化改革开放夯实群众基础。习近平总书记还强调,全心全意为人民服务,是我们党一切行动的根本出发点和落脚点,是我们党区别于其他一切政党的根本标志。党的一切工作,必须以最广大人民根本利益为最高标准。检验我们一切工作的成效,最终都要看人民是否真正得到了实惠,人民生活是否真正得到了改善,人民权益是否真正得到了保障。面对人民过上更好生活的新期待,我们不能有丝毫自满和懈怠,必须再接再厉,使发展成果更多更公平惠及全体人民,朝着共同富裕方向稳步前进。

同时,关于新时代人民群众的地位和作用问题,习近平总书记提出要"坚持人民主体地位""坚持以人民为中心的发展思想""坚持人民立场"等一系列重要思想观点。习近平总书记强调:"必须坚持以人民为中心的发展思想,不断促进人的全面发展、全体人民共同富裕。"

## 二、建立一支人民群众充分信任的党员干部队伍

党的十八大以来,全面深化改革的路线图、时间表已经拟定,按照习近平同志所说"改革的四梁八柱已经构建",接下去就是如何坚决贯彻落实党中央制定的路线方针政策问题,也就是消除"肠梗阻",打通"最后一公里"的问题。消除"肠梗阻",打通"最后一公里",除了机制问题,更关键的是建立一支作风过硬、素质优良、群众信任的干部队伍问题。我们应当看到党的十八大以来治标与治本并举,一方面持续反腐,另一方面不断完善法律制度,将权力关进制度的笼子里。两方面均取得了重大进步,但同时还要看到面临的反腐形势依然严峻,干部队伍建设任重道远。为此,要在全党中,特别是党员领导干部中,牢固树立"以人民为中心"理念,坚持用人民的标准来选拔任用干部,不断完善用人选人制度,以良好的制度来保障选出人民信任的人担任各级领导干部。选人用人的标准应当公开透明,程序要规范,要真正广泛听取群众意见和呼声,要推进候选人的财产公示制度,要审查候选人的人际关系圈,看看其与哪些人关系密切,如果人际圈子里以富人为主、以官员为主,没有群众,不接地气,则这种人不能提拔重用。要通过制度明确在选拔任用干部问题上群众意见、群众呼声的分量,使广大群众在选拔任用干部问题上切实发挥作用。只有在选拔任用干部问题上真正尊重广大人民群众的话语权,才能选拔任用出群众真正信任的人,也只有这样被选拔任用的干部心里才会真正装着群众,心里才会真正想着群众。

### 三、各级党委和政府必须牢固树立依法治国的理念,在依法治国中切实履行维护群众切身利益的职能和责任

(一)发挥各级党委和政府在法治建设中的关键作用

为此首先必须正确处理好党的领导与法治的关系。习近平总书记在党的十八届四中全会结束时做了重要讲话,讲了中国当下的问题,解决这些问题的出路在哪里,以及坚持党的领导依靠什么。习近平总书记概括了两句话:一句话是"社会主义法治必须坚持党的领导";另一句话是"党的领导必须依靠社会主义法治"。党是领导一切的核心力量,同样道理,我国的社会主义法治建设离不开党的领导,也可以说党的领导始终是推进社会主义法治建设的最重要保障。党不仅要领导法治建设,还要自觉带头守法,推进依法治国、依法行政的同时,还要依法治党。衡量一个社会法治水平的最重要标准就是执政党及政府是否守法且依法办事。在我国,法治建设的成效首先取决于党委和政府的守法水平。党委和政府的工作人员尤其是各级党委和政府的领导,要牢固树立法治理念,把握法治的五大特征,从规则性、程序性、权利与义务性、权衡性、建设性五个维度,去思考解决问题的办法。遇事首先要想想:宪法和法律有没有规定? 宪法和法律是怎样规定的? 法律要求怎样的解决步骤? 政府在其中有什么权利与义务? 要权衡利弊得失,要从有利于社会建设等方面去寻找答案。任何简单粗暴的做法都是在法治背景和环境下不可取的,简单粗暴的决策与执法,不仅不会有任何建设性作用,还有可能适得其反,起到破坏性作用。

(二)坚决贯彻落实好习近平同志关于民生问题的一系列讲话精神,用法治思维和法治方式解决好涉及群众切身利益的矛盾和问题

习近平指出:"人民对美好生活的向往,就是我们奋斗的目标。"[①]涉及群众切身利益的矛盾和问题往往关系到群众对美好生活的向往和追求能否实现,运用法治思维和法治方式来解决涉及群众切身利益的矛盾和问题是坚定地走依法治国道路的必然要求。党的十八大报告对社会主义法治建设提出"科学立法、严格执法、公正司法、全民守法"新的 16 字方针,表明我国社会主义法治建设进入了新阶段,也指明了下一步社会主义法治建设

---

① 中共中央文献研究室:《十八大以来重要文献选编》(上),中央文献出版社 2014 年版,第 70 页。

新征程的发展目标。围绕这一新目标,可从以下几方面推动依法解决涉及群众切身利益的矛盾和问题。

一是建立和完善事关广大人民群众切身利益的矛盾和问题的排查机制,实行滚动式排查,及时汇总并提交给党委和政府讨论,研究解决问题的方法路径,党委和政府制定的解决办法要及时征求相关群众的意见,广泛听取群众呼声,吸收群众中合理合法的意见建议。二是完善各项与民生保障有关的法律制度,为解决涉及群众切身利益的矛盾和问题提供法律依据和支撑,其中《财政法》的修改要提上议事日程,当前财政支出乱象丛生,有限的财政经费必须保证用在保证民生等刀口上,要扭转党委和政府拍脑袋花钱的问题,扭转谁会叫、会要、会闹就给钱的局面,着力解决财政支出的程序问题,试想连人大代表都无法了解政府财政支出问题,更何况普通的群众?! 此外,要树立《规划法》的权威,依法保障规划的严肃性、连贯性、稳定性,必须将城乡建设规划的权威性提到足够的高度来重视,必须扭转一任领导一个规划的乱象,着力塑造规划的严肃性、长期性,将中长期城乡建设规划执行情况列入各级党政领导离任审计的重要内容,并依法对破坏规划行为的领导实施问责。三是着力依法解决困扰民生的突出问题,如依法查处长期存在的食品药品安全问题、环境污染问题等,扭转养猪的不吃自己养的猪肉、养鱼的不吃自己养的鱼、种蔬菜的不吃自己种的蔬菜的不正常局面,让群众吃得放心,用得放心,生活得舒心,使群众有个美好的生活工作环境,真正兑现"人民群众对美好生活的向往和追求就是我们最大的工作目标"。要逐级落实监管责任,对本辖区内发生的食品药品和环境等问题,一律对主管部门责任人员实行倒查问责,通过倒查倒逼来督促监管部门切实担负起监管责任。四是必须扭转数据水分问题,让数据真实反映经济社会发展水平,准确体现社会治安状况等。为此,要开展统计数据的督查,及时处理和曝光数据作假现象,对数据作假的直接责任人和主要领导、分管领导追究党纪、政纪,直至法律责任,让数据造假者承担严重后果,产生对数据真实性的敬畏感。五是依法着力解决高收入阶层的偷税逃税问题,缩小收入分配的差距。长期以来,演艺界高片酬之风愈演愈烈,在推动青少年追星热的同时,败坏着社会风气,加剧了贫富分化,助长了社会分配不公。

**四、把宪法和法律交给群众，培育群众的宪法和法律信仰，让群众自觉运用宪法和法律依法自治，依法维权，依法守法**

习近平同志强调，要在全社会牢固树立宪法和法律的权威，让广大人民群众充分相信法律、自觉运用法律，使广大人民群众认识到宪法不仅是全体公民必须遵循的行为规范，而且是保障公民权利的法律武器。[①] 法律要发挥作用，需要全社会信仰法律。卢梭说，一切法律中最重要的法律，既不是刻在大理石上，也不是刻在铜表上，而是铭刻在公民的内心里。[②] 把宪法和法律交给群众应当从以下三个方面去努力。

(一)在制定和修改宪法、法律过程中要充分吸收广大人民群众参与

这就要求直接参与宪法、法律制定和修改的全国人大代表，要主动履职尽责，要深入群众去广泛地了解、收集民意，倾听群众呼声，同时要求及时将宪法、法律的草案在各种媒体上发布，广泛地征求各界群众的意见，让群众广泛而深入地参与到宪法和法律的制定、修改过程中，这样既可以增强人民群众的主人翁感，又可以使群众在广泛的参与过程中更深刻地了解和把握宪法、法律的精神，为自觉守法奠定思想认识基础。

(二)要继续深入推进全民普法活动，着力培养和提升全民的法律素养、法治意识

要总结多年来全民普法活动的经验和教训，牢固树立终身普法教育的理念，广泛地开展各种层次的普法教育，使人生的不同阶段均能受到普法教育，只是人生不同阶段普法教育的侧重点有所区别而已。普法教育要有针对性，要坚持案例教育，通过事实说话，用普法教育对象周边的人和事来阐述法律原理和知识，使群众在生动形象、通俗易懂的普法教育中了解法律的真谛。

(三)使群众在掌握法律知识的基础上熟练运用法律，自觉遵守法律，依法自治，依法维权

群众的很多矛盾纠纷实际上都是基于自身利益产生的，有时甚至是与

---

① 习近平：《恪守宪法原则弘扬宪法精神履行宪法使命》，《人民日报》2012年12月5日。
② 习近平：《严格执法，公正司法》，载中共中央文献室编：《十八大以来重要文献选编》(上)，中央文献出版社2014年版，第721页。

公共利益、他人利益相冲突的私利,如果群众都能知法懂法并自觉遵守法律,这些矛盾纠纷就可能不会发生或者很少发生。即便因个人利益与公共利益、他人合法利益相矛盾而产生了冲突,对于法律素养较好的群众来说,这些矛盾纠纷也较容易依法化解。村居自治是法律赋予基层群众的基本权利,群众依法自治就能减少矛盾纠纷,就可以实现"枫桥经验"的矛盾不上交、就地化解的效果。从实际情况来看,不少群体性事件都是因为群众觉得自身权益受到较严重侵害但得不到解决不得已而采取的过激行为,他们企图通过过激行为引起党委和政府的重视,进而解决他们权益受侵害问题。法治是一种信仰、一种行为、一种秩序、一种思维。作为一种思维,法治要求社会成员遇事想法、遇事依法处理。通过广泛而深入的普法教育提高广大人民群众的法治素养,就可以培养群众的法治思维、法治精神,使群众依法维权,就可以减少越级信访、暴力上访(闹访)、围攻政府部门等影响社会治安稳定的群体性事件的发生。

### 发展篇结语:

习近平总书记 2013 年 10 月 9 日关于坚持和发展"枫桥经验"的重要指示,阐明了"枫桥经验"的意义与价值、内涵与外延、传承与创新、方法与要求,我们务必以实际行动把"枫桥经验"坚持好、发展好,把党的群众路线坚持好、贯彻好。

首先,全面、系统、完整地理解和把握习近平总书记对"枫桥经验"的指示精神。这一指示共七句话,我们以五章的篇幅解读前五句。后两句话的核心是把"枫桥经验"坚持好、发展好,把党的群众路线坚持好、贯彻好。这是习近平总书记提出的把"枫桥经验"坚持好、发展好的出发点和新要求,指明了努力方向和奋斗目标。我们的领会:一是各级党委和政府要充分认识"枫桥经验"的重大意义,党的领导是化解矛盾和风险、保障经济社会顺利发展、实现中华民族伟大复兴的根本保证。二是发扬优良作风,坚持实事求是,尊重群众创造,总结群众原创经验,坚持和发展"枫桥经验",坚持和贯彻党的群众路线。三是适应时代要求,善于聆听时代之声音,发现和培植新生事物,发现和化解矛盾与风险,依靠广大群众提供情报信息,积累与分析大数据,研究与掌握违法犯罪规律,精确地预测预警预防,处理好改革、发展和稳定的关系,维护社会稳定和国家安全,创造人民安居乐业的有序和谐环境。四是创新群众工作方法,既充分运用互联网和高科技,实现网上沟通互动,又深入群众进行面对面亲切交流,密切新时代的党群关系、干群关系、警民关系。五是善于运用法治思维和法治方式解决涉及群众切身利益的矛盾和问题,规范人们的行为,弘扬公平、伸张正义,澄清社会风气,创造和谐社会、平安中国。

第二,坚持和发展"枫桥经验",必须观察与分析新时代特征,精准判断国际国内形势发展,研究与掌握社会发展规律,排查与驾驭矛盾和风险的产生、发展和转化规律,切实做到科学预测,及早预警,周密预防,有备无患,转危为机,化险为夷,积累经验,创造安全。经过调查研究,制定全局性的安全战略,搞好顶层设计,在党委领导下,各部门、各地区、各系统、各领域整合力量、明确分工、协同作战、全面推进,有目标、有计划、有步骤、有重点、分层次实施之,直到落实为止。

第三,推进新时代"枫桥经验"的新发展,坚持和贯彻党的群众路线,以党的政策和宪法与法律武装群众,努力实现习近平总书记提出的"善于把党的领导和我国社会主义制度优势转化为社会治理优势,着力推进社会治理系统化、科学化、智能化、法治化,不断完善中国特色社会主义社会治理体系,确保人民安居乐业、社会安定有序、国家长治久安"。

发展篇系统解读了习近平总书记对坚持和发展"枫桥经验"的重要指示,以各地实践的新经验,验证新时代"枫桥经验"的生命力,既有理论思维又有可操作性,适应新时代的要求,是本书的主题和核心。为把"枫桥经验"坚持好、发展好,把党的群众路线坚持好、贯彻好,为从容应对重大风险的挑战,主动迎接"百年未有之大变局",推进构建人类命运共同体,努力夯实基层基础建设,打造坚固的铜墙铁壁。

# 实践篇——"枫桥经验"的辩证法

习近平总书记指出:"社会治理是一门科学,管得太死,一潭死水不行;管得太松,波涛汹涌也不行。要讲究辩证法,处理好活力和秩序的关系,全面看待社会稳定形势,准确把握维护社会稳定工作,坚持系统治理、依法治理、综合治理、源头治理。在具体工作中,不能简单依靠打压管控、硬性维稳,还要重视疏导化解、柔性维稳,注重动员组织社会力量共同参与,发动全社会一起来做好维护社会稳定工作。"

——《在中央政法工作会议上的讲话》

(2014 年 1 月 7 日)

<br>

# 第六章
## 创造性地学习"枫桥经验"

湖州市公安局遵循习近平总书记"把'枫桥经验'坚持好、发展好,把党的群众路线坚持好、贯彻好"的指示,组织民警深入群众倾听民意,解决群众迫切需要解决的矛盾和问题;总结了安吉县公安局具有代表性、导向性、示范性的"家园卫士"经验,向全市推广,维护了社会稳定和群众安全。

## 第一节　维护社会治安指导方针的确立

### 一、确立了"防为主、防为上"的指导方针

党的十八大后,以习近平新时代中国特色社会主义思想为指导,在总体国家安全观统领下,湖州市公安局在学习"枫桥经验"和维护社会治安工作中,牢记习近平总书记关于辩证治理社会的指示:"社会治理是一门科学,管得太死,一潭死水不行;管得太松,波涛汹涌也不行。要讲究辩证法,处理好活力和秩序的关系,全面看待社会稳定形势,准确把握维护社会稳定工作,坚持系统治理、依法治理、综合治理、源头治理。在具体工作中,不能简单依靠打压管控、硬性维稳,还要重视疏导化解、柔性维稳,注重动员组织社会力量共同参与,发动全社会做好维护社会稳定工作。"湖州市结合社会治安比较稳定的实际,于2015年10月创造性地提出了"防为主、防为

上"的指导方针,并报经市委批准,成为市委决策,报市人大通过,成为地方法规,这在湖州历史上是第一次。该方针贯彻落实了习近平总书记关于"各级党委和政府要充分认识'枫桥经验'的重大意义"和"把'枫桥经验'坚持好、发展好,把党的群众路线坚持好、贯彻好"的指示精神。

### 二、确立"防为主、防为上"指导方针的实践依据

湖州市基于以人民为中心的发展思想,从现实工作的需要出发,在总结丰富的实践经验基础上,提出了一系列工作理念和要求:

1. "'坚持打防结合,预防为主'基本方针";
2. "想在前,做在前,忙在前";
3. "思想超前一点,工作超前一步";
4. "'少发案',让百姓少受伤;'少出事',让民警少受累;'不出事',决不出大事,坚决杜绝恶性大事";
5. "基础基础再基础,务实务实再务实";
6. "发现问题就是成绩,问题解决之日才是工作到位之时";
7. "关口前移,主动防范";
8. "凡事预则立,不预则废";
9. "图之于未萌,虑之于未有,治之于未乱";
10. "先其未然谓之防,发而止之谓之救,行而责之谓之戒";
11. "防为上,救次之,戒为下";
12. "未雨绸缪,转危为机,化险为夷,防患于未然"。

### 三、在确立预防为主的指导方针之后,一系列改革措施落实到位

湖州市公安机关随即改革体制机制,精简机构,下沉警力,充实基层,强化基础,真心诚意地做群众工作,一系列改革措施落实到位,调动了干部、民警的积极性,调动了人民群众的积极性。正如习近平总书记所说,创新治理方式,把矛盾和问题尽早排解疏导,化解在萌芽状态。实行"堵疏结合、以疏为主,惩防并举、以防为先,标本兼治、重在治本",不能老是"亡羊补牢",穷于事后应对,正可谓"亡羊补牢虽未晚,未雨绸缪策更良"。近几年来,湖州市的面貌发生了很大变化,刑事案件从2010年4.3万起降至

2017 年的 1.4 万起,命案从 2009 年 52 起降至 2017 年的 10 起,社会矛盾纠纷 95％以上化解在基层,有效维护了全市的平安稳定,提升了人民群众的安全感和满意度。湖州市涌现了一大批美丽乡村、特色小镇,成了人们向往的"世外桃源"。

## 第二节　关于预防为主还是打击为主的争论

### 一、确立"防为主、防为上"的指导方针是不容易的

维护社会治安稳定究竟是打击为主还是预防为主,这个问题理论界从 20 世纪 90 年代前后开始一直争论不休,而且在实际斗争中出现了打不胜打、越打越多的怪圈。虽然开展"严打"斗争时案件数量会下降,但是很快就会反弹,甚至出现顶风作案的现象。当时,个别领导一味强调打击为主,专项斗争一个接一个,甚至同时开展几个专项斗争。当然,专项斗争对于整治突出的治安问题和狠狠打击严重犯罪的嚣张气焰是必不可少的。但有的领导给派出所布置侦查破案任务,要求民警外出千里追捕逃犯,并规定破案指标,否则扣发奖金。派出所所长疲于应付,民警根本没有时间做群众工作。社区警务室成了"空巢",严重影响社区民警做群众工作的主要职责,削弱了基层基础工作,造成社会矛盾、民间纠纷频发,上访告状层出不穷,刑事案件连续上升。刑侦民警和派出所民警成了"救火兵",某县(市)一天发生 10 多起案件,刑警队连出现场都来不及。因案件频发,数量太多,派出所只能修改立案标准,甚至掺杂"水分"。有位县公安局长向领导提建议,竟被大会点名批评;有的局长不得不制作案件统计两本账,一本按领导胃口制作,一本为了维护治安,如实统计,以备自用。事实证明,处理人民内部矛盾用打压管控的方法是不行的,处理复杂的社会问题不能采取简单的方法。需要深入群众调查研究,查明情况,弄清原因,掌握规律,抓住问题的症结,对症下药,综合治理才能解决问题。历次"枫桥经验"理论研究的主题就是预防为主。但这些科研成果很少进入领导决策机制。毛主席说:"最重要的一条,是如何做群众工作,组织群众,教育群众……从

诸暨的经验看,群众起来以后,做得并不比你们差,并不比你们弱,你们不要忘记动员群众。"苏联克格勃实行垂直领导,搞神秘主义孤立化。中国公安工作的方针是党委领导、群众路线,专门工作与群众路线相结合。如果单纯靠打击,就有可能走向神秘主义而脱离群众,这是危险的。湖州市"家园卫士"的推广,是密切警民关系、干群关系、党群关系的重大决策。抗日战争、解放战争时期,干部战士做群众工作,是为老百姓挑水、劈柴、搞卫生,保卫老百姓安全。现在新时代做群众工作要围绕党的中心,按照群众对安全的需求和期望做好工作。党群关系密切,矛盾就能化解,任何风险都能预防和抵御,我们就能永远立于不败之地。

### 二、预防为主方针的贯彻落实,加强了基层基础工作

"枫桥经验"调动了群众维护社会治安的积极性,激发了全社会活力,重要情报线索源源不断而来,为我们研究犯罪活动和治安问题的规律,提高预测预警预防各类风险的能力提供了条件。湖州市公安局将互联网P2P平台金融风险防控作为重中之重。2018年以来,未发生一起平台总部在湖州的互联网金融平台犯罪案件。各种类型的投资公司注册必须经严格审查。严查证照不符、无证经营,或超范围经营,或做虚假广告等行为;打击以"网络商城""消费返利""金融创新"为幌子,进行的非法集资及"互联网＋传销＋非法集资"的复合型金融犯罪;打击为规避金融监管,以信息、科技、商务、咨询、文化、产业等名称注册从事非法金融活动的行为。湖州市及时排查互联网金融平台犯罪案件,预防了金融诈骗犯罪,如不及时排查,识破其伪装,将会造成金融诈骗大案。"防为主、防为上"是为人民利益着想,不是等案发后再去侦破,那样造成的损失很难追回来。当前金融诈骗案件多发,如能将湖州互联网金融风险排查与化解的经验推广到各地,将是避免群众受骗上当、防止巨大损失的大事。

### 三、预防为主不是不抓打击,而是强化打击

凡是现行犯罪、严重暴力犯罪、黑社会性质组织犯罪、暴力恐怖势力,以及严重金融犯罪、严重网络犯罪和各类犯罪集团,均露头就打,保持强大的严打态势。以预防为主,不仅降低了发案率,而且可以使刑侦部门集中

力量侦破重特大案件,提升了破案率,连 20 多年未破的杀人大案也被湖州市公安局破获。事实证明,维护社会稳定需要"动员组织社会力量共同参与,发动全社会一起来做好维护社会稳定工作"。同时又要积累大数据,研究矛盾形成的原因和转化的规律,研究犯罪活动规律,研究社会治理规律,科学预测犯罪发展趋势,制定预防和控制犯罪战略对策,以科学理论指导实践。单纯以打击为主的方法,成本太高,效果欠佳,只有系统治理、综合治理、依法治理、源头治理才能达到标本兼治的目标。

## 第三节　湖州市学习"枫桥经验"的创新

### 一、湖州市学习"枫桥经验"的独特创造

一是学习"枫桥经验"的精神实质,确立预防为主的指导方针;二是实行全党动员全民行动;三是创新群众工作方法;四是适应时代要求;五是严格依法办事。湖州市采取一系列具体措施调动干部群众的积极性,使各项工作落到实处。湖州市学习"枫桥经验"后的收获是:矛盾不断解决,案件不断下降,事故不断减少,经济不断发展,社会不断进步,人民和谐幸福。

湖州市公安机关牢固树立以人民为中心的发展思想,以善治为目标,坚持"防为主、防为上"的指导方针,不断提高社会治理社会化、智能化、法治化水平,通过做群众工作,产生了巨大的物质力量,夯实了社会治理根基,有效维护了社会安全和稳定。

### 二、始终把夯实基层基础作为固本之策

(一)以大部门大警种制改革推动警力下沉

按照体制不变、机制先行、制度管理的思路,湖州在市、县两级公安机关推进大部门大警种制改革,大幅精简机关干部充实基层派出所,全市派出所警力占比从 39% 上升到 48%,社区警力占派出所总警力比例从 30% 上升到 42%。社区警务室的"空巢"现象得以彻底改变。

## (二)以制度规范保障基层建设

制定《派出所建设十条》《交警中队十条》等规范,新建、改建72个派出所,落实派出所和交警中队民警乡镇干部津贴补贴措施,有效激发了基层活力,提升了战斗力。

## (三)按照"一格一警"的标准,推动警务前移

主动融入综治"一张网",创建以"无发案、无事故、无纠纷"为目标的"无贼网格"活动,延伸了工作触角,开辟了情报信息源,抓实了风险防控。全市共建成警务网格409个,配置网格民警409名、协警1066名、信息员7472名。

## (四)建设"家园卫士"工程,服务基层实战

将全市3400余名民警、7200余名协警,安排到67个原籍地或现驻地派出所参加"家园卫士"队伍,利用"八小时之外"时间,借助人熟、地熟、情况熟、警务知识熟,开展工作便利的优势,在223个社区开展社情民意收集、安全防范宣传、义务治安巡逻、矛盾纠纷化解、组织平安志愿者、组建情报信息员等工作,提升了治安防控能力。

## 三、坚持共建共治共享,汇聚社会治理合力

坚持一切为了群众、一切依靠群众,发动企事业单位、社会组织、人民群众参与社会治理,努力打造人人有责、人人尽责的治安共同体。

## (一)持续开展惠民运动

坚持民警姓民、执法为民,采取群众提、群众投、群众评、群众考等形式,开展"惠民十大行动""守青山、护绿水""除黑恶、连根拔""侦查破案大会战、基础防控大比拼、信息应用大练兵"等行动,增强了群众获得感。实行"最多跑一次"改革,在全市92%的乡镇、89%以上的行政村设置公安办证点,方便群众办事、办证。

## (二)联合社会力量,做好新居民工作

认真总结提炼典型工作方法,研究确定社区警务标准。社区民警推动建立新居民党支部并任支部书记,让新居民党员重回党组织怀抱。联合团市委在警务站建立"阳光假日小屋",组织志愿者定期为外来务工人员子女提供学业辅导等服务。联合湖州市总工会、湖州师范学院等30余家单位进行合作共建,开展点对点的服务。

（三）壮大平安志愿者队伍

坚持走人民治安道路，从市局机关到基层所队建立平安志愿者层级管理体系，将组织管理工作责任落到每名民警，出台"志愿者之星"表彰奖励政策，激励广大群众积极参与平安建设。全市组建平安志愿者团队 800 余支，人数达 24.5 万人。动员组织企事业单位、社会组织参与社会治理，发展警务合作单位 680 余家，建成合作项目 347 个，与全国 600 余个官方微博建立了覆盖 3500 余万人的"新媒微博联盟"，努力打造人人有责、人人尽责的警务共同体。

## 四、坚持科技引领，提升社会治理智慧指数

认真落实公安大数据战略，推进以精确预警、精确控制、精确打击、精确防范、精确指挥、精确处置为主要内容的精确警务建设，提升社会治理信息化、智能化水平，提高预测预警预防各类风险能力。

（一）全力建设全息感知体系

大力推广物联网、人脸识别等智能感知技术，建成全市公安大数据中心、物联网数据中心。扎实推进"雪亮工程"建设，建成城乡重点公共区域视频监控 3.76 万路，接入视频监控 7.84 万路，重点公共区域、重点行业领域、农村视频监控覆盖率均达到 100%。

（二）全力推进数据融合共享

推动湖州市"两办"出台《关于进一步整合社会信息资源推进平安湖州建设的实施方案》，建成数据资源管理平台，整合涵盖商业、卫生、教育、房产、寄递等领域的 79 类 4 亿余条基础信息，对重要社会数据以及卡口、监控、RFID 等 7 类感知类数据进行上云入仓。

（三）全力提升实战应用水平

建成大数据实战应用平台，实现极致搜索、智能对比、重点人管控、可视化指挥调度、智能化警情研判、图形分析等模块功能。市、县（区）两级公安机关建立合成作战中心。近三年来发布指令性研判结论 1200 余条，落地稳控 700 余人次。在全市推广安装 16700 套智慧式用电隐患排查系统、7964 套"自动限荷器"装置，有效防控了电气火灾。

### 五、坚持厉行法治，推动社会治理驶入法治轨道

严格规范公正文明执法，增强法治思维，运用法治方式，使社会治理难题在执法环节得以解决，不断提升社会治理法治化水平。

**（一）解决问题用法**

用足用好《反恐怖主义法》，制定出台《关于进一步加强和改进单位内部治安保卫工作意见》，以反恐标准破解基础管理难点，全面落实旅馆、寄递行业"四实"登记制度，依法查处非法经营者。旅馆住宿登记数从每日2万人上升至6万人，流动人口新增登记近30万人，内保重点单位专职保卫人员配备率、视频监控入侵报警装置安装率达到100%。

**（二）化解矛盾靠法**

联合湖州市司法局下发《关于推进治安行政调解和人民调解对接工作的意见》《建立"警律合作"机制指导意见》，打造公平、正义、法治、权威的人民调解室，高效化解各类矛盾纠纷。全市绝大多数派出所已建驻所调解室，累计调解纠纷近4万起，化解不安定因素852起。建立引导上访人员依法逐级走访制度，开展信访秩序专项治理，引导群众从"信访"走向"信法"，2017年以来已处理非正常上访8人次，依法处理7人。

**（三）规范执法办案流程**

推进综合勤务指挥室、案件管理室、物证管理室、办案区"三室一区"建设，全市派出所物证管理室和办案区升级运行率达到100%。不断完善"三位一体"执法办案管理机制，与市检法司相关部门联合印发《关于轻微刑事案件快速办理机制的指导意见》，有力推动了全市公安执法办案质量和效率的提升。湖州市公安局在人大常委会对公检法司依法履职公正执法满意度测评中名列第一。

### 六、湖州市坚持和发展"枫桥经验"的社会效果

湖州市重视抓基层、打基础，使基层更有战斗力，使社会治理更有活力，使党的执政基础和群众基础更加巩固。

从安吉的"家园卫士"看，安吉的经验"经过试点，推广去做"，已遍及湖州各地。"家园卫士"顾名思义是公安民警一沉到底，与群众打成一片，"一

"格一警"孵化出一批卫士,党政干部、企事业单位和社会团体都派人参加,人人都是家园卫士,从而形成了"全民皆警"。家庭是社会的细胞,家庭安则社会安,家庭和则万事兴。在湖州,"枫桥经验"已普及各个乡镇,直到每个家庭。

从行政区域看,从家庭、社区、农村、乡镇到城市全面推开;

从地理环境看,农村、山区、平原、水上、城镇、市区全面普及;

从部门单位看,从公安部门初创到政法部门,发展到党政机关、企事业单位、社会团体,到全党全民合力共建;

从全局安全看,从经济、政治、文化、社会、生态文明,到各系统各领域的安全;

从群众需求看,从治安保卫、安全检查、调解矛盾、综合治理、社区安全,到民主、平等、自由、公平、正义;

从群众的期望值看,从安全、和谐的期望,到追求美好、幸福的"世外桃源"般的生活;

从湖州的建设看,从山清水秀的农家乐、美丽乡村,到丝绸、地板、工业、绘画、扇子等特色小镇,到清洁、文明、安全、繁荣的城市;

从指导方针看,"防为主、防为上"方针的实施,矛盾纠纷的减少,各类案件的下降,到网上网下、虚拟与现实的预测预警预防各类常发或突发风险,建设平安湖州、法治湖州的实践,证明"防为主、防为上"方针是符合以人民为中心的思想,是适应时代要求的。

## 第四节　新时代"枫桥经验"的文化现象

当前,学习"枫桥经验"风起云涌,百花齐放。学习、仿效、推广、创造,领导、党员、干部、警官、教授、记者、作家、诗人纷纷深入基层深入群众,调研、考察、参观、访问,调查报告、经验总结、学术论文、报告文学、诗歌散文不时见诸报纸、刊物、电视、微信、微博。《光明日报》调查组以一整版篇幅发表了题为《新时代"枫桥经验"的"诸暨探索"》的长篇调查报告。2018年,时值毛泽东同志批示学习推广"枫桥经验"55周年暨习近平总书记指示坚持和发展"枫桥经验"15 周年,由中央政法委、中共浙江省委、中央广播电视总台联合摄制的五集电视政论片《坚持发展"枫桥经验"——中国基层社会治理现代化之路》,于 11 月 12 日开始在央视一套黄金时间播放,引起了很大反响。浙江是"枫桥经验"的发源地,研究和实践者众多,故事生动。浙江省公安厅主管的《平安时报》,从 2018 年 10 月开始,刊登"潮起之江——新时代'枫桥经验'的新实践""'枫桥经验'55 年亲历者访谈""枫桥经验'55 年实践者访谈"等专题报道,连续数月至今未停。再加上层出不穷的视频、图片、展览等,形成了"枫桥经验"文化现象的一片繁荣景观,总结的、概括的、研讨的、反映的、歌颂的都是学习、推广"枫桥经验"后出现的社会安全和谐的太平景象。诸暨市率先全面推广"枫桥经验",围绕矛盾化解、司法公正、公共服务等领域,创新基层社会治理机制,健全自治、德治、法治的治理体系,为丰富"枫桥经验"的内涵与外延增添了基因。诸暨枫桥的调解专家杨光照不仅调解了疑难复杂的矛盾纠纷,而且通过调解带动了良好的社会风气。枫桥镇的与人为善、助人为乐、见义勇为等好人好事比比皆是,大批群众纷纷要求参加志愿者队伍。北京"朝阳群众"的情报信息源源不断,被媒体评为"世界第五大情报机构",扬名海内外。内蒙古、上海等各地也都在学习和推广"枫桥经验"。此情此景让"枫桥经验"的参与者、见证者、实践者、研究者浮想联翩,感慨万分,深深体会到习近平总书记坚持和发展"枫桥经验"的指示已深入人心,社会治理各方正躬身践行。

## 第五节 湖州各地学习"枫桥经验"各具特色

### 一、湖州市各县区学习"枫桥经验",既有共性又有个性

共性,是指在党委政府领导下,坚持和贯彻党的群众路线,根据当地实际情况学习"枫桥经验",广大民警深入群众做群众工作,服务群众、依靠群众,强化基层基础工作和社会治安防控体系建设。个性,是指各有特色,在某一方面做得比较突出。我们调查了安吉、长兴、吴兴、南浔四个县区,据湖州市公安局介绍,市局各部门和各县区都推广了"枫桥经验"和安吉县的

"家园卫士"经验,均取得了警民关系密切、社会稳定、群众安全的效果,获得了党委和群众的满意。

(一)安吉县公安局创建"家园卫士"有特色

安吉县创建"家园卫士"的经验被推广到湖州全市。安吉县公安局围绕建设社会治安防控体系的要求,推出了"家园卫士"工程,充分利用公安民警、警务辅助人员八小时以外的业余时间,发挥"四熟一便利"(人熟、地熟、情况熟、警务知识熟,工作开展便利)的优势条件,深入原籍地、现驻地开展公安基层基础工作,确保实现"警情下降、发案下降、事故下降、矛盾纠纷下降、信访重点人员存量下降"的目标,带动全体民警、警辅人员成为"上班时为护卫平安的勇士,下班后为守护家园的卫士"。自2017年7月实施该工程以来,有效解决了网格警力欠缺、群众情况不熟、群防群治力量薄弱、矛盾纠纷化解不力、宣传防范流于表面等问题,共调处矛盾纠纷100余起,开展治安巡逻220余次,开展各种宣传活动80余场,实现涉赌涉黄警情、刑事发案、治安灾害事故、野浴溺亡事故大幅度下降,群众安全感、满意度明显上升。

(二)长兴县公安局调动民警积极性有特色

长兴县公安局作为全国优秀公安局,为了践行习近平总书记在接见公安系统英雄模范立功集体表彰大会代表时提出的"对党忠诚、服务人民、执法公正、纪律严明"的指示,创建了"对党忠诚之星、服务人民之星、执法公正之星、纪律严明之星"的"四星民警"评选机制,调动了民警深入群众、为群众服务的积极性,密切了警民关系,也提高了民警素质,推动了各项任务的落实。

(三)吴兴区公安分局的飞英派出所矛盾调解队组成人员有特色

该所建有矛盾纠纷专业调解队,荟萃了乡贤人士、退休领导、网络大V、医生、律师、中学校长、心理专家、电视台主持人、企业家等29位名人作为矛盾纠纷调解员,并将其划分为婚姻家庭纠纷、物业纠纷、医患纠纷、消费维权纠纷、人身伤害纠纷、经济纠纷等6个调解团队,将他们的照片、姓名和身份及专长公布于众,由当事人自行挑选预约。

八里店镇派出所维稳有特色。八里店镇是吴兴区委、区政府所在地,镇派出所系全省枫桥式派出所,是优秀公安基层单位、全国执法示范单位。

在全域城市化过程中,在城中村改造、市场搬迁等问题上依法做好维稳工作。一是收集情报信息,掌控涉稳动态,对挑头人员做好工作,劝返疏散 3 批聚集活动。二是及时清除隐患苗头,做到预知、预警、预防,化解重大矛盾隐患 8 起,调解矛盾纠纷 174 起。三是稳妥维护信访秩序。在行政中心和镇政府设警务站,协助做好来访者的情绪安抚、教育劝解和现场维稳,疏导上访人员 116 批次 863 人,其中集体上访 46 批次 669 人。

(四)南浔区派出所民警做群众工作有特色

据辽西警务室民警介绍,在一批上访人员中,社区民警的一位朋友发现有一名上访者偷偷携带一瓶汽油伺机自焚。社区民警的朋友一边跟随上访队伍,一边寻机报告,民警接报后,立即回电叫他将汽油丢入河中。民警迅即赶去做思想工作,规劝上访队伍返回,避免了意外事件的发生。

湖州学习"枫桥经验"的实践充分证明,虽然各地的经济社会发展情况和治安情况略有差异,但是学习"枫桥经验"只要从实际出发,必然会形成不同特点,摸索出新的经验和新的做法,就会有新的创造。

## 二、新时代"枫桥经验"的新发展

党的十八大以来,特别是习近平总书记关于坚持和发展"枫桥经验"指示后,在各级党委和政府领导下,全省各地学习"枫桥经验"的典型事例不断涌现,各地纷纷从本地实际情况出发,学习、仿效、改革、创新,从公安机关推广到政法部门,再推广到党政各部门和企业事业单位及社会团体,广大群众被发动起来参加社会治理,社会风气、社会秩序、社会治安有了显著好转。湖州市的"家园卫士"是个典型。

根据湖州市学习"枫桥经验"获得的良好社会效果,我们学习"枫桥经验"必须做到以下几点。

1. 学习"枫桥经验"必须全面掌握其精神实质,坚持和贯彻党的群众路线,以人民安全为目标。"枫桥经验"的内涵非常丰富,要与时俱进,不断适应时代要求。

2. 学习"枫桥经验"必须结合当地经济、政治、文化、治安等实际情况,在调查研究的基础上学习,经过试点,再推广去做,效果就越好。

3. 要创造性地学习"枫桥经验"。如湖州市的"家园卫士",创造性地实施预防为主的指导方针,采取一系列加强基层基础的举措,充实基层派出所和社区民警,强化基层、夯实基础,服务群众、发动群众,将群众的积极性引导到参加各种类型的社会组织之中,实现自治、德治、法治,做到"全民皆警"、群防群治,共同治理社会,维护稳定,确保安全。但凡从实际出发,放手发动群众,紧紧依靠群众,做到党群关系密切、干群关系密切、警民关系密切,善于发现和总结群众经验,必定就会有新的创造。

4. 制订学习"枫桥经验"方案,明确学什么,怎么学。要制定安全战略,搞好顶层设计,有计划、有步骤、有重点、有措施、有目标地实施,不断反馈,层层落实,效果必佳。

5. 学习一段时间后要总结经验,倾听群众意见,有的经验要经过甄别,有的要经过实践检验,找出问题加以改进,总结出可靠的、适应时代要求的新经验,逐步提高、完善。

6. 经过总结和积累经验之后,要将感性认识提升为理性认识。真诚邀请热心的相关学科的专家、学者参加理论研讨,坚持理论工作和实际工作相结合,总结和提炼调解矛盾纠纷、预防和控制犯罪、化解和抵御风险、维护社会稳定、治理基层社会、创造安全环境的理念和方法,为长治久安打下理论基础。

<br>

—————————————————————— 第七章

"枫桥经验"的安全观

习近平总书记指出："认清国家安全形势，维护国家安全，要立足国际秩序大变局来把握规律，立足防范风险的大前提来统筹，立足我国发展重要战略机遇期大背景来谋划。世界多极化、经济全球化、国际关系民主化的大方向没有改变，要引导国际社会共同塑造更加公正合理的国际新秩序。要切实加强国家安全工作，为维护重要战略机遇期提供保障。不论国际形势如何变幻，我们要保持战略定力、战略自信、战略耐心，坚持以全球思维谋篇布局，坚持统筹发展和安全，坚持底线思维，坚持原则性和策略性相统一，把维护国家安全的战略主动权牢牢掌握在自己手中。"

## 第一节　总体国家安全观统领下的"枫桥经验"安全观

以习近平新时代中国特色社会主义思想为指导，总体国家安全观为统领，研究"枫桥经验"安全观。习近平在任浙江省委书记时提出建设平安浙江、法治浙江。"枫桥经验"包含了平安和法治。平安浙江的创建、"枫桥经验"的推广、矛盾纠纷的及时调解，使违法犯罪案件有所下降，治安灾害事故有所减少，敌对势力的渗透和颠覆活动被挫败，为浙江人民的安居乐业、国家安全、社会稳定和社会主义现代化建设创造了安全环境。

## 一、"枫桥经验"安全观的形成

"枫桥经验"诞生55年来,坚持以人民安全为宗旨,一切为了人民、一切依靠人民,为群众安居乐业提供了坚强保障,创造了安全、和谐的环境,确保经济、政治、文化、社会、生态文明安全健康发展,将群众的良好习惯形成村规民约,以法律保障安全。什么是安全观?不断创新全社会共同参与社会治理的制度机制和载体,着力构建维护社会稳定的命运共同体和共建共治共享的社会治理格局;努力构建党委领导、政府负责、社会协同、公众参与、法治保障的社会治理体制,在总体国家安全观统领下,凡是涉及一切安全问题的预防和化解,即属于"枫桥经验"的安全观。

半个多世纪以来,枫桥保持长治久安的秘诀何在?概括起来就是:坚持党的领导,依靠人民群众,不断加强基层基础工作,及时化解矛盾纠纷,研究犯罪活动规律,正确分析社会治安形势,预测预警预防各类风险,巩固和增强党在基层执政的群众基础。

## 二、正确评估面临的社会安全形势

中国是世界上最安全的国家之一,这是坚持党的领导、群众路线,战胜各类敌对势力和打击刑事犯罪活动,防范和化解了各类矛盾风险后结出的硕果。但是,中国的快速发展、伟大崛起,引起了以美国为首的一些西方国家的妒忌、眼红和焦虑,特别是美国唯恐动摇其霸主地位,拉拢、胁迫某些盟国搞"印太战略",实施军事威胁,侵犯我国领海领空,向我国发起贸易战。美国企图从思想渗透入手,蓄意造谣挑拨,煽动群体性事件,企图在中国复制"颜色革命",然而终以失败告终。

敌对势力亡我之心不死,刑事犯罪活动猖獗,灾害事故不断发生,造成各类矛盾和风险的威胁。这些威胁大体包括四方面。

1. 敌对势力、"三股势力"、"法轮功"等邪教组织的渗透、破坏和颠覆,军事威胁与挑衅。

2. 刑事犯罪的侵害:黑社会性质的组织犯罪、严重暴力犯罪、严重经济犯罪、网络犯罪,以及盗窃、抢劫、诈骗、走私、贩毒等各类严重犯罪集团的侵害与滋扰。

3. 治安灾害事故频发：交通、火灾、爆炸、剧毒物品等重大事故的发生，还有地震、水灾、台风、恶性传染性疫病等突发事件的隐患。

4. 综合性的风险：敌对势力、刑事犯罪和灾害事故通过新媒体和网络平台的相互影响、相互利用、相互混杂，趁机作案，形成传统安全威胁和非传统安全威胁的风险，这就是互联网、移动通信等被犯罪利用的复杂性、多变性和突发性的发展态势。

### 三、"枫桥经验"是怎么确保公众安全，维护社会稳定的

1. 依靠群众及时提供矛盾纠纷和隐患的情报信息，大数据及时准确地研判、分析、储存、传递、使用，从源头上预防和抵御风险的袭击和危害；

2. 研究矛盾纠纷与风险的形成和转化规律，研究违法犯罪活动规律，研究人为什么犯罪、犯罪动机的形成和转化规律，研究重大风险的形成、发展和消除的规律，研究社会治理规律；

3. 预测敌对势力的渗透颠覆、犯罪活动的侵害、重大灾害事故的发生概率，预测重大风险的发生，在掌握风险规律基础上，准确预测、及时预警，做好预防工作。

## 第二节　文化维稳，创造安全

党的十九大报告指出："意识形态决定文化前进方向和发展道路。必须推进马克思主义中国化时代化大众化，建设具有强大凝聚力和引领力的社会主义意识形态，使全体人民在理想信念、价值理念、道德观念上紧紧团结在一起。"

"枫桥经验"是文化维稳、创造安全的典型，文化维稳是治本之策，加强文化维稳需要动员文学、艺术界和哲学社会科学界的专家学者深入实际、深入群众，从群众喜闻乐见的文化形式着手，传承与弘扬中华民族优秀文化艺术传统，汲取西方优秀文化艺术精华，重视社会主义核心价值观的浸润，提高群众的文化素养和维稳的自觉性等多策并举。

### 一、文化维稳的概念和意义

#### (一)文化维稳的新概念

习近平总书记指出："文化是一个国家、一个民族的灵魂。"社会主义文化是物质文明与精神文明的总和,是中华民族的血脉和灵魂,是社会主义核心价值观的载体。

枫桥是一个具有千年历史的文化古镇,有着深厚的文化底蕴,"枫桥先辈有风流,玉轴文池镇绮楼","景色当年有物华,枫桥自古有名家"。枫桥人历来尊师重教,崇尚经学传世、耕读传家。"枫桥经验"充分运用丰富的人文资源滋养人民,维护稳定,创造长治久安的环境。

文化维稳是指文化发展的品质是社会主义核心价值观体系更为广泛的体现,它以实践形态的丰富性和多样化使社会主义核心价值观体系落到实处,能够排除不利于社会稳定和安全的负面因素,保障整个社会秩序运行顺畅,社会总体安全、稳定、和谐。

社会稳定属社会治理的范畴,过去我们单从社会治安的角度实施管理,现在中央将视角转向社会治理;过去的目标主要是打击违法犯罪,现在是关注社会转型期的各种社会矛盾的化解。现在我们把文化建设当作民生工程在做,作为维护稳定的工程在做。温饱问题是有止境的,精神享受是无止境的。幸福不幸福最终是落在精神层面的。文化软实力是从思想、心灵深处去感染人、凝聚人,提升人的素质,树立社会主义核心价值观,正确处理改革、发展和稳定的关系,是维稳的治本之策。维稳手段分刚性维稳与柔性维稳两类,针对有些地方存在以刚性维稳为主的倾向,特提出文化维稳战略的新思路。

#### (二)文化维稳的价值

在复杂多变的国际形势下,我国社会转型时期社会矛盾空前增多、治安问题异常复杂,风险隐患重叠交错,影响了社会稳定、国家安全和人民安居乐业。影响社会稳定的因素包括敌对势力活动、违法犯罪活动、群体性事件、重大灾害事故和流行性传染疾病等综合性不安全因素,它们之间是相互交织、相互渗透的。网络作为一种新的信息传播形态,尤其是微博、微信(包括推特、移动通信等)传播的即时性、裂变性和"电波效应",更增添了不稳定因素的突发性和复杂性,成了现代社会的高风险隐患。面对新形势下的复杂矛盾,治标不治本的刚性维稳模式容易导致一些地方表面稳定,但许多问题实际并未得到解决,一旦出现公共危机事件,就可能引发严重的社会危机,导致越维稳越不稳的现象。文化维稳是标本兼治的模式,以人们喜闻乐见的文化艺术和健康的网络文化为切入点,逐步从低级到高级、从典型到普及、从传承到创新,做到融会贯通、兼容并蓄、海纳百川、自成一格。文化是人民共同创造的,当然也应当为人民所共享,应满足人民群众日益增长的文化需要,给人们以科学世界观、人生观、价值观的启示与浸润,起到特殊的"润物细无声"的作用。

(三)文化维稳具有独特的优势与诱人的魅力

文化维稳是一个开创性课题。面对各类复杂的社会矛盾,法律手段是解决矛盾纠纷的底线,只有通过各类文化活动,陶冶人的性情,提供慰藉、尊重、宣泄的渠道,才能起到心灵疏导、情绪理顺、矛盾化解的作用,这也是人的生存权的保障。人的心灵是一个积累的过程,参加或不参加文化活动的人,其精神状况是不一样的。当今社会,没有组织架构,都是个体间的对话。"枫桥经验"经过深入动员和精心组织,发展了"红枫义警"等200多个社会组织,志愿为治理社会出力。文化体育活动又是一个凝聚的载体,既可将无组织的个体组成为团体,又可以为宣传政策法律和弘扬文化艺术,提供独特的教育平台,为提升人的素质,减少和缓和矛盾纠纷创造和谐环境。

(四)文化维稳的战略意义

习近平总书记指出:"在具体工作中,不能简单依靠打压管控、硬性维稳,还要重视疏导化解、柔性维稳,注重动员组织社会力量共同参与,发动全社会一起来做好维护社会稳定工作。"由于刚性维稳(即采取打、压、管、控)的成本较高、效果欠佳,矛盾未能得到根本解决,反而容易形成越维稳越不稳的现象,甚至有脱离群众的危险,因此迫切需要柔性维稳,以文化软实力介入,循序渐进、潜移默化,既治标又治本。各级干部和民警应从管理者转换为人民的服务员和家园卫士,深入做群众工作,关心群众的疾苦与安危,密切党群、干群和警民血肉关系。各级党委、政府应以广大人民群众的整体利益、长远利益和根本利益为目标,发动和组织广大人民群众共同维稳。社会稳定是广大人民群众的基本需求,充分调动群众积极性是维稳的唯一出路。就像诸暨枫桥的干部群众那样,经过不懈的努力,半个多世纪来预防和控制了敌对势力和犯罪活动的侵害,抵御了各种社会风险的发生,创造了安全和谐的社会环境。文化维稳的目标说到底就是提高干部群众的思想素质,这关键要靠各级领导的身体力行,要靠他们带领群众构建安全、稳定、和谐的社会环境,共同为实现中华民族伟大复兴的中国梦而奋斗。

### 二、社会不稳定不安全的显性表现与深层因素

#### (一)城乡不稳定不安全因素的显性表现

党的十九大报告指出:"增强忧患意识,做到居安思危,是我们党治国理政的一个重大原则。"浙江省地处东南沿海,物产丰富,交通发达,信息灵通,经济发展迅速,流动人口已达 2000 余万,各类矛盾纠纷频发,成了十分敏感之地。虽然社会总体稳定,人们安居乐业,公众安全感达 97.3%,但是不稳定因素仍充满各个角落,大体可分为四个方面:一是违法犯罪活动。我国刑事立案总量上由改革开放之初的年发案数万起左右,上升到目前的年发案数百万起,其中卖淫、赌博、毒品违法犯罪增长迅速、蔓延较广,常常引发盗窃、抢劫、诈骗等严重刑事犯罪,又可能被黑社会性质组织和敌对势力利用。二是严重暴力犯罪和高科技犯罪活动。定时爆炸、持枪杀人、绑架人质、敲诈勒索、内外勾结的跨国犯罪,黑社会性质组织犯罪,利用网络等科技手段进行犯罪,如金融诈骗、电信诈骗、集资诈骗、传销诈骗和网络诈骗等严重经济犯罪。三是敌对势力的渗透、破坏和颠覆活动。暴力恐怖主义、宗教极端主义、民族分裂主义和邪教进行爆炸、凶杀等破坏活动,煽动打砸抢烧等威胁严重存在。四是重大灾害、事故和流行性传染疾病的隐患,如交通、消防、爆炸、放射性物质、剧毒物品等治安灾害事故和重大自然灾害事故,以及传染性极强的流行性疾病等。这些都是不稳定不安全因素,虽然分散在社会各个角落,威胁的却是整个社会。

#### (二)城乡不稳定不安全因素的深层矛盾

一是我省城乡一体化建设进程较快引发的矛盾。城镇化使许多城市社会矛盾延伸到农村,农民工的流动将农村矛盾带入城市,因此以平原、山

区、海岛和城乡接合部来划分不稳定因素是不科学的。城市和农村不稳定因素虽有区别,但存在共性的问题。如:分配不公、贫富悬殊、征地拆迁、环境污染、医疗卫生、就学就业、司法不公、基层选举、干部腐败、福利待遇、财务公开、财产纠纷、农村文化教育、医疗养老、社会保障、生态保护、文化遗产保护、公共产品供给不平衡等,再加上有的基层政府出台政策侵犯群众利益,群众有意见缺乏上诉渠道等矛盾。二是农民流动到城市犯罪后又成了农村不稳定的潜在因素。农民流动到城市务工、经商,办服务行业,对城市建设做出重大贡献。在浙江的流动人口达 2000 万之众,他们没有享受城市户籍人的同等待遇,在就业、住房、子女就学、公共福利、社会保障等方面受到影响,收入明显偏低,普遍缺乏话语权。他们长期住在城区、城乡接合部或工地等,与社区相对隔绝,造成普遍的"孤岛心理",他们还存在大量的与婚姻和家庭有关的感情和心理问题,很少得到关心和帮助。虽然杭州、宁波、绍兴等地推广"枫桥经验",有"老娘舅""和事佬"等民间调解组织介入流动人口的各种纠纷,但还远远不够,这些成为流动人口中不稳定的重要诱因。"二代流动人口",即随父母外出学习、成长起来的流动青少年,他们缺少父母吃苦耐劳的精神又缺乏必要的生产、生活技能,不愿意回原籍地,又受制于文化、语言、经济等因素无法融入暂住地,对社会常有种种抱怨,有逆反心理,这也是潜在的不稳定因素。另外,农民工在遇到工伤事故、劳资纠纷和催讨拖欠工资等问题时会引发群体性事件。根据对浙江省刑事犯罪作案成员的分析,约有 70% 是流动人口犯罪,每年抓获的刑事作案成员约7万是流动人口,他们成了影响我省社会治安形势和社会不稳定的重要因素。

### (三)全球化背景下不稳定不安全的复杂因素

美国发生的"9·11"恐怖事件和金融危机,引发国际社会在经济、政治、文化、科技和军事领域的激烈竞争;美国变本加厉地推行"印太战略",教唆日本、澳大利亚等国对我国实施包围圈,派遣军舰战机侵犯我国南海岛礁领海领空,肆意对我国进行骚扰,妄图遏制中国崛起;敌对势力利用我国社会的主要矛盾变化,进行渗透、挑拨和煽动,抓住一些小案件、小纠纷或小事故,妄图挑起大事端,这些如处理不及时、不妥当,有可能导致影响社会稳定的群体性事件,一些无直接利益冲突的人也会被卷入其中,如贵州瓮安群体性事件。近几年出现的所谓"死磕派"律师，他们在黑龙江庆安事件等几十起大型舆论事件中扮演了与律师身份不相符的角色。他们利用网络传播的"噱头"，在外界炒作下，吸引网络舆论抢眼球，与政府对着干，试图博得西方舆论和网上激进舆论的支持，他们的行为严重冲击了依法处理具体案件的进程，还造成了局部地区的不稳定。许多事实表明，新时期社会不稳定因素的复杂性，表现在传统安全与非传统安全相互交织、网络犯罪与现实犯罪相互渗透、境内犯罪与境外犯罪相互勾结、敌我矛盾与人民内部矛盾相互混杂的复合性上。我们要运用"枫桥经验"精神，紧紧依靠群众，抓早、抓小、抓矛盾化解，必须具有危机意识，洞察深层次矛盾的潜在与演变，掌握矛盾转化规律，因势利导谨慎、细致、妥善地处置。

（四）低俗、腐朽和反动文化是社会不稳定不安全的潜在因素

一是改革开放以来不健康文化的侵蚀引发思想混乱、信仰危机。十年"文革"使文化的生机与活力受到很大摧残；改革开放以后，在引进西方资金和先进技术的同时，又出现囫囵吞枣的现象。如崇洋、唯西方化，什么东西都要引用西方观点和理论；商品经济观念冲击了民族优秀传统文化，金钱至上代替了勤劳、奉献；性自由解放思潮一度泛滥，打乱了人们的思想，引发了青少年犯罪。二是腐朽文化一度蔓延，成为新的社会不稳定因素。"文革"后期由于青少年精神产品的缺乏，催生了充满色情色彩的"手抄本"的流行，诱发了缺乏判断能力的青少年的犯罪行为。"手抄本"受到查处后演变成"地摊文学"，即以印刷鲜艳、图文并茂、吸引人眼球的小报杂志，专门刊载色情、暴力为主要内容的"地摊文学"，毒害社会大众。"地摊文学"的出现需要有保护伞，其往往为巨大利润而寻租，导致腐败的滋生。在克服制止上述负面影响以后，网络上的色情文化、腐朽文化又开始侵蚀人们的精神世界，构成了社会不稳定不安全的潜在因素。三是敌对势力宣扬的"民主、自由、人权"和多党制、私有制等错误观念，其目的是否定、攻击中国共产党的领导和中国特色社会主义制度。

### 三、实施文化维稳战略的路径

#### (一)从群众喜闻乐见的地方文化建设入手

文化类型繁多、形式各异、千姿百态、内涵丰富,可分为文化艺术、科学技术、理论知识等。城乡社区文化建设应先从文化、娱乐、体育活动入手,提倡歌咏、舞蹈、音乐、戏曲、绘画、剪纸、雕塑、杂技等有益活动,可以开展打篮球、打排球、踢足球、拔河、跳绳、下棋、踢毽子、打乒乓、划龙船、舞狮子、耍龙灯等体育运动。浙江省城乡优秀的传统文化艺术丰富多彩,有些闻名于世,如舟山锣鼓、嵊州越剧、宁波甬剧、绍兴绍剧、金华婺剧等文艺形式,如青田石刻,东阳木雕,温州瓯绣,龙泉青瓷、宝剑,杭州王星记扇子、张小泉剪刀、西湖绸伞等艺术珍品。因此建设内涵丰富、雅俗共赏、科学健康的网络文化,可以把文化艺术渗透到城乡经济、政治、社会生活各个领域,潜移默化地塑造社区居民的社会主义核心价值观。群众文化作为中国特色社会主义先进文化的重要组成部分,既是推动社会发展的重要手段,又是社会文明进步的重要目标;既是凝聚人心的精神纽带,又是民生幸福的重要内容。充分发挥其社会功能,提升其建设水平,对疏导社会心理,规范社会行为,引领社会风尚,创新社会治理,化解社会矛盾,预防和控制犯罪,实现文化维稳具有重要的战略意义。

#### (二)传承和弘扬优秀的传统文化艺术

浙江城乡文化底蕴深厚,人文荟萃,有一大批著名作家、诗人、画家、科学家和革命老前辈,还有一些历史文化遗产和古迹等,那些承载了地方特色和民俗特色的群众文化,亟待发掘、整理、传承、弘扬,为城市社区和新农村建设增加文化内涵。浙江名人荟萃,如曾在遂昌为官的戏剧家汤显祖,绍兴的越王勾践、鲁迅,诸暨枫桥的王冕、陈洪绶、杨维桢等著名书画家、文学家,桐乡乌镇的茅盾,海宁的徐志摩,杭州的白居易、苏东坡等,既可用这些名人、历史古迹教育、熏陶城乡居民,又可作为旅游文化资源,开发富有诗情画意的"农家乐"、新农村、特色小镇,吸引游客和文人雅士前来旅游、观光,促进经济文化的发展,增加居民的收入。

#### (三)加强文化教育培训,提高城乡居民的文化水平和整体素质

开办书法绘画、诗词歌赋、文学艺术、科学技术、道德法制、医疗健康、

文化知识和政治理论等培训班,吸引年轻人带头参加,提高居民的阅读能力、欣赏能力和活动能力,提高居民的伦理道德及法制观念,提高城乡居民的文化水平和整体素质,为城市社区和新农村文化建设,为追求幸福生活的理想而不懈努力,从根本上维护城乡社会稳定。各级政府要定期轮流派一批干部下基层,动员大学生到农村为农民服务,对城市和农村涌现的文化积极分子进行选拔和培训,长期进行指导,使之成为城乡社区文化的带头人,并成为文化维稳的实践者。我省经济发展迅速,为城市社区和新农村文化建设奠定了坚实的物质基础。政府应定期下拨城乡社区文化维稳资金,将新农村建设成为"生产发展、生活富裕、乡风文明、村容整洁、管理民主"的基层文化阵地,最重要的是要培育新型农民和城市新居民(包括农民工落户城市),因此要在农村建设文化礼堂、图书馆、卫生所、青少年活动室、老年人活动室、电子阅览室或博物馆,建设篮球场、排球场、足球场、羽毛球场和乒乓球台等运动场所,吸引城乡社区居民尤其是青少年踊跃参加文化、娱乐、体育活动,提倡真善美的生活方式,防止黄赌毒和纠纷打架等违法行为的发生。2018 年 9 月 23 日,这天正是秋分,党中央决定设立"中国农民丰收节"。在喜迎首个"中国农民丰收节"前夕,浙江省第 10000 家农村文化礼堂启用,从 1 到 10000,仅用了 6 年时间。全省还计划每年再建设 3000 家,到 2022 年,覆盖 500 人以上的村庄,使其成为乡村最具特色的文化地标和农民的精神家园。我省打造的集思想道德建设、文体娱乐、知识普及于一体的农村文化综合体——文化礼堂,将成为培育社会主义核心价值观的殿堂,成为培养千百万新时代中国特色社会主义事业接班人的场所。

(四)组织哲学、人文社会科学和自然科学各学科专家学者深入基层

经常组织一批专家学者在城市社区和农村搞创作、搞科研、办培训班,普及科学文化知识。专家、学者定期、分批、轮流到城乡社区讲学、指导、培训社区居民和农民;同时调研、采风、写生,挖掘优秀传统文化和遗产,体验新农村生活和城市新面貌,了解新城乡居民个性,创作新作品;歌颂新居民、新农民,歌颂我省欣欣向荣的新发展;指导城乡居民开展文化艺术活动和科学种田。提升文化发展的品质,提升具有本民族传统内涵的、具有世界性的、能引领人们积极向上并开创未来的文化。民族文化的传承与文化

创新是一项庞大的系统工程,把传统文化资源转化为当代大众文化,转化为新兴艺术创作,转化为新兴电子媒介文化,为满足广大人民群众对文化的新需求,为文化维稳做出新贡献。

(五)加强城乡社区基层党组织建设

习近平总书记强调指出:"党的工作最坚实的力量支撑在基层,经济社会发展和民生最突出的矛盾和问题也在基层,必须把抓基层打基础作为长远之计和固本之策,丝毫不能放松。要重点加强基层党组织建设,全面提高基层党组织凝聚力和战斗力。要高度关注基层政权组织、经济组织、自治组织、群团组织、社会组织发展变化的特点,加强指导和管理,使各类基层组织按需设置、按职履责、有人办事、有章理事,既种好自留地、管好责任田,又唱好群英会、打好合力牌。"重点是健全基层党组织,发挥战斗堡垒作用,为文化维稳提供组织保证、夯实精神力量、完善政策措施、强化制度保障,发动与组织群众自己教育自己、自己管理自己、自己保护自己,即实行自治、德治、法治。民主选举基层领导班子,健全治保、调解等群防群治组织,组建和完善治安巡防体系。市级应组建由学者型领导、实际工作者和理论工作者参加的文化维稳研究会(群众性学术团体),定期确定主题进行调查和研讨,作为领导维稳的智囊团。各级干部要经常深入基层倾听群众意见与建议,畅通群众利益诉求表达渠道,公正、公平、公开处理各种事务,排查和化解各类矛盾纠纷。出台政策先要调查研究,广泛征求群众意见,代表广大群众根本利益,还要宣传到家喻户晓。创新社会治理,实施网格化管理,构建警务社区化,完善社区文化服务,营造留守儿童、留守妇女、留守老人的和谐环境。最大限度激发社会活力,最大限度减少不和谐因素。贯彻预防为主的方针,设定预警机制。研究和掌握犯罪活动规律,对新冒出来的极少数城乡社区边缘群体的违法犯罪行为,以及刑释人员和社区矫正对象,要进行道德、法制教育,在生活上关心、就业上安置,帮助其走劳动致富的道路;对触犯刑律、屡教不改的,要严肃依法处理,以显示法律的权威,同时仍然要继续教育、感化、挽救;对于犯罪团伙、黑社会性质组织和暴恐团伙务必露头就打,决不能让其坐大,以保障城乡经济文化建设顺利进行,维护社会稳定,保证群众安居乐业,维护和保障人权,加强和巩固基层政权。

文化维稳战略方案应纳入浙江省国民经济与社会发展的规划之中,有组织、人才、经费、制度的保障,才可能达到维稳成本较低而又长治久安的社会效果。

## 第三节　没有意识形态安全就没有国家政治安全和政权安全

2014年4月15日,习近平同志在主持国家安全委员会会议时强调,总体国家安全观须以人民安全为宗旨,以政治安全为根本,以经济安全为基础,以军事、文化、社会安全为保障,以促进国际安全为依托,构建以政治、国土、军事、经济、文化、社会、科技、信息、生态、资源、核安全等11个方面为一体的国家安全体系。而"枫桥经验"作为中国基层乡镇治理的一面镜子,它的经济发展和社会稳定,都不同程度地与上述安全内容有着直接或间接的关联。

### 一、"枫桥经验"蕴含着国家安全的思想内涵

政治安全涉及国家安全和人民安全之根本,涉及中国举什么旗,走什么路,坚持什么发展方向的大问题。1963年在社会主义教育运动中,枫桥人民在对"四类分子"进行教育改造时,坚持摆事实,讲道理,以理服人,不抓一人,矛盾不上交,就地解决,将消极因素转变为积极因素,得到毛泽东同志的充分肯定,从而诞生了"枫桥经验"。在坚持人民民主专政,正确处理"四类分子"问题上,枫桥人民创造了讲政治、重政策、用文斗等方式,使没有改造好的"四类分子"洗心革面,心悦诚服,收到良好的社会效果,有力地巩固了基层人民政权。

毛泽东同志曾说,所谓政治,就是把支持我们的人搞得多多的,把敌人搞得少少的。[①] "文革"以后,枫桥镇又率先在全国先走一步,试点给"四类分子"摘帽获得成功,随即向全国推广,从而极大调动了"四类分子"本人及

---

① 舒启明:《巩固和发展统一战线》,《光明日报》2017年11月14日。

其子女的积极性,进一步扩大和巩固了我们党的群众基础和执政地位,有力地配合了党的工作重心转移,激励亿万民众团结一心投入经济建设和改革开放热潮中去,使社会主义制度焕发出强大的青春活力和政治优势,国家安全在新形势下得到进一步加强和巩固。

随着改革开放的深入发展,社会犯罪,尤其是青少年犯罪频发,各种矛盾纠纷叠加,群体性事件不断,"枫桥经验"与时俱进,先后创新了"综合治理""稳定压倒一切",妥善处理好"改革、发展、稳定"三者之间的关系,充分运用"人民调解""行政调解""司法调解"三大途径,全力化解各种人民内部矛盾,力争"小事不出村,大事不出镇,矛盾就地解决",坚持专门工作和群众路线相结合、"打防结合,以防为主"的理念,从而有力地维护了政治安定、社会和谐、经济发展、治安有序的良好生态环境,人民群众的安全感、满意度和幸福指数有了明显提升。

当世界进入互联网时代以后,无论是"枫桥经验"还是国家的政治生态,都面临着新的安全形势和种种网络犯罪现象,尤其表现在意识形态领域。2013年恰逢"枫桥经验"诞生50周年,中央召开纪念大会,习近平同志还做出"把'枫桥经验'坚持好、发展好,把党的群众路线坚持好、贯彻好"的重要指示,在这样一个历史背景下,时隔半年多,安徽省公安厅原常务副厅长尹曙生在《炎黄春秋》杂志上,公开发表文章诋毁抹黑"枫桥经验",甚至影射攻击毛泽东同志。针对尹曙生捏造事实、全盘否定"枫桥经验"的错误行径,浙江学者奋起反击,写文章、开研讨会据理批驳,有关领导也明确指出,应对歪曲否定"枫桥经验"的人进行批评教育,如不改正应给予组织处理。围绕"枫桥经验"的这场论战,本质上反映的恰恰是两种不同政治立场、不同思想价值观的激烈斗争。早在毛泽东时代我们就提出防止帝国主义"和平演变"的战略,在1989年政治风波以后,邓小平又强调警惕美国和西方一些国家对我国"打一场无硝烟的世界大战",所指都是在思想文化战场和舆论主导权上的战略博弈,归根结底都涉及国家的意识形态安全,也即广义上的文化安全。

## 二、牢牢把握意识形态工作领导权

党的十八大以来,以习近平同志为核心的党中央反复强调党的政治纪律和政治规矩,在党的十九大报告中,习近平又再次强调"牢牢掌握意识形态工作领导权",因为意识形态安全直接关系到国家的政治安全、政权安全,关系到党运国运。改革开放以来,以美国为首的一些西方国家依然"亡我之心不死",国内外敌对势力互相呼应,图谋通过思想渗透,颠覆中国道路和我国社会制度,无论是美国战略大家布热津斯基的"奶头乐战略",还是希拉里想用互联网"扳倒中国",他们的目的都是与我国争夺话语主导权进而实现"颜色革命""屠龙中国"。类似尹曙生歪曲诋毁"枫桥经验"的谤文,仅是意识形态心战和不同价值观较量中的一个案例。相当一个时期以来,丑化党和国家形象,诋毁污蔑革命领袖、民族伟人和英雄烈士,歪曲党史国史军史的言论文章肆意蔓延泛滥,在广大党员和人民群众中造成了极大的思想混乱,严重影响到国家的政治安全和政权安全。一些人鼓吹"告别革命""宪政主义""阶级斗争学说是狼奶、垃圾",甚至大肆吹捧"台独"元凶蔡英文,在互联网上发表"精台独"言论,等等;还有大量针对青少年的暴力色情引诱、宗教迷信洗脑、媚俗恶搞、追钱追星炫富、资本绑架舆论等;同时还利用网络大肆从事黄赌毒、金融诈骗等犯罪活动。凡此种种充分说明,当今社会主要矛盾已转化为"人民日益增长的美好生活需要和不平衡不充分的发展之间的矛盾",阶级斗争已非社会主要矛盾,但在一个相当长的历史阶段依然存在,在一定条件下还可能被激化,敌视和破坏社会主义制度的敌对势力和敌对分子依然长期存在,社会主义与资本主义谁战胜谁的问题还远远没有解决。和平时期的意识形态领域就是无硝烟世界大战的主战场,我们党如果不高度重视意识形态领域的斗争,不牢牢掌握舆论阵地的话语主导权,就不可能有国家的政治安全和政权安全,中华民族的复兴伟业就可能被打断乃至被中途颠覆。

## 第四节 思想先导,守土有责,意识形态安全引领国家安全

意识形态关乎旗帜、关乎道路、关乎国家政治安全。能否做好意识形态工作,事关党的前途命运,事关国家长治久安,事关民族凝聚力和向心力。党的十九大报告再次强调"建设具有强大凝聚力和引领力的社会主义

意识形态"和"落实意识形态工作责任制"。说到底,意识形态工作太重要了,关乎党运国运、民族安危、人民福祉。

### 一、苏联的前车之鉴告诉人们什么

历史往往是知兴衰、明得失的最好镜子,曾经辉煌无比的苏联在一夜之间解体,党人国人理当警钟长鸣,引以为戒。关于苏联解体的历史研究和原因分析,近三十年来见仁见智、汗牛充栋,有人说是与美国进行"星球大战"计划比拼和军备竞赛拖垮的,有人说是计划经济体制僵化、发展滞缓造成的,也有人说是苏联形成了一个特权阶层,脱离人民造成的,还有人说是出兵阿富汗,被号称为"帝国坟墓"的阿富汗所埋葬的⋯⋯这些说法都有一定道理,但归根结底是意识形态领域问题,是苏联领导集团背叛了马列,背叛了人民,忘记了共产党人的初心和理想信仰所导致的必然恶果。1953年3月5日斯大林去世,按英国首相丘吉尔的说法,斯大林接手的是一个使用木犁犁地的落后农业国,但他身后留下的却是一个拥有核武器的工业化国家。然而在1956年2月14日苏共二十次党代会上,赫鲁晓夫的秘密报告本质上将斯大林全盘否定,把斯大林主政下的苏联描绘成一个黑暗的恐怖世界,极大地动摇了共产党的执政根基,造成了国际共产主义运动的严重思想混乱,以及东欧一些共产党国家的政局动荡。这实际上是35年后社会主义被彻底颠覆,苏联亡党亡国被推倒的第一张多米诺骨牌。1985年戈尔巴乔夫上台,重用雅科夫列夫等意识形态领域的西化人士,与叶利钦等反共反社会主义势力最终合伙埋葬了世界上第一个社会主义国家。中苏两国几乎都在20世纪80年代开始改革开放,中国和平崛起,苏联解体衰落,根本原因就是坚持还是放弃党的领导和社会主义方向,是坚持马列主义还是抛弃共产党人的理想信仰和意识形态。在这过程中,诚如毛泽东同志所说,"凡是要推翻一个政权,总要先造成舆论,总要先做意识形态方面的工作,革命的阶级是这样,反革命的阶级也是这样"。戈氏与苏共宣传部长雅科夫列夫大肆鼓吹的所谓"新思维""公开化""私有化""多党制"等,引发了动员、催化、瓦解党和人民思想意志,为颠覆政权推波助澜乃至致命的影响。

苏联的前车之鉴充分说明,意识形态领域谁胜谁负的问题最终决定一个国家、一个政权的兴衰成败。犹如拿破仑所说的那句名言,世界上拥有最强大力量的有两样东西——枪炮和思想,但从长远来看,枪炮终究会被思想战胜。苏联的经济总量曾达到美国的 70%,而其主要继承国俄罗斯,2017 年的 GDP 总量约为 1.47 万亿美元,只占美国约 19.4 万亿美元的 GDP 总量的 7.6%;中国经济总量在 1980 年的时候,只占美国的 6.6%,2018 年 GDP 为 13.5 万亿美元,约占美国经济总量的 66%。中苏两国截然不同的改革结果,雄辩地证明了一个真理:不同思想政治路线的选择,最终决定一个国家的成功与失败。俄罗斯人民因自身的错误选择付出了沉重且惨痛的代价,教训、反思、社会主义情结的回归正在广袤的大地上涌动,普京今日的强势地位,某种意义上也正是俄罗斯社会痛定思痛后的一种历史现象。

### 二、网络时代坚守意识形态阵地的历史责任

面对冷战后无硝烟的思想战争,中国怎么办?这是互联网时代对中国共产党人提出的历史拷问。一是党的各级领导必须牢牢确立没有意识形态安全,就没有政治安全、政权安全、国家安全的理念。只讲经济,只重经济,不讲政治,不重意识形态安全的领导,就不是一个称职与合格的领导,作为党的一把手尤其如此。二是对于各种思想阵地、舆论载体、媒介平台,尤其是网络舆情,必须高度重视和加强领导、引导,坚持守土有责,失土追责,党的一把手承担第一责任、负总责的方针。对于覆盖面广、社会影响力大的公众网站、社交平台等自办媒体,必须建立有效的规范、监督、引导、奖惩机制,促使其履行社会责任和弘扬主流价值观。三是锻造一支以马克思主义理论工作者、教育工作者为主导的红色网军。21 世纪网络世界已成为意识形态领域两军博弈的主战场,我们党如果不能在互联网上赢得民心,尤其是获得年轻人的思想认同和共鸣,如果不能掌握舆论话语权和主导权,我们就始终存在失败的可能性,就不可能维护党的执政地位和国家的长治久安。四是将全党思想整顿、立政治规矩作为党建的重中之重。办好中国的事情关键在党,而党的队伍是否坚强有力,关键又在于思想是否统一,方向是否明确。相当一个时期以来,党员思想涣散、混乱,党组织战斗力薄弱成为一个突出问题,个别党员甚至公开抹黑诋毁党和毛泽东同

志,鼓吹西方宪政,否定社会主义道路,或攻击诋毁邓小平同志,全盘否定改革开放。鉴于此,在全党深入开展马列主义、毛泽东思想、中国特色社会主义理论的学习教育活动十分重要,借此统一全党思想,并在此基础上整顿党员队伍,坚决把那些有二心,背叛党的信仰、宗旨的政治异己分子清除出党,以纯洁党员队伍,提高党的凝聚力和战斗力。五是党的思想宣传、理论工作者,党和政府的媒体评论者在是非原则问题上要当战士,敢于亮剑,对严重违法违宪,造成社会恶劣影响及后果的错误言论要严加驳斥,依法查处。当前意识形态领域往往有一种现象,对于某些错误思潮,甚至个别人的错误政治观点,有些党员不敢坚持党性原则,不敢运用马克思主义理直气壮地进行反击批驳,或者隔靴搔痒、轻描淡写地说上几句,没有战士血性和战斗锋芒,阉割了共产党人的革命精神,直接或间接地导致舆论氛围、社会生态环境恶化。"金钱至上""娱乐追星""娘炮"思潮泛滥,甚至网络黄赌毒、金融诈骗等犯罪活动猖獗,对青少年的健康成长和中华民族的未来产生了极大危害。国内外敌对势力千方百计进行思想渗透,挑拨诱导民众上访闹事,以所谓"维权"对抗党和政府,图谋动摇党的执政根基,破坏国家长治久安。对于损害思想文化、意识形态安全的风险挑战,我们必须坚决应对,决不能掉以轻心,麻木不仁,丧失斗志。对于涉嫌煽动颠覆国家政权,诬蔑诋毁毛泽东、邓小平及革命先烈和英雄人物,反对与破坏社会主义和改革开放的违法犯罪行为,必须依法依宪予以惩治。

第八章
# "枫桥经验"的人权观

习近平总书记在致"2015·北京人权论坛"开幕的贺信中指出："中国共产党和中国政府始终尊重和保障人权。长期以来,中国坚持把人权的普遍性原则同中国实际相结合,不断推进经济社会发展,增进人民福祉,促进社会公平正义,加强人权法治保障,努力促进经济、社会、文化权利和公民、政治权利全面协调发展,显著提高了人民生存权、发展权的保障水平,走出了一条适合中国国情的人权发展道路。"[①]

"枫桥经验"之人权发展道路,在理念上坚持中国共产党领导、人民当家做主和依法治国的基本原则,从"一切权力属于人民"的方针出发,尊重和保障人权;在职能上以努力建设一个"让人民满意的政府"为导向,树立"执政为民"的理念,创造良好法治环境、提供优质公共服务、维护社会公平正义;在实践中,为了防止政府权力在运行过程中侵犯和损害民众权力与利益,努力推行党务公开、政务公开、司法公开和各领域办事公开,让权力在阳光下运行。保障人民的知情权、参与权、表达权、监督权,不断强化党内监督、民主监督、法律监督、舆论监督,最大限度地防止权力侵犯权利。

---

① 《习近平致"2015·北京人权论坛"的贺信》,《人民日报》2015年9月17日第1版。

## 第一节 "枫桥经验"人权观的内涵与价值

浙江"枫桥经验"之人权发展道路,也就是中国农村最基层社会几千年形成的自成体系的以平民百姓为主体的人权发展道路。

### 一、"枫桥经验"的人权观

人权是人生应享有的、不可或缺的基础性权利,主要有四个属性:其一,"依靠广大群众,加强人民民主专政,把'四类分子'中的绝大多数人改造成为新人"。对表现不好的"四类分子"实行"一个不杀,大部不捉"的方针,依靠广大群众对他们实行监督、教育和改造,将敌我矛盾教育转化为人民内部矛盾,使之成为有用的社会公民。同时对刑满释放人员安置就业、帮教致富。"枫桥经验"从诞生之日始,贯穿其内涵的是教育人、改造人的方针,将"四类分子"解放出来改造成为新人。其二,对有轻微违法犯罪行为的人,特别是失足青少年,依靠和发动社会各方面力量,落实教育、感化、挽救措施,将他们教育改造成为社会主义现代化建设人才,从源头上减少犯罪因素,从而有利于控制刑事犯罪的发展。其三,坚持"预防为主,教育疏导,依法调处,防止激化"原则,完善矛盾纠纷排查调处工作机制,认真做好矛盾纠纷排查调处工作,尽量把矛盾化解在萌芽状态,避免矛盾激化为犯罪行为的发生。其四,用中国传统道德和诸暨名人资源为主要内容的社会主义荣辱观正面教育全体枫桥人,着重以名人的经历启迪枫桥人、以名人的精神感化枫桥人、以名人的品德感悟枫桥人、激励枫桥人努力完善自我,提升综合素质,丰盈心灵,培养社会主义核心价值观。以上四点就是"枫桥经验"最大的人权,也是"枫桥经验"人权观的具体实践。

### 二、人权保障的概念

人权保障的概念,强调的是人在其生存和发展中依其自然性和社会性所必不可少的权利,它是人的自然性和社会性、个体性和群体性的统一。人权的保障主要强调人权主体和客体两个方面。人权主体包括了个人和个人的延伸——特定群体与民族及国家,人权客体包括基本权利与非基本权利。人权保障也反映人权的普遍性,因为世界上有一百多个国家的宪法和法律均采用了"人权"这一概念。我们都知道不同国家、不同民族,甚至不同人群,都会产生不同的人权保障观。出于人热爱民主、自由、平等的本性,人对美好生活的追求和对自然和人为灾害共同防治的需求,不同国家的人权保障制度对人权的诠释不乏精辟见解,我们可以参考、借鉴,但不可当成圭臬。西方曾有一句谚语"条条大路通罗马",其所阐述的即这一原理:每个人、每个国家都可以根据自己的具体情况选择一条最适合自己发展的道路。我们讲的浙江"枫桥经验"之人权发展道路,不是一个由某个政党或政府人为塑造出来的产物,它的形成具有一条合乎逻辑的内生线索,是由几千年传承下来的特定地区民族特性、传统文化、社会制度和经济发展水平所决定的,是经过几代人的努力,吸纳了人类文明进程的成果,结合中华民族传统文化、近代革命斗争历史和当代社会实际形成的,是人权普遍性理念与农村最基层社会的特殊人权文化的吸纳和融通。尤其是毛泽东同志批示学习推广"枫桥经验"55周年、习近平同志做出重要指示坚持和发展"枫桥经验"15周年以来,浙江经济社会环境和条件发生了巨大变化,但是"枫桥经验"的为民初心始终没有改变,坚持党的领导,善于发动群众、紧紧依靠群众、密切联系群众的内在灵魂没有改变。换言之,"枫桥经验"人权保障道路是遵循我国社会发展的进程中内在蕴涵的历史和现实的逻辑而逐步成长起来的。人民是历史的创造者,实践是最好的老师。"枫桥经验"像一棵深深植根于泥土中的大树,永远都郁郁葱葱,生机无限。今天,人们需要的不是去盲目否定这些任何人为力量都无法改变的逻辑,而是努力加以探索和把握,从中找出"枫桥经验"人权发展道路形成的真实的内在根源,进而为这一道路的不断拓展和人权保障水平的不断提高提供具有建设性的正确方向。

## 第二节 "枫桥经验"人权发展道路经历三个发展阶段

"枫桥经验"之人权发展道路从整体上看属内生性发展的形式,其发展进程由农村基层社会的传统文化、西方人权观、马克思主义人权观的合理内容加以融通,使之成为源自枫桥原有内容又超越枫桥原有内容的水乳交融混合体。应该说中国传统文化是农村基层社会人权发展事业的内生性动力,是在现代人权发展事业的发展过程中始终贯穿的一条重要暗线,对其基底塑造和对外来思想的吸纳糅合、潜移默化地改造都起着重大作用。

### 一、传统文化本身通过吸纳、借鉴和融通自觉不自觉地对外域理论进行筛选

西方人权理论在中国农村基层社会难以兼容,不只是由于缺乏进入资本主义社会的必要经济、政治条件,还在于不同文化传统和不同话语体系的深层互斥,而马克思主义、毛泽东思想与农村基层社会传统文化能实现良好对接。如农村基层社会的传统文化追求"群"的融通和集体主义前提下的人道关怀,个人与个人之间是讲求"天理良心"善的道德伦理,而马克思主义也强调为绝大多数劳动者谋求福利,关注民生之共同体,提升个人的自我修养。因此"马克思主义、毛泽东思想与农村基层社会优秀的传统文化契合性",是其被"枫桥经验"的人权发展事业成功吸收的重要原因。[①]

### 二、农村基层社会的传统文化内核精神能够与外域人权理论之间缓冲润滑,筛选其合理的内容吸纳为本土文化

中华民族兼容并蓄的胸怀、中庸和谐的处世哲学,使其在面临外域人权理论时,能够相对宽和、客观地评价和吸收消化。农村基层社会经世致用、知行合一的传统文化是"枫桥经验"人权保障道路原初基因之所在,是我们能够在吸收、借鉴、融通的基础上,在超越、创新的过程中始终坚持的本根。

枫桥虽为绍兴诸暨下属的一个古镇,却是中原文化与古越文化的交融之地,是古越文化的源头,被誉为江南文明的摇篮之一。枫桥有极为丰厚的山水文化、耕读文化、儒家和理学文化,又有一种具博大胸怀和恢宏气度的大众民俗文化,有兼容并蓄的开放性文化。改革开放以来,特别是进入

---

① 房广顺、郑宗保:《马克思主义与中国传统文化相契合的当代选择》,《社会主义研究》2015年第 2 期,第 29 页。

全面建设小康社会、加快推进社会主义现代化的新时代,枫桥的干部群众始终坚持以马克思主义人权理论和毛泽东思想为指导,贯彻落实党的十八大精神,把生存权与发展权当作首要人权,把坚持发展"枫桥经验"之人权保障道路,作为贯穿经济建设、民主政治建设、法治建设和平安社会建设的主线,在人权保障事业的各个方面都取得了实实在在的效果。

### 三、"枫桥经验"的人权发展道路主要经历了三大历史阶段

第一个历史阶段是以毛泽东同志批示诞生的"枫桥经验"人权发展道路。中华人民共和国的成立使中国人民一洗一百多年来蒙受的屈辱,为中国的人权保障事业掀开了新篇章。与中华人民共和国成立前不同的是,以往全国范围的政权由封建军阀和国民党反动政府所掌握,内战连年,苛捐杂税繁重,百姓怨声载道,民不聊生。解放初期,国家一穷二白,中国共产党领导人民除了加强国防建设,还要解决人民大众的衣、食、住、行问题,以使人民大众的生存权有可靠的保障。为此,中华人民共和国的首要任务是要重视生存权、发展权。这也是"发展是硬道理"的原因所在。当然,发展不仅仅指经济发展,还包括政治、文化和社会发展。"枫桥经验"的人权发展道路正是抓住了这一主要矛盾,才使得农村基层社会的人权保障水平不断提高。毛泽东同志回顾革命历程时曾说过,新民主主义革命的规律,我们摸索了很长时间,付出了重大代价才得以认识和掌握,希望认识和掌握社会主义革命和建设的规律,不要花那么长时间。但事实并未如愿。在20世纪50年代中后期的社会主义革命和建设过程中,特别是史无前例的十年"文化大革命"原是吸取苏联的教训,出于反修防修的需要,是防止资本主义复辟的需要,可是,被林彪、"四人帮"利用篡党夺权。宪法确立的保障公民权利和政治权利的原则失去了正常的功能和保障效力,枫桥的治保人员被批斗、游街,干部被批为"反革命修正主义分子"。"枫桥经验"被批为"资产阶级人性论"。直到周总理在第十五次全国公安会议上讲话,"枫桥经验"才得到平反。枫桥干部群众始终坚持"枫桥经验",摆事实、讲道理,使公民的人格尊严不受侵犯。在给"四类分子"开展评审摘帽试点工作的过程中,枫桥的干部群众提出了"摘掉一顶帽,调动几代人"的观点。在教育改造流窜犯,帮教失足青年和一般违法人员过程中,枫桥的干部群众提

出了"立足于拉,着眼于教,不怕反复,持之以恒""不推一把拉一把,不帮一时帮一世"和"帮人要帮心,帮人要帮富,帮人要帮到底"的思想。这些朴素而又颇具真知灼见的人本思想和人文精神,无疑是具有仁爱侠义人文传统和爱说理好讼争禀性脾气的枫桥人民智慧的结晶。因此,这一历史阶段"枫桥经验"的人权保障,突显毛泽东同志求生存、求发展,"民为国本"的思想。其主要特征是摆事实、讲道理、改造人、转化人、帮教人,做到"矛盾不上交,就地解决",为巩固国家政权,加强社会主义建设,起到了普遍的指导作用。

第二个历史阶段是以邓小平理论为指导的"枫桥经验"人权发展道路。党的十一届三中全会后,邓小平对中华人民共和国成立以来国家建设的经验教训做出了深刻的反思。他及时做出了将党和国家的工作重心转移到经济建设上来的重大决策,并全面阐述了以"以人为本"为核心理念的建设有中国特色社会主义事业理论。他多次指出,"不坚持社会主义,不改革开放,不发展经济,不改善人民生活,只能是死路一条"[①]。在这一层面上,邓小平不仅在改革开放和经济建设中高度重视"以人为本"的基本理念,在推动民主政治建设和社会稳定等各个方面的工作中都通过"以人为本"有机地相互促进、相互推动,既不是仅仅体现在某些具体的问题上,也不是只在特定的情况下才加以强调。这正如他一再强调的那样,"各项工作都要有助于建设有中国特色的社会主义,都要以是否有助于人民的富裕幸福,是否有助于国家的兴旺发达,作为衡量做得对与不对的标准"[②]。正是因为始终从全局的高度来贯彻落实"以人为本"的思想,中国特色的社会主义建设事业才有可能取得今天这样的全面发展,我国也才有信心提出并有能力实现"在中国共产党成立一百年时全面建成富强民主文明和谐的社会主义现代化国家"[③]的宏大目标。

这一历史阶段的"枫桥经验"人权发展道路,除了改革开放,抓经济建设,脱贫致富之外,同时注意及时发现问题和解决问题,突显邓小平同志"稳定压倒一切"的理论,主要特征是预防化解矛盾纠纷,开展社会治安综

---

① 邓小平:《邓小平文选》(第3卷),人民出版社1993年版,第370页。
② 邓小平:《邓小平文选》(第3卷),人民出版社1993年版,第23页。
③ 胡锦涛:《在中国共产党第十八次全国代表大会上的报告》,人民出版社2012年版,第16页。

合治理,全力维护社会稳定,为推动改革开放事业、服务经济社会转型、让人民群众安居乐业,起到了积极的促进作用。

第三个历史阶段是"枫桥经验"的人权发展道路进入新时代。党的十八大以来,中国走上了特色社会主义建设的新时代,规划了人权保障事业发展的清晰的"路线图",这为中国人权保障事业迈向新时代指明了方向。党的十九大报告指出,我国当前的社会主要矛盾已经发生了历史性的变化,社会主要矛盾已经转化为人民日益增长的美好生活需要和不平衡不充分发展之间的矛盾。人民对美好生活的期待和需要日益广泛,尤其是在民主、法治、公平、正义、安全、环境等方面的要求日益增长。这集中表现为人民对平等与尊严的人权保障的需求。从全国范围来看,温饱生存的问题已基本得到解决,但发展的不平衡、不充分问题更加突出。从党的十九大报告中可以看出,我国进入人权保障事业发展的新时代的一个重大标志是,回应人民对美好生活的期待,推进公平、全面而均衡的发展,使人民平等参与、平等发展的权利得到充分保障,使人民享有尊严的生活,这也是我国人权保障事业的新起点与新要求。

这一历史阶段的"枫桥经验"的人权发展道路,突显习近平总书记"以人民为中心"、全心全意为人民服务的发展思想。主要特征是把坚持党的领导、人民当家做主和依法治国有机统一起来,坚定办好自己的事,为高质量人权保障事业的发展注入新的推力,助建人类命运共同体,展现负责任的"枫桥经验"形象。在社会治安方面主要是防控社会风险、平安法治建设、推动社会治理,做到"矛盾不上交、平安不出事、服务不缺位",为全面建设小康社会,建设平安中国、法治中国,实现人民群众对美好生活的向往,起到可靠的保障作用。

"枫桥经验"人权发展道路的三个主要历史阶段,契合了党与人民群众心连心,是领导人民站起来、富起来和强起来的伟大壮举,生动诠释了"民为国本"思想的真理性,同时也体现了"枫桥经验"人权发展道路与时俱进的时代特征。

## 第三节 "枫桥经验"人权发展道路的经验性成就和新态势

"枫桥经验"的人权发展道路最为重要的外在特征之一是具有发展性和动态性。枫桥人民群众从来不认为自己的人权状况已经达到了无可挑剔的完美地步,而是始终根据经济社会发展的现实可能对人权保障的方式和路径不断进行适应性调整。在动态的调适过程中,"枫桥经验"的人权发展道路也不断呈现出新的发展态势和导向。

### 一、"枫桥经验"之人权发展道路的经验性成就

从经验层面分析,毛泽东批示"枫桥经验"55周年,尤其是习近平对"枫桥经验"的批示15周年以来,"枫桥经验"的人权保障事业呈现给人们的是一条理念逐步清晰、步伐不断加快、方式更加多样、成效更加显著的轨迹,今天的枫桥进入了有史以来人权保障状况最好的时期,初步走出了具有人性的,守住道德底线、顾全大局的人权发展道路。这条道路展现给人们的经验性成就主要表现在以下几方面。

(一)人权保障意识在枫桥得到广泛普及,以合法有序的方式维护自己的权利成为民众的自觉行动

人权保障意识得到广泛培育并日益溶化于枫桥民众的日常生活之中,这是农村基层社会的人权保障事业的基础和前提。人权保障意识在本源上是一种蕴涵于农村社会深层的价值理念,只有民众都具备了这样的自觉意识,尊重和保障人权的理念才有可能真正内化于基层农村社会的发展与进步之中。如果一个基层农村社会的民众没有良好的人性观,不能顾全大局、守住道德底线的人权意识,即使有了自上而下构建起来的完备的人权保障制度,也难以营造出尊重人权、保障人权的现代文明社会特征。在此意义上,如果说55年前毛泽东对"枫桥经验"的批示导致基层农村社会人权保障意识的觉醒更多是一种与传统的内生性主体相适应的自发表现的话,15年前习近平对"枫桥经验"的批示则使枫桥基层农村社会民众的人权保障意识从更广泛视野和更多维视角展开,人权保障不再是少数人的话

语工具和舆论的宣传口号。从基层农村社会民众对政府信息的知情权诉求,到对公共事务的积极参与,从日益强烈的愿望表达到无所不在的权力监督,对人权保障意识的重视及普及程度都由此可见一斑。

(二)"以人为本"的理念为枫桥的人权保障事业奠定了核心宗旨和价值归宿

人权保障事业的发展是传统理念、现代制度和社会共识的有机整合,长期内化于社会主义建设的实践之中,最终通过现实社会的进步而得到体现。从现实意义上说,人权保障事业已融入人类政治文明潮流的历史过程中,在一个全新的国际与国内生态环境之中展开,以人为本,尊重"人的自由全面发展"的基本价值,如幸福与快乐、美德与良心、平等与自由、民主与公正、文明与和谐等现代价值理念,逐步构建成为以社会主义民主法治、自由平等、公平正义理念为核心内容的现代价值体系。这在客观上决定了枫桥镇政府在权力运行中必须从"以人为本"的宗旨出发,在理性的人权意识培育和制度规范的制定中发挥特殊的主导和引领作用。当然,这里的"人"不仅是指具体的某个人或具有特殊利益诉求的某个社会群体,更多的是指构成这个社会的主体中最广大的人民群众,只有人民大众从"以人为本"的价值体系中公平地分享到了经济发展带来的红利,才能确认人权保障事业已取得实质性的发展。50多年来,"以人为本"理念牢牢树立在枫桥社会人权保障事业中,对人的尊重和关爱日益成为人权保障制度建设、政策制定和程序设计的核心价值,尊重和保障人权的宪法原则在"以人为本"的执政过程中得到了切实的体现。

(三)枫桥人权保障事业的推进力度不断加强

人权的价值理念,蕴含着人类政治文明的主要精华,代表着人类政治文明发展的基本方向,是现代政治价值体系的核心内容。随着全球化时代的到来,各国的政治价值和文明在交流中冲突与融合,在相互比较竞争中得以超越和扬弃。在此意义上,近年来枫桥对社会主义民主法治、自由平等、公平正义理念的高度重视是推动人权保障事业不断发展的重要动因,无论是社会、经济和文化权利还是公民的政治权利保障,都得到了广泛而全面的推进。尤其是枫桥镇党委和政府提出了弘扬社会平等与公平正义等现代价值理念,其目的是使"枫桥经验"的人权保障事业走出诸暨、走出绍兴,在浙江大地遍地开花、结果,传遍祖国大江南北;更是要把"枫桥经验"推向世界,参与构建人类命运共同体这样宏伟的行动计划。

(四)枫桥人权保障的制度化和法治化水平不断提高

在当今这个风险社会中,流行的要尊重市场机制,减少政府介入的"新自由主义"和放弃党领导下"法律面前人人平等"的"法律党",给社会带来潜在未知安全隐患的可能性在不断增加,几乎影响到社会生活的各个方面及所有成员,且风险社会亦是灾难频繁的社会。在这风险社会中政府的职能要更加明确,行政权力要更加规范,因为人权不受尊重在很大程度上与立法和执法缺少代表天理民心、公平正义的相关行政与司法制度有关。近年来,枫桥镇政府和司法机关的法治化水平有了极大提高,无论是在经济和社会管理方面,还是选举方面或司法部门的刑事、民事的执法上等一系列涉及公民权利的方面,都把人权的保障有效纳入了法治的轨道。在保障经济发展与维护社会稳定等社会生活的各个领域和人权保障事业的各个方面实现有法可依,有章可循,尊重和保障人权的原则有机贯穿于行政和司法的各个环节之中,使得人权保障事业越来越有效地发展。

(五)经济社会的发展为枫桥人权保障事业提供了坚实的物质基础

人权保障事业的发展是经济发展与政治权利双向互动的结果,人权保障事业需要经济保障,经济能力的提高和社会的总体发展是人权保障事业发展的重要助推器。枫桥全镇有工业企业9556家,其中市级规模企业4家,年销售500万元以上企业32家,主要有纺织、服装、针织、玩具、建材、机械六大行业。枫桥衬衫、枫桥香榧闻名全国,枫桥还拥有以水果、茶叶、蔬菜、花卉、竹笋等为主的多个优高农业基地,被誉为"社会主义市场经济条件下新型乡镇的典型"。近年来,枫桥的经济保持一定的增长速度,经济实力也在提升。这不仅极大地提高了基层农村社会的生存权和发展权的保障水平,也使基层农村社会能够拥有更多的资源,改善基本公共服务体系以保障基本人权,维护社会公平正义,尤其是保障基本民生需求的教育、就业、医疗卫生、文化体育等领域的公共服务。

(六)枫桥的人权保障事业对政府权力的制约和监督力度不断加大

制约和监督机制是对行政权力在政治生活、经济管理和社会发展中产生强大的影响力,有效地、非强制性地防止与纠正可能出现的行政权力对社会的过度、不当干预。在现实社会生活中，一些权力集中部门和关键领域腐败案件易发多发，拥有公共权力的政府机构违纪违法案件时有发生，这主要是由于权力运行还没有得到有效的制约和监督。人权保障的重要目标是防止侵犯人权的行为发生，只有实现了对权力的有效制约和监督，才能最大限度地减少侵犯人权行为的发生。枫桥镇党委政府把完善权力运行制约和监督机制提升到了政府制度建设的高度，形成有权必有责、用权必担责、滥权必追责的制度安排。实行权力清单制度，公开权力运行过程和结果，健全不当用权问责机制，把权力关进制度的笼子，让权力在阳光下运行。构建起党内监督与外部监督相结合的监督体系，进一步发挥人大监督、政府专门机关监督、政协民主监督、司法监督的作用；健全信访举报工作机制，加强民众监督权力；加强舆论监督，及时处理回应新闻媒体及网络舆情反映的问题。这些措施为防范侵犯权利的行为发生创造了良好的条件。

### （七）枫桥日渐普及公众参与社会事务

公众参与是在涉及公众利益的社会经济活动中，公众在享受法律保障的基本权利，包括平等权、知情权、表达权、监督权、处置权等的基础上，更广泛地行使民主权利。公众参与政策的制定，有利于加强政策合法化，减少官僚主义和政策腐败现象，也有利于改善经济增长的质量，保障人权事业的发展。为了体现公众参与的民主性，枫桥镇政府提出大幅增强施政的透明度，对政府信息的发布给予革新和强化。全面扩大信息的覆盖范围，拓展公共讨论的空间，兼听各类不同意见，让社会各界、各阶层的民众，包括过去被相对忽略的社群，都能畅所欲言，彼此积极互动，使政府的政策措施，从酝酿到出台和实施、反馈，都能实现公众的全程参与，并取得广泛的民意支持。枫桥在这几十年来陆续展开古镇改造和村级规划、经济发展、土地、房屋、交通、教育等多项公开咨询活动，通过分类整理举办咨询活动的场次、公众和团体参与的人数以及咨询意见等，逐步完善了公众参与社会事务的量化统计。枫桥的政府部门从公开咨询、意见收集到决议完成，十分重视公众参与及意见表达，这可视为政府与民众就政策制定而进行的良性互动。比如，关于枫桥的古镇改造和新农村建设，民众的主流意见是应该先缓解公共社会设施的不足，满足人口增长带来的对公共设施的需求,优化及提升古镇的生活质量。民众提出古镇改造和新农村建设的方向应符合以下原则:可持续发展、绿色低碳、环保及推动城镇的多元发展。从这个例子中可以看出公众对涉及自身利益的社会事务的关注和意见的积极表达。

人权保障事业的发展是一个没有终点的历史进程,对于诸暨市枫桥镇这样一个处于发展进程中的基层社会而言,虽然人权保障事业建设取得了重大的进步,但要使每一个社会成员的各项基本权利都得到切实保障,每一个社会成员生活安定有序、充满活力、更有尊严、更加幸福,使人与自然和谐相处,仍然是一个长久的过程。1963年,毛泽东同志对"枫桥经验"作出批示:"要各地仿效,经过试点,推广去做。"2013年,习近平同志做出坚持和发展"枫桥经验"的重要指示。人权保障事业已经成为枫桥基层社会普遍关注的重大问题,人权保障事业的发展成为枫桥镇政府整体建设的有机组成部分和软实力提升的重要体现,枫桥对自己的人权发展道路更加自信、自省和自觉。这一点,不仅是枫桥镇政府和农村群众的集体共识,也得到了整个社会的普遍认同。

## 二、"枫桥经验"中的人权发展道路的新态势

人权保障事业的发展是一个超越现实的目标。因为一切国家在推动人权发展时都不得不面对自身的经济、政治、社会和文化现实,不得不在现实的条件下选择自己的人权发展道路和模式,人权必须与国家的保障条件相适应。一个基本的事实是,长期以自由为傲的美国在"9·11"后为了国家安全不得不对民众的自由施加了巨大的限制,在"爱国者法案"的名义下,人们的通信自由受到监视,言论受到限制。这一切又反过来验证了另一个判断,那就是人权并不像许多民众所认为的"人权是至高无上的",这也就是美国等西方国家的人权被一再指责为虚伪和双重标准的原因所在。

在当前,"枫桥经验"中的人权保障事业构成枫桥镇政府和基层组织建设和发展的有机组成部分,人权保障事业有助于推动基层农村社会建设的步伐。可以预料,经济社会权利的改善将成为今后一个时期枫桥镇政府人权保障事业的新亮点。以此为导向,枫桥镇政府和基层组织依法治理的意识和水平将逐步提高,侵犯人权的事件将进一步减少。由此可以肯定,"枫

桥经验"中的人权保障事业的总体形势处于一个相对平稳的时期,枫桥镇政府和基层组织在人权保障事业上将采取更加自信的态度,同时,枫桥镇政府和基层组织在治理过程中守法的程度和依法办事的能力也在逐步提高。在新的历史起点上,我们有必要关注"枫桥经验"中的人权保障事业新态势。

(一)创新社会管理体制是枫桥人权保障事业发展的主体要求和根本路径

党的十八大以来,在新时代人权保障事业的发展进程中,枫桥建立党委领导、政府负责、社会协同、公众参与的社会管理格局。枫桥镇党委将继续发挥引导、服务、凝聚的作用,探索和构建可持续发展的人权保障事业的建设方向;枫桥镇政府进一步加强人权保障的制度建设,并不断发挥公共服务作用,群众自治组织发挥协调利益、化解矛盾的作用;社团、行业组织和社会中介组织发挥提供服务、反映诉求、规范行为的作用。理性有序地发展人权保障事业成为枫桥社会的基本共识,创新社会管理体制,形成协同推进枫桥人权保障事业的新格局。把尊重和保障人权发展作为社会治理和经济发展的重要原则,并采取切实有效的措施促进人权事业发展,努力使广大人民群众的物质文化生活水平得到显著提高,政治、经济、文化、社会权益得到切实保障。

(二)循序渐进地推进是"枫桥经验"中人权保障事业发展的基本方式

人权保障事业发展必须把握三条原则:人权的自然性与社会性相统一;人权的普遍性与特殊性相统一;人权的具体性与历史性相统一。枫桥坚持"以人为本",既关注人权的目标层面,又关注人权的现实层面,将人的权利与社会发展有机结合起来,使人权的发展建立在更加坚实的政治、经济、文化和社会基础上。他们既注重按照当地的实际情况循序渐进地推进人权保障事业,又要优先保障人民的生存权和发展权,在这一循序渐进的过程中,枫桥政府从来没有在强调一种权利的同时忽视其他权利,而是注重根据枫桥经济社会发展的步伐来不断协调人权保障事业发展的重心,不仅重视保障人权,更加注重不断改善人权发展的生态环境,最终实现人权保障事业的全面发展。循序渐进地推进是过去55年来"枫桥经验"中人权保障事业发展的重要经验,今后仍将是"枫桥经验"中人权保障事业发展的基本方式。

（三）理性的人权意识和有序的维权行动是枫桥人权保障事业发展的必要性前提

自毛泽东同志批示学习推广"枫桥经验"55周年，尤其是习近平对"枫桥经验"作出批示15周年以来，枫桥基层农村社会民众追求平等、自由和尊严的权利意识不断增强，维权行动理性而有序。但同时也必须看到，在当今的风险社会中，"新自由主义"的思维定势造成"人权"观念带有明显的感情色彩，人们往往根据自身的个体利益的需求来决定自己的权利观念和行动取向，尤其是在与自己切身利益相关的问题上容易采取非理性的行动。而枫桥的人权保障事业比较强调人的道德性、社会性，以及个人对他人的依存性，比较强调个人权利与集体权利、权利与义务的相互联系，崇尚"己欲立而立人，己欲达而达人""己所不欲，勿施于人""人不独亲其亲、不独子其子，使老有所终、壮有所用、幼有所长，鳏寡孤独废疾者皆有所养"的集体人道主义理想。几千年来，这种理想一直是枫桥基层农村社会的重要精神财富，至今仍然是"枫桥经验"中人权保障事业的重要思想源泉之一。在今后，枫桥镇政府在如何培育民众理性的人权保障意识，促使其在法律规范的约束下有理有节地维护自身权益，越来越成为一个亟待解决的重大问题。

（四）对于个体权益的保护日益成为枫桥人权保障事业的重要方面

"枫桥经验"历经55个风雨春秋，跨越传统计划经济和社会主义市场经济两个历史时期，始终保持着旺盛的生机与活力。究其原因，就在于"枫桥经验"是一种超越时代的人本思想和人文精神的经验。在发展社会主义市场经济过程中，枫桥的干部群众提出了"要戴致富帽，先戴平安帽""酒乡衣乡，更要书香""办厂先育人，育人先留人，留人先留心"和"先做人，后做事"等思想。这些朴素又颇具真知灼见的人本思想和人文精神，蕴含和凝结着保护个体权益的思想，就是一切从最广大人民群众的根本利益出发，一切从人民群众的愿望、期待和要求出发，不断满足人民群众日益增长的物质、文化、安全需要，推动科学发展、促进社会和谐、实现人的自由全面发展。由于历史的原因，长期以来，枫桥基层农村社会对生存权、发展权等集体人权给予了高度的重视，现在随着农村经济发展水平的不断提高，枫桥基层社会也越来越关注民众个人权利的保障问题。事实上,枫桥一直坚持发展"枫桥经验",已经明确地发出了一个又一个的信号,那就是公民个人权利、政治权利的实现与生存权、发展权和经济、社会、文化权利互相适应、协调发展、稳步推进。

(五)弱势群体的权利保障引起枫桥政府更多的关注和重视

当今社会,农村社会结构发生了巨大变化,但多元的结构比例与阶层的分层是一个不争的事实,在当今日趋复杂的风险社会结构中,弱势群体的存在将在很长时间内难以改变;而且,弱势不仅仅指经济收入相对较低。在不同的年龄、地域、职业等经济社会生活的各个方面中都存在着不同形态的弱势群体,其长期处于劣势地位。枫桥基层农村社会的人权保障事业的发展,决定了必须强化对弱势群体的权利保障,这是基层农村社会进步的客观要求,也是全体社会成员平等参与、平等发展的权利能得到切实保障的具体表现。枫桥政府在这方面要承担更大责任,发挥更大作用。

(六)坚持人权发展道路在多元基础上构建人类命运共同体

人权主体主要是个人,但是在现实生活中,个人生活在群体之中。"人权"强调的是人在其生存和发展中依其自然性和社会性所必不可少的权利,它是人的自然性和社会性、个体性和群体性的统一。而人权文化也是多元的,在多个交集的文化价值中求得"同心共解"是人类共同性的问题。我国传统社会所强调的"己所不欲,勿施于人""己欲立而立人,己欲达而达人"等观点在儒家思想的共识背景下,获得了一种"和而不同""以和为贵"的解决之道。习近平主席在 2015 年 9 月 28 日出席第 70 届联合国大会的讲话中指出:"和平、发展、公平、正义、民主、自由,是全人类的共同价值,也是联合国的崇高目标。"[①]但面对一个挑战层出不穷、风险日益增多,纷繁复杂的风险社会,我们对人权保障观念的理解需要一种整体性的解释结构,来获得全球性的理论与实践的认同。人类命运共同体的建构原则和发展路径,是契合现代人权保障中的"多元"属性的特征的。

---

① 习近平:《携手构建合作共赢新伙伴 同心打造人类命运共同体》,《人民日报》2015 年 9 月 29 日。

### 三、人类命运共同体是一个容纳世界所有民众的人的集合体，自然应当成为构建和坚守的共同价值体系

人权保障价值理念在构建人类命运共同体所需的价值体系中是不可或缺的。小到一个家庭、村落，大到一个民族、国家，乃至由国家组成的"国际社会"，任何一种共同体都需要某种或者多种要素作为联结的纽带，借此使得共同体得以维持和运行。人权保障事业是构建人类命运共同体所需的共同价值，这是历史的启示，也是现实的需要。共建的四个关键词是平等（发展）、合作（共赢）、安全（共治）、包容（互鉴），这是在人类命运共同体框架内解释多元人权保障的四个重要支点。

枫桥在人权保障事业上的一贯立场是根据枫桥基层农村社会实际情况进行人权保障事业建设，同时也始终以开放的心态加强对全省乃至全国基层农村社会治理领域的交流与合作，"枫桥经验"要走出诸暨、走出绍兴，在浙江大地遍地开花结果，要传遍祖国大江南北，而且要走出国门面向世界。平等、合作、安全、包容的人权保障事业的发展将成为"枫桥经验"今后的重要任务。

关于这四个多元的人权保障事业的新态势，我们的理解是：

第一，平等是"枫桥经验"人权保障事业的多元价值属性。我们发现一个不争的事实：全国各地所建立的人权保障体系均有各自特色，存在着明显的不可通约性。如果以"潮流"的观念来理解，全国各地某种特色的人权保障体系是多元价值的正当性，是根据当地实际情况做出的理性选择，是在普遍人权保障意义下的某种特殊性，是我国内部多元价值的一元，具有包容性的大一统结构，是"各美其美，美美与共"意义上的平等，既能够保持差异，又能保持统一。因此，多元是当今社会面临的基本事实，无法回避的选择也是当今社会的基本状况。这是现代社会经济发展不平衡性、人类需求不统一性的真实写照。因此，人权保障事业必须要平等地对待每一种有特色的人权保障制度，理性选择就成为一种必须，以求得在理论和实际上的和谐统一。

第二，合作是"枫桥经验"人权保障事业的多元利益属性。改革开放虽然极大地解放了人的生产力，但又付出了人性观、传统道德观极大异化的代价，人类文明的交汇已走到量变到质变的临界点，它要继续人的自我解

放,又要把过度膨胀的人改变成能够和谐共存的人。因为人类只有一个地球,我们只能生存在一个社会空间。因此,人权保障事业也要求我们建立多元利益共存的合作底线。

第三,安全是"枫桥经验"人权保障事业的多元权力属性。人权保障事业既是当地社会范畴内的事务,也是当地民众根据自己的意志和努力来决定的一种制度。正是这一点给予了当地民众一种资格——创制出符合当地文化传统和特定历史条件下的人权保障制度,由此促成了各区域人权保障事业多元化的格局。所以要尊重各地的文化传统习惯,并在当地社会经济发展的范围内,由当地政府协调发展、稳步推进社会民众的个人权利的实现。因为,当地政府统一领导可被视为一种对于个人基本权利保障的"安全阀"。因此,"安全"作为当地政府的核心利益,构成了多元人权保障制度的权力基石,同时也是共建人类命运共同体应当遵守的治理底线。

第四,包容是"枫桥经验"人权保障事业的多元文化属性。我国是一个多民族的国家,几千年来孕育着各自的人权保障基本价值理念,这些人权观念都带有鲜明而不同的民族文化特征。从人权保障的角度来说,由于不同的民族文化作用,人权保障制度也没有一个绝对统一的模式进入人类政治文明的历史潮流中。对人权保障标准的制定和判断,也不能以单一文化中的价值和道德取向为唯一参照物。但是,人类的整体性、共存性、利益的共同性是建立和维护一个社会、一个国家及国际秩序的伦理支持和价值依托。因此,人类命运共同体必然要把握普遍性与特殊性关系的基本价值和内在规律,把尊重、包容和促进人权保障事业作为自己的最高宗旨和目标,同时,要为人权保障事业的发展和进步提供真正的广阔平台。"枫桥经验"现代价值理念就在于实现全社会正义、人权保障和可持续发展方面的真正合作,推动全人类的生态环境走向更加文明、更加美好的明天。

<br>

第九章
## "枫桥经验"的法治化

习近平总书记就深入推进平安中国建设作出重要指示强调,法治是平安建设的重要保障。政法综治战线要认真学习贯彻党的十八届四中全会精神,把政法综治工作放在全面推进依法治国大局中来谋划,深入推进平安中国建设,发挥法治的引领和保障作用,坚持运用法治思维和法治方式解决矛盾和问题,加强基础建设,加快创新立体化社会治安防控体系,提高平安建设现代化水平,努力为建设中国特色社会主义法治体系、社会主义法治国家做出更大贡献。

"枫桥经验"作为我国基层治理的重要示范,一直因其与时俱进的特点而保持着旺盛的生命力。在新的历史机遇期,国际国内形势的波谲云诡、我国社会矛盾的持续变动以及新兴科学技术的不断迭代,对"枫桥经验"的传承提出了全新的时代需求,而法治精神的注入正是"枫桥经验"对这些需求的有力回应。"枫桥经验"的法治化旨在提倡将群众路线与法治思维、法治方式相结合,充分融合公、检、法、司等司法行政机关以及一切可以运用的社会力量解决社会各类纠纷,从而达到良法善治的和谐目标。[①]

在这些力量中间,人民法院是守住社会公平正义的最后一道防线,同时也负担着衔接各种解纷力量、对接各类解纷要素的重要任务,因而其构成了建设多元化纠纷解决机制的关键一环。[②] 多年来,以上海市长宁区法

---

① 周望:《"枫桥经验"与群众路线法治化》,《中国浦东干部学报》2014年第4期。
② 邹伟:《正确理解在司法案件中的公平正义》,《人民法院报》2015年5月20日。

院为代表的基层人民法院在超大城市学习、推广"枫桥经验"的基础上,在司法为民、化解矛盾方面做出了众多有益的探索和实践,为多元化纠纷解决机制改革提供了可复制、可推广的经验。因此,准确诠释"枫桥经验"的法治内涵与制度发展,并将其持续用于指导人民法院的司法改革工作和司法为民机制,既具有极强的理论引领价值,更具有无比重要的现实指导意义。

## 第一节 "枫桥经验"的法治内涵演进

"法治"一词之于"枫桥经验"而言,构成一种相伴相生、逐步密切之关系。在"枫桥经验"渐进演化的 55 年中,虽然在不同的历史时期对"法治化"的理解与诠释略有差异,但其核心内涵从未改变,那便是坚持中国共产党的群众路线不动摇,在解决社会矛盾、完善社会治理方面坚持法治方式、法治思维,坚决相信群众、依靠群众。而新时期"枫桥经验"在定纷止争方式上的全息性、联动性和多元性的三大特点与中央一直倡导的多元化纠纷解决机制不谋而合,正是因为"枫桥经验"与法治化的密切联系,其理所当然地成为人民法院建构、完善多元化纠纷解决机制的指导样本。

"枫桥经验"系源于浙江诸暨、闻名全国的基层社会治理经验,是基层干部和群众集体智慧的结晶。它诞生于社会改造和阶级斗争的年代,初始阶段具有强烈的政治化色彩,其后随着时代的发展变迁,它的法治内涵不断充实:由对敌和平斗争改造的经验,发展为处理人民内部矛盾的法治经验;由政治斗争的社会实践,发展为社会治安和犯罪防控的司法实践;由专注治安和刑事的司法应对,发展为包括民事调解在内的社会综合治理法治模式;再由社会综合治理法治模式,发展为促进社会各方和谐发展的法治思维与法治方式。由此,我们将"枫桥经验"的发展阶段大致分为社会改造时期、综合治理时期和法治建设时期等三大时期。①

---

① 刘靖北:《"枫桥经验"的当代价值及对新形势下群众工作的启示》,人民网,2013 年 11 月 21日。

### 一、社会改造时期的"枫桥经验"(1963—1978 年)

"枫桥经验"诞生于人民公社时期,1963—1978 年是我国历史上的社会改造时期,也是"枫桥经验"诞生和发展的第一阶段。1963 年伊始,中共中央决定在全国农村普遍开展社会主义教育运动。同年 5 月,毛泽东在杭州主持召开了中共中央政治局常委的扩大会议,讨论起草了社教运动的纲领性文件《关于目前农村工作中若干问题的规定(草案)》,提出要把绝大多数"四类分子"改造成新人,浙江省的诸暨与萧山、上虞等县一道成为此次"社教运动"的试点地。[①] 同年 10 月,公安部来试点区域视察时发现,诸暨县下的枫桥区实现"不捕人"的目标,于是将这一情况向毛泽东同志汇报反映,毛泽东听后很高兴地肯定了枫桥当地的做法,并说:"这就叫矛盾不上交,就地解决。"[②] 根据毛泽东的指示,时任公安部副部长凌云带领调查组赴枫桥调查;调查核实后起草了《诸暨县枫桥区社会主义教育运动中开展对敌斗争的经验》,这就是最初的"枫桥经验"。[③]

1963 年 11 月 17 日—27 日,二届全国人大第四次会议召开,公安部做了题为《依靠广大群众,加强人民民主专政,把反动势力中的绝大多数人改造成新人》的发言。11 月 20 日,毛泽东在审阅该稿时做了重要批示:"此件看过,很好,讲过后,请你们考虑,是否可以发至县一级党委及县公安局,中央在文件前面讲几句介绍的话,作为教育干部的材料,其中应提到诸暨的好例子。要各地仿效,经过试点,推广去做。"1964 年 1 月 14 日,中共中央发出了《关于依靠群众力量,加强人民民主专政,把绝大多数四类分子改造成新人的指示》,把"枫桥经验"推广至全国。[④]

这一时期的"枫桥经验"主要是对敌斗争的经验,是改造"四类分子"的经验。它的核心内涵就是"发动和依靠群众,坚持矛盾不上交,就地解决,实现捕人少,治安好"。虽然这一时期的"枫桥经验"并没有与法治紧密联系,但我们可以看到,从一开始,"枫桥经验"就表现出对和谐秩序的追求,

---

① 刘力伟:《坚持和发展"枫桥经验"坚定不移走人民治安道路》,《公安研究》2013 年第 10 期。
② 柴俊勇:《懂得"枫桥经验"的真谛》,《联合时报》2013 年 10 月 18 日。
③ 余钊飞:《"枫桥经验"的历史演进》,《人民法院报》2018 年 11 月 19 日。
④ 余钊飞:《"枫桥经验"的历史演进》,《人民法院报》2018 年 11 月 19 日。

它通过发动和依靠群众,开展说理斗争,倾向于教化而非惩戒,这正是法治精神的内在体现。

## 二、综合治理时期的"枫桥经验"(1979—2004 年)

随着时代的发展、条件的变化,"枫桥经验"演变为一种促进群众矛盾化解、基层社会善治的经验。这种经验着眼于法治建设的本土传统与现代法治文明的内在统一。比如,在民事纠纷调解中,当地的村规民约起着至关重要的作用,而这些村规民约,上合国家大法,下合社情民意,这也是"枫桥经验"具有生命力和普遍价值的重要原因。[①]

1978 年,全国百废待兴,即将进入改革开放新时期,这一时期改造"四类分子"的中国基层社会治理基本任务已经完成。1979 年 5 月,公安部重新组织走访了枫桥镇,调研发现,枫桥镇的干部群众又一次交出了惊喜答卷:随着党的工作重心的转移,枫桥镇的干部群众及时把"枫桥经验"的着力点放到维护社会治安上面。枫桥镇注重农村治保会建设,树立"治保会自己动手破案、依靠群众搞好安全防范"的好典型,实现"捕人少、治安好、产量高"的新要求。"枫桥经验"开始逐渐向构建"群防群治"的综治经验转变,面对日益复杂的治安形势和社会变化,枫桥的广大干部坚信:依靠群众管治安,加强社会防范机制,归根到底是要提高人民群众的素质,增强群众自己管理的能力,"群防群治"的社会治安综合治理模式由此得到确立。

从 1978 年开始到 21 世纪初,"枫桥经验"的主旋律一直是社会治安综合治理。随着改革开放的深入推进,我国的社会结构和主要矛盾也在发生深刻的变化,人民日益增长的物质文化需要和社会生产之间的矛盾日益突出,加之东中西部的开放程度不一样,社会贫富差距不断拉大,社会的犯罪率在不断上升。这一时期的枫桥镇在党政领导和各部门的协调一致下,依靠广大群众,强化法治和教育,打击和预防犯罪,维护社会稳定。"枫桥经验"的法治内核也在实践中不断丰富,"党政动手,依靠群众,立足预防,化解矛盾,维护稳定,促进发展",预防化解了各类矛盾纠纷,出现了"矛盾少、

① 刘靖北:《弘扬枫桥经验蕴含的精神和内涵》,《中国组织人事报》2013 年 11 月 22 日。

治安好、发展快、社会文明进步"的良好局面,为基层治理尤其是广大农村地区的稳定和发展提供了保障。①

### 三、法治建设时期的"枫桥经验"(2005年至今)

2004年,时任浙江省委书记习近平提出,要构建"平安浙江",将浙江省打造成全国法治文明高地。枫桥镇又一次抓住了这一历史机遇,根据省委省政府的要求,对这一项工作进行全面落实,提出"平安枫桥"的口号。"平安枫桥"进村落户,在枫桥镇的大街小巷推广,抽象的"平安"概念被分解到具体的工作事务中,如进行平安村、平安社区、平安企业、平安校园、平安医院、平安市场、平安矿山和平安路段的八创建活动。2006年4月26日,中共浙江省第十一届委员会第十次全体会议通过《中共浙江省委关于建设"法治浙江"的决定》,积极推进综治网络建设,把综治工作覆盖到全社会。② 2008年11月24日,全国范围的"枫桥经验"45周年纪念大会在浙江召开,会议指出"枫桥经验"的基本内涵和精神实质是:"发挥政治优势,相信依靠群众,加强基层基础,就地解决问题,减少消极因素,实现和谐平安。这是一笔宝贵财富,要一以贯之坚持,不断丰富发展,与时俱进创新。"③

2013年,在推广"枫桥经验"50周年纪念大会上,习近平总书记做出重要批示,要充分认识到枫桥经验的重大意义,发扬优良传统,适应时代要求,创新群众工作方法,善于运用法治思维和法治方式解决涉及群众切身利益的矛盾和问题,把"枫桥经验"坚持好、发展好,把党的群众路线坚持好、贯彻好。至此,全国范围再次掀起学习"枫桥经验"的热潮。④

一直以来,在法治建设领域,国家自上而下的依法治国战略一到基层社会便会碰到阻力,这种阻力既有经济社会的客观环境方面的制约,更有传统思维以及民众观念上的制约。法治离农村的距离感和隔阂感始终是

① 张光:《"枫桥经验":坚定正确选择,与时俱进发展》,《公安学刊:浙江公安高等专科学校学报》2013年第3期。
② 王辉:《"枫桥经验"演进逻辑与社会管理现代化》,《绍兴文理学院学报》(哲学社会科学版)2013年第6期。
③ 徐镇强、何彩英:《"枫桥经验"研究述评》,《中国人民公安大学学报》(社会科学版)2013年第4期。
④ 《与时俱进创新发展"枫桥经验"》,《法制日报》2013年10月26日。

客观存在的,如何避免"依法治国"到"依法治市""依法治县""依法治村"被层级化壁垒所钝化,需要寻找恰当的结合点。在这一方面,枫桥的干部群众是非常有洞察力和智慧的,那就是找到了"村规民约"这一突破口。村规民约其实就是口语化的法律道德规范,村民自治组织其实就是田间地头的"调解员",甚至是"法官"。枫桥镇基层矛盾化解、社会治理的经验,让人们看到当刚性的法律注入柔性的力量,会发挥更大的作用和效果,能够使法治思维、法治力量真正注入社会基层。

## 第二节 "枫桥经验"解纷功能的法治特征

半个多世纪以来,"枫桥经验"经历了从对敌斗争到社会治安综合治理,再到基层纠纷解决机制的进化。[1] 在不断的进化过程中,其法治内涵在不断丰富,但其所体现的法治特征和精神实质是不变的。

### 一、坚持党的群众工作路线

"枫桥经验"随着社会实践的发展而发展,始终与时代同频共振,尽管一些具体做法深深地烙上某些特定时代的痕迹,但其"一切为了群众,一切依靠群众"的核心与灵魂始终未变,其中蕴含的精神实质和实践价值,对于新时代走好群众路线、创新社会治理发挥了十分重要的作用。这种群众工作路线主要体现在以下三点:[2]

第一,"尊重人、关心人、爱护人"的人本精神。"枫桥经验"产生于"左"倾严重的年代,但当地人们没有打人,没有捕人,更没有杀人,而是通过说服教育的办法,把"四类分子"改造成为社会主义新人。这无疑体现了对人的生命的保护,对人的尊严的尊重。

第二,"一切从实际出发"的求实精神。在社教运动初期,枫桥的部分干部群众也希望采取激烈斗争的方式,但当地党委坚持实事求是的科学态

---

[1] 于语和、潘天驹:《"枫桥经验"的解纷功能简论》,《湖南警察学院学报》2014年第5期。

[2] 刘靖北:《"枫桥经验"的当代价值及对新形势下群众工作的启示》,人民网 http://qzlx.people.com.cn/n/2013/1121/c365474-23616325.html。

度,既不照搬别人的做法,也不回避当地的矛盾,因地制宜、尊重规律。

第三,"既合大法又合民意"的善治精神。在具有强烈政治化色彩的年代里,枫桥通过开展说理斗争,实现了既不捕人又治安好的目标。这一经验做法具有"上符国家法律精神、下合社情民意"的特征,表现出对和谐秩序的追求,是善治精神的具体体现。

1963年10月,当毛泽东同志得知"枫桥经验"后当即予以肯定,要求各地学习推广"枫桥经验"。这是共产党人在进京"赶考"不久后,对社会主义建设初期现实国情的冷静思考,是毛泽东同志带着胜利之师跨进历史凯旋门后对群众工作做出的重要决策,也是党对群众工作历史经验与教训的深刻总结。"政之所兴在顺民心,政之所废在逆民心。"团结一切可能团结的力量,巩固党执政的群众基础,要求党必须在经济、政治、文化等方面采取相应的政策。习近平总书记对"枫桥经验"的两次重要指示,为新的历史条件下创新群众工作的方法指明了方向、提供了依据,体现了中国共产党人对群众工作面临新问题的深刻洞察,彰显了对"人民至上"价值追求的历史担当,表明了对执政本质和规律的科学认识。当下贯彻党的群众路线,就是要适应经济社会发展的要求,把群众路线与法治方式结合起来;就是要坚持运用法治思维和法治方式解决涉及群众切身利益的矛盾和问题;就是要将人本精神、求实精神和善治精神融入法治思维和法治方式中去。

## 二、"矛盾不上交,就地解决"

55年前,浙江诸暨枫桥镇干部群众在社会主义教育中创造的"依靠和发动群众,坚持矛盾不上交"的做法,得到了毛泽东同志的肯定。"坚持矛盾不上交"是一种担当精神,在当时"以阶级斗争为纲"的大气候中,枫桥镇保持比较清醒的头脑,在困难面前不偷奸要滑、问题面前不瞒天过海、矛盾面前不自欺欺人,而是坚持从人民的根本利益出发、从党性原则出发,顶着压力也要干好应干的事,冒着风险也要担好应担的责任。

为了实现矛盾不上交,枫桥镇建立了一套完整的社会解纷机制,解决经济发展中出现的矛盾纠纷。其中,由多主体的社会机构参与和主持矛盾纠纷化解,实现矛盾纠纷的源头治理,是"枫桥经验"的题中之义。

### (一)充分重视特色社区调解建设

社区调解是解决城市基层矛盾纠纷的第一站,由综治组织牵头,法院、信访、公安、司法行政等机关、部门积极对接,推动"无讼无访社区"等特色社区创建,落实辖区内社会矛盾纠纷的源头化解,能够健全自治、法治、德治相结合的城市基层社会治理体系,有效提升城市基层社会治理能力。

### (二)加快完善行业调解组织

行业调解组织对于化解行业纠纷发挥着重要作用,明确行政主管部门承担行业调解组织建设的行政管理职责,将行业矛盾纠纷化解工作成效纳入行政部门负责人的履职考核。为引导当事人选择调解方式解决行业纠纷,在相关行政主管部门提供的行业示范性合同争议解决条款中增加引导选择行业调解的内容。

### (三)推动培育社会化解纷机制

其一,重点推动建立社会化运作的"律师调解工作室"制度,推动律师调解社会化运作,将是社会化调解的发展方向;其二,充分挖掘公证在预防矛盾纠纷方面的潜力,减少纠纷源头;其三,积极发挥仲裁在处理商事纠纷中的职能,建立仲裁调解、仲裁与诉讼的衔接机制,引导当事人自主选择仲裁解决矛盾纠纷,有效提升仲裁的社会影响力。

### (四)着力推进在线矛盾纠纷化解平台的实践运用

运用在线矛盾纠纷化解平台,实现"一次都不用跑"的目标,是缓解矛盾纠纷的一个"减压阀"。在传统线下调解的基础上,将线下调解组织搬到线上,促进线上线下资源整合,并通过线上平台统一资源展现、统一对接机制、统一培训考核、统一数据管理,实现线上线下调解资源的全面对接,提升社会治理的智能化水平。

## 三、运用法治思维、法治方式

运用法治思维和法治方式预防化解社会矛盾,加强基层社会治理体系建设,提升基层社会治理的法治化、现代化水平,是新时代"枫桥经验"所蕴含的重要内涵,是推进全面依法治国重大战略的应有之义。"枫桥经验"中的法治思维和法治方式,对于创新群众工作方法,加大依法治理力度,完善工作机制,不断提升新形势下群众工作能力和水平具有重要启迪。

一方面,必须把依法办事与思想教育相结合。切实做到群众诉求合理的解决到位、诉求无理的思想教育到位、生活困难的帮扶到位、行为违法的依法处理到位;完善行政复议、仲裁、诉讼等法定诉求表达机制,努力让群众的合理诉求先调解,然后再通过法定途径解决;要加大法制宣传教育力度,引导群众既依法逐级反映诉求,又遵守法定程序,服从合理合法的终极处理结果,维护正常信访秩序。[①]

另一方面,必须把群众路线与法治方式结合起来。运用法治思维和法治方式预防化解社会矛盾,是创新精神的必然要求,按照依法治国、依法执政、依法行政共同推进,法治国家、法治政府、法治社会一体建设的要求,积极营造办事依法、遇事找法、解决问题用法、化解矛盾靠法的法治环境;领导干部要带头学法、守法,做到有权必有责,用权受监督,违法必问责;要研究实行诉讼与信访相分离,把涉法涉诉信访纳入法治轨道,让群众切实感受到只要依靠法律、按程序,就能公平公正有效地解决问题;要从群众的视角观察问题,引导群众自觉把法律作为指导和规范自身行为的准则,依靠法律手段解决矛盾,运用法律武器维护权益。

## 第三节 "枫桥经验"与人民法院多元化纠纷解决机制

当前,我国正处于经济社会全面发展的战略机遇期和社会矛盾的凸显期,在改革开放和经济发展过程中,伴随着利益多元化、冲突复杂化以及社会的法治化,"诉讼爆炸"现象随之而来。"诉讼爆炸"的现实危机使纠纷无法迅速得到解决,不利于及时维护当事人的合法权益,同时也会导致人民法院压力过大,解决纠纷效率不高,难以发挥其重要的社会功能,由此决定了社会对多元化纠纷解决机制的迫切要求。"调解在先"是"枫桥经验"的主要内容之一,强调按照"以人为本"的理念,发挥多元化纠纷解决机制的优势,通过各种诉讼外解决方式来恢复社会和谐的人际、邻里、宗族关系,

---

① 刁兴泽:《"枫桥经验"中的法治思维和法治方式》,人民网,http://theory.people.com.cn/BIG5/n/2013/1024/c40537-23316207.html。

从而维护社会稳定,实现社会和谐的终极价值。因此,"枫桥经验"的这一重要法治内涵成为支持人民法院构建多元化纠纷解决机制、解决诉讼矛盾的重要理论依据。

## 一、人民法院推广"枫桥经验"的必要性

### (一)社会矛盾呈现多元化态势

新形势下,社会矛盾纠纷不断涌现,呈现出"主体多元化、类型多样化、内容复杂化"的新趋势。

(1)纠纷主体多元化,群体性纠纷数量激增。纠纷主体从过去的单一性主体为主发展成现在的多元性主体激增态势。所谓单一性主体之间的纠纷,是指公民个体之间的矛盾,而多元性主体之间的纠纷是指公民与组织、企事业单位、民间团体之间的矛盾。同时,多元性纠纷的广度、主体所从事的行业区域都在不断延展,纠纷的诉求从物质矛盾到精神赔偿再到产权维护,明显趋向多元化。

(2)纠纷类型多样化,"三跨三劳"纠纷数量增多。"三跨"纠纷,即跨地区、跨行业、跨单位纠纷,"三劳"纠纷,即劳动、劳务、劳资纠纷。这些纠纷涉及面广、数量大、利益相关方多、利益主体成分复杂,一旦处理不好,就容易引起群体性的上访现象,把矛盾转嫁到社会与政府,不利于社会的稳定与和谐发展。

(3)纠纷内容复杂化,矛盾纠纷呈现出繁复、持续和反复的特征。许多矛盾纠纷同时涉及民事、经济、行政和刑事方面的内容,还夹杂着当事人合法与不合法的诉求,存在很多不确定的因素。在过去,民间纠纷以家庭琐事、债务纠纷居多,大都可以通过居委会或村委会调解解决。然而在社会转型时期,矛盾纠纷呈现出更加复杂多变的局面,越来越多的人选择通过司法途径解决纠纷,加大了法院的压力,司法资源也不能够被合理利用。[①]

### (二)司法诉讼资源与纠纷激增不对称

由于经济的迅速发展和全球化进程的加快,"诉讼爆炸"现象已经出现

---

[①] 楼烨玲、周伯煌:《基于"枫桥经验"的新时期社会矛盾多元化解决机制探析》,《湖北函授大学学报》2015 年第 8 期。

在我国的社会生活之中。"据有关研究:平均大约 1% 的经济增长,会带动
1.6% 的案件增长。"[①]分析这一现象的形成原因,主要是"依法治国"基本方
略的实施和法治思想逐渐深入人心,人们维权意识越来越强,越来越多的
人开始选择拿起法律武器保护自己,维护自己的合法权益。但同时也加大
了法院的压力,因为大多数人心中用法律维权的途径都只是停留在到法院
提起诉讼,造成法院的案件越来越多,产生了现在愈演愈烈的"诉讼爆炸"
现象。而有限的司法诉讼资源面对"诉讼爆炸"的现实危机往往无能为力,
这一方面使得纠纷无法迅速得到解决,不利于及时维护当事人的合法权
益;另一方面也导致法院压力过大,解决纠纷效率不高,难以发挥其解纷的
社会功能。

（三）固有纠纷解决机制不成熟

我国虽然已经存在方式多样的纠纷解决机制,但总体来看,现行的纠
纷解决体系解决纠纷的效率不高,结构、布局不合理。一方面,随着我国教
育水平的提高以及人们法治意识的加强,过于倚重诉讼解决纠纷的观念一
时难以改变。[②]另一方面,各种诉讼外纠纷解决方式发展得不太平衡,如人
民调解制度在有些地区的实践作用不突出,甚至形同虚设;再如多数地区
专业的诉讼外纠纷解决方式发展缓慢,消费者纠纷和医疗事故纠纷以及知
识产权纠纷、保险索赔等调解解决机制要么运作不畅,要么付之阙如。

## 二、人民法院推广"枫桥经验"的重要意义

（一）传承:"枫桥经验"的全息性

"枫桥经验"中"坚持矛盾不上交,就地解决"的具体做法彰显了枫桥镇
在矛盾纠纷解决方面的一大特点,就是全息性。从某种程度上而言,纠纷
一旦产生便会使原有社会群体和个体之间的社会关系受到损伤和解体。
如果强行通过法院审判的方式去解决纠纷,这种损伤和解体可能会成为不
可逆转的伤害。结果往往是解决了暂时性和阶段性的问题,呈现出"程序

---

① 赵杨杨:《中国语境下的诉讼事件非讼化》,《成都理工大学学报》(社会科学版)2015 年第
4 期。
② 楼烨玲、周伯煌:《基于"枫桥经验"的新时期社会矛盾多元化解决机制探析》,《湖北函授大
学学报》2015 年第 8 期。

化"和"非人格化"的法律"应然"景观。① 法院审判应当是解决社会纠纷的最后一道防线,是一种"断崖式"的处理方式,如果一开始就使用这种功能,可能导致纠纷尚未解决而"断崖式"的伤害却已造成不良后果,会让纠纷处于无法解决的状态。"枫桥经验"的解纷功能就体现了弥合社会关系的特征,使矛盾纠纷从源头上得到化解和治理,具有全息性特征。

传承"枫桥经验"解纷功能的全息性,要求人民法院尤其是基层人民法院将矛盾化解向诉前延伸,做到"小事不出门、不出基层、不出社区"。基层法院不但要重视诉讼职能的构建,还要重视诉前调解功能的完善,在司法实践中因地制宜地进行分流引导、司法确认、委派调解,助力修复当事人之间破损的社会关系,真正做到让当事人服判息诉。基层法院要进一步加强人民法庭诉调对接工作,积极引导和激发当事人自愿选择调解方式化解纠纷,将人民法院的司法主导与基层自治相结合,把矛盾纠纷化解在基层社区、化解在萌芽状态、化解在诉讼之外。认真总结提炼推广新时代"枫桥经验",深入推进司法体制综合配套改革,着力推动多元化纠纷解决机制改革向纵深发展,不断夯实城乡社区群众自治组织在矛盾化解中的基础性作用,切实提升城乡基层社会治理现代化水平,有效实现法治与德治、德治与自治、自治与共治的有机统一,是当前和今后一个时期各级人民法院面临的一项重要任务。

(二)发展:"枫桥经验"的联动性

"为了群众,依靠群众"是"枫桥经验"群众路线的最核心内容,体现"枫桥经验"的解纷功能关照到了群众之间既有的"共同体关系",这就需要纠纷解决的第三方要全面、整体地了解纠纷产生的客观事实。要实现这一目标,单凭一方力量往往很难实现,因此社会治理格局中纠纷解决机制发展的理想状态,应是实现调解等解纷组织的社会"联动性""自治化",支持和鼓励律师、公证、仲裁等解纷组织联动运作,构建竞争有序、诚信自律、自我管理的社会解纷体系,促使解纷组织在社会化运作中提升自身发展能力。实现社会化解纷机制的长效发展,有必要实行"联动性"和"有偿性"运作,

---

① 任建通、冯景:《纠纷解决与基层社会治理——以"枫桥经验"为例》,《社会科学论坛》2016年第1期。

当事人或行业调解组织购买解纷服务,解纷组织通过提升解纷服务的专业化水平来获得竞争优势和市场认可,双向促进社会化解纷机制的发展。

作为法治语境下纠纷化解的"终结者",学习、发展"枫桥经验"解纷功能的联动性是人民法院发挥职能的应有之义。全国各级法院不仅是国家法治建设的主力军,也是创新发展新时代"枫桥经验"的重要实践者、推动者,必须推动多元化纠纷解决机制改革等方面积累更多可复制、可借鉴的新时代"枫桥经验":在多元化纠纷解决机制改革的过程中,人民法院要与行业组织、民间团体、志愿者、律师协会加强联系,通过创新方式、优化服务等方式形成合力化解纠纷,将法院的诉前调解功能延伸到社区和各个行业组织中去。通过积极培育解纷市场、动员最广泛的专业解纷力量、打通不同解纷组织之间的壁垒、充分利用互联网新技术等手段,创新探索以人民调解与行业调解为基础、以社会化调解为核心、以在线调解为方向的新时代"枫桥经验",实现不同解纷组织之间形成合力、不同解纷手段之间互为补充、不同需求主体自由选择的解纷效果。

(三)创新:"枫桥经验"的多元性

"多元性"是新时期"枫桥经验"的发展创新,不仅强调调解、公证、仲裁、诉讼等各种纠纷解决方式的发展完善,更重要的是打破各调解组织各自为政的现状,织就一张功能互补、相互衔接、密不可分的解纷网络,从而满足社会主体日益多样化的解纷需求。具体地说,通过诉调对接机制、司法确认程序等,建立诉讼程序与诉讼外调解程序之间的流转对接;通过解纷职能外包,促进市场解纷机制与行业解纷机制的融合发展;通过在线调解平台的接入发展,促进线上线下资源的整合;通过与平安综治考核机制挂钩,激发解纷组织的解纷能动性。

学习与推广"枫桥经验",要求各级法院进一步完善矛盾纠纷多元化解协同机制,积极会同地方党政机关、行业团体、基层组织落实诉调对接工作机制,吸纳不同领域的社会力量参与矛盾纠纷调解,建立常态化人民调解员联合培训机制,不断完善从行政调解、人民调解、行业调解、律师调解到司法调解,最后由诉讼终局裁判的全覆盖、网格化多元解纷体系。同时,要强化诉讼服务中心多元解纷功能,完善诉讼服务中心诉调对接区、信访区、律师工作区等功能区域建设,畅通诉前委托调解渠道,对道路交通事故、医疗、物业等专业性、行业性明显的纠纷,积极引导至行业协会、专业调解组织、仲裁机构等进行专项调解。

## 第四节 多元化纠纷解决机制的发展障碍

"枫桥经验"之所以历久弥新,一方面是因为其本身在长期的发展过程中不断地与时俱进,另一方面也说明当今社会矛盾纠纷仍然是迫切需要解决的问题。就人民法院工作而言,当前我国的矛盾纠纷解决机制仍不完善,多元化纠纷解决机制在发展过程中面临不少障碍和困境,其中缺乏立法的引领与支撑,缺乏互联网背景下的司法应对和司法便民机制较为薄弱,是目前该机制在发展中急需正视和解决的三大困境。

### 一、缺乏立法引领与支撑

枫桥经验中的法治规范化是一条重要的改革经验,即立法在法治进程中占有至关重要的位置,从运用法治思维和法治方式推进全面深化改革的要求看,立法工作的关键是要着力发挥引领和推动作用。[①] 而目前多元化纠纷解决机制却总体缺乏立法的引领与支撑,具体存在以下三个方面的问题。

### (一)规范性框架未成体系

我国多元化纠纷解决机制改革经历了从探索试点到示范推广、从基层实践到理论升华、从改革政策到制度构建的十多年的历程,基本搭建起"党委领导、政府主导、社会参与、多元并举、法治保障"的工作格局,在实践中已经发挥了巨大的社会治理功能,体现了中国特色社会主义制度的优越性。在中央的统一部署下,以法院系统为主要推动力量的多元化纠纷解决机制改革成果,很大程度反映在《民事诉讼法》修改、《人民调解法》出台,以及《仲裁法》《劳动人事争议调解仲裁法》等法律的制度完善中。2015 年 12

---

① 丁祖年:《运用法治思维和法治方式推进全面深化改革——兼论增强立法引领和推动作用的路径》,《法治研究》2014 年第 2 期。

月中共中央办公厅、国务院办公厅发布的《关于完善矛盾纠纷多元化解机制的意见》和 2016 年 6 月最高人民法院发布的《深化多元化纠纷解决机制改革的意见》,总结吸收了十年改革成果,对构建多元化纠纷解决体系具有里程碑式的意义。但是,这些改革成果存在框架缺乏系统性、改革措施分散单薄、立法基础薄弱等问题。在多元化纠纷解决机制建设中,单项的法律规定无法解决职能部门众多杂乱、各自的职责功能划分不够清晰、纠纷解决途径发展不平衡、规范标准不够严谨、调解仲裁与诉讼等各种解纷机制之间不够协调等问题,亟须制定一个综合性的多元化纠纷解决机制建设法律,才能让中央的改革政策得到立法支撑。[①]

### (二)欠缺法治化的治理体系

多元化纠纷解决机制作为社会治理体系中的重要组成部分,需要职能主体和利益主体的多元参与,共同制定发展目标,由各主体平等协商、相互作用,整合多元力量,构建衔接机制,畅通系统运行,打造共建共治共享的社会治理新格局。这是中国社会必须由"管理"迈向"治理"的根本原因所在,也是法治社会建设的现实背景和基本主题。所以,完善中国特色的多元化纠纷解决机制,必须要推进多元化纠纷解决机制建设的立法进程,对于多元化纠纷解决机制的规范不能仅停留在政策层面,必须上升到立法层面,这是实现国家治理体系和治理能力现代化的重要内涵。[②]

### (三)部门间配合不协调

多元化纠纷解决机制的外部环境仍有待改善,有的地方认为多元化纠纷解决机制改革是人民法院的工作,支持力度不够。有的地方行政机关、司法机关、行业性调解组织等单打独斗,各管一块,相互沟通衔接不够,没有充分发挥化解矛盾的整体合力,导致社会基础较为薄弱。各地多元化纠纷解决机制改革工作也存在发展不平衡的问题,有的地方工作开展得有声有色,也有的地方工作还相对滞后,诉调对接平台、对接机制建设进展缓慢,致使非诉讼纠纷解决组织与法院的工作对接还不够顺畅。部分人民调解组织存在组织松散、调解水平不够的情况,没有发挥出调处矛盾纠纷第

---

① 龙飞:《多元化纠纷解决机制立法的定位与路径思考》,《华东政法大学学报》2018 年第 3 期。

② 同①。

一道防线的作用。一些社会性的调解组织之间存在职能重叠、权限交叉，容易产生多头处理、重复调解、迟延推诿等问题。① 囿于当前非诉讼纠纷解决方式的效力保障机制尚不完备，诉讼仍然是公众普遍认同的最终的，甚至是唯一有效的纠纷解决途径。

## 二、缺乏互联网背景下的司法应对

随着互联网的高速发展，"互联网＋"为基层社会治理创新插上了技术翅膀，实现智慧治理，打造"枫桥经验"升级版。信息技术作为纠纷解决机制的第四方使得在线替代性纠纷解决机制（Online Alternative Dispute Resolution，以下简称 ODR）应运而生，随着矛盾纠纷从简单走向立体，化解手段从单一转化为多元，调解方式也应当从线下走到线上。许多地方利用信息化手段打造网络便民平台，引入在线调解机制，构建高效便捷、灵活开放的调解网络。② 最高人民法院在《深化多元化纠纷解决机制改革的意见》第十五条中明确指出，要根据'互联网＋'战略要求，推广现代信息技术在多元化纠纷解决机制中的运用。推动建立在线调解、在线立案、在线司法确认、在线审判、电子督促程序、电子送达等为一体的信息平台，实现纠纷解决的案件预判、信息共享、资源整合、数据分析等功能，促进多元化纠纷解决机制的信息化发展。目前法院在互联网背景下的司法应对措施中还存在以下问题。

### （一）互联网思维尚未深入

目前法院在建构 ODR 平台时对"互联网＋"的认知较为浅显，仅停留在购买先进设备、应用软件层面，导致硬件设备已经完成了信息化改造，但对在线纠纷解决机制的探索止步不前，此皆因没有理解"跨界融合、创新驱动、重塑结构、尊重人性、开放生态和连接一切"的理念。③ 在工作推进过程中，有时因刻意强调技术应用、刻意追求硬件等设施而忽视了用户体验，没

---

① 刘黎明：《浅议法院多元化纠纷解决机制运行过程中出现问题及完善建议》，中国法治网，http://www.cermn.com/art326649.aspx，最后访问时间 2018 年 7 月 22 日。
② 王斌、王倩：《互联网背景下的多元化纠纷解决机制——司法引领在线纠纷解决机制发展之路径探析》，中国法治网，https://www.chinacourt.org/article/detail/2018/01/id/3148034.shtml，最后访问时间 2018 年 7 月 22 日。
③ 陈国猛：《大力推进在线纠纷解决机制建设》，《人民法院报》2016 年 12 月 28 日。

有在软件运用与法律规定一致性、便利性等方面做更加深入的思考。

（二）多元一体化在线纠纷解决机制尚待建立

我国在线纠纷解决机制发展起步晚，ODR平台较少，平台功能不完善，而各平台之间又相互分立。同时，在平台建设、机制运行、衔接等方面缺乏统筹，宣传也往往不到位，使得大部分当事人在遇到纠纷时仍然将诉讼作为首要且唯一的解决途径，导致我国ODR机制未能发挥应有的作用。如何将这些ODR平台、机构有效整合，形成多元、一体的纠纷化解合力，有待进一步探索。

（三）线上审限优势不明显

从目前一些法院发布的线上审理等规定来看，其诉讼期限基本严格对照了《民事诉讼法》的相关规定，且因部分时间节点的规定不够明确，使得在纠纷解决的时间成本与线下法院相比上并无明显优势，只减少了当事人往返法院的时间成本。

（四）信任缺乏及欺诈风险

通过面对面的沟通交流，当事人容易对调解员或法官产生信赖，但在线纠纷解决方式淡化了当事人对调解员或法官的信任感，在处理一些家事纠纷或触及当事人隐私的纠纷时线下调解可能更容易成功。另外，纠纷的在线化解程序，因当事人缺乏对庄严的法庭环境的直观感受，加之线上的庭审方式一定程度上增加了对证据真实性审查的难度，可能诱发更多的虚假诉讼。

## 三、司法便民机制较为薄弱

"枫桥经验"的核心价值理念是以人为本，司法服务也应当秉承这一理念。最高人民法院《关于人民法院进一步深化多元化纠纷解决机制改革的意见》中，将便民作为多元化纠纷解决机制改革工作的总原则之一："坚持以人为本、自愿合法、便民利民，建立高效便捷的诉讼服务和纠纷解决机制。"《最高人民法院关于进一步做好司法便民利民工作的意见》中也指出："坚持和发扬'枫桥经验'，发挥人民法庭在多元化纠纷解决机制中的纽带作用，努力实现矛盾纠纷的就地化解。推进以中心法庭为主、巡回审判点为辅的法庭布局形式，优化人民法庭布局，构建便捷高效的司法服务网络。"然而,目前法院的便民工作在实施过程中存在以下问题。

(一)法院便民联系点不深入

目前法院在多元化纠纷解决机制中的便民工作主要体现在巡回审判、巡回调解工作上。所谓巡回审判、调解,是指人民法院为方便人民群众诉讼,根据本地实际情况,深入乡村及交通不便、人员稀少等偏远地区,就地开庭、就地调解的一种审判方式。尽管巡回审判、调解制度建立时日已久,但是因为其法律地位不够"显赫",在贯彻落实中容易被打折扣,导致出现流于形式的问题。在基层法院案多人少的现实背景下,一些基层法院开展巡回审判、调解只是为了完成工作指标,对巡回法官的人选安排、审判时间的设置等具体环节不够重视,便民联系工作并不深入,巡回审判、调解方便群众诉讼、节约群众诉讼成本的作用没有得到真正发挥。

(二)工作制度不够完善

巡回审判工作的法律依据为《民事诉讼法》第一百二十一条和《最高人民法院关于人民法庭若干问题的规定》第十八条,但这些只是一个框架性、原则性的法律条文,没有相应的实施细则。在实践中,大多数法院还未建立相对完善的巡回审判制度,有的尽管有工作制度,但仅规定了一些原则性、导向性的意见,没有具体的组织保障、工作制度、对接方案等细则。因此巡回审判、调解工作在一些法院里只是被当作一种政策性的工作,巡回办案时有时无,并未被制度化、常规化。

(三)法官职责范围不清

目前巡回审判、调解的工作制度中仅原则性地规定法官应承担审判、调解的职能,没有更多涉及指导人民调解、民意沟通、法治宣传等延伸职能方面的内容,因此未实现该项工作的效能最大化。同时在如何承担这些职能方面也没有具体的操作指引,造成巡回审判、调解工作随意化、宽松化,责任落实不到位,在一定程度上限制了这项工作的发展和完善。


## 第五节 新时期"枫桥经验"的制度拓展

习近平总书记在谈到城市治理时指出,走出一条符合超大城市特点和规律的社会治理新路子,是关系上海发展的大问题。"枫桥经验"就是这样一条新路子。习近平总书记还指出:"要持续用力、不断深化,提升社会治理能力,增强社会发展活力。要强化依法治理,善于运用法治思维和法治方式解决城市治理顽症难题,努力形成城市综合管理法治化新格局。要强化智能化管理,提高城市管理标准,更多运用互联网、大数据等信息技术手段,提高城市科学化、精细化、智能化管理水平。要加快补好短板,聚焦影响城市安全、制约发展、群众反映强烈的突出问题,加强综合整治,形成常态长效管理机制,努力让城市更有序、更安全、更干净。要发挥社会各方面作用,激发全社会活力,群众的事同群众多商量,大家的事人人参与。"①

在新的历史时期,人民法院要全面贯彻党的十九大精神和习近平总书记新时代中国特色社会主义思想,一方面要关注"枫桥经验"在新时期的新发展、新动态,另一方面也要立足多元化纠纷解决机制前进道路上的障碍与困境,以锐意进取的精神将两者有机地结合起来。广大基层法院应当立足审判实践,自觉从维护社会和谐稳定、促进经济社会发展的大局出发,坚持学习"枫桥经验"的法治内核,把群众路线与法治方式结合起来,运用法治思维和法治方式预防化解社会矛盾,建立与完善多元化纠纷解决机制,实现诉讼内外各种纠纷解决机制的功能相济、有效衔接与整合,真正发挥好社会矛盾"调节器""减压阀"的作用,积极打造实践与发展"枫桥经验"的城市基层法院模式,努力实现法律效果和社会效果相统一。

传统"枫桥经验"依靠群众就地化解矛盾,是矛盾纠纷化解的"浙江经验",是司法便民的"浙江特色",是社会治理的"浙江智慧",对于新时代社会治理模式的完善仍然具有现实意义。顺应时代发展新趋势,结合城市发展新特点,将传统"枫桥经验"升级为新时代"枫桥经验",打造现代化驱动、社会化配置、专业化治理、智能化运用的纠纷解决机制,是对传统"枫桥经验"的再发展,是传承浙江经验、创新浙江特色、深化浙江智慧的社会治理理念的新转变。新时期"枫桥经验"有新发展,枫桥镇干部群众发挥集体智慧和力量,将"全息性"融入"便利化",将"创新性"融入"体系化",将"联动

---

① 习近平:《在参加十二届全国人大五次会议上海代表团审议时强调 践行新发展理念深化改革开放加快建设现代化国际化大都市》,《人民日报》2017年3月6日第1版。

性"融入"网络化",将"多元性"融入"规范化",开创了"枫桥经验"发展的新局面。

## 一、将"多元性"融入"法治规范化"

时至今日,枫桥镇已经大致形成"党委领导,政府引导,法治保障,全民参与"的一体式网格化纠纷解决体系。枫桥镇上下除了已经建立的"老杨调解室""暨中老陈专业调解""江大姐调解室""娟子工作室"等533个人民调解组织以外,还在积极打造乡土精英治理模式,积极发挥乡贤反哺桑梓、凝心聚力、教化村民的作用,乡镇级成立乡贤联合会,各村成立乡贤参事会,积极引导乡贤参与民主决策,充分发挥其在经验、资金、人脉等方面的优势,协助规划和处理公共事务,变少数人议事为众人决策。乡贤广泛参与矛盾调解,组织成立老干部、老党员组成的乡贤"老娘舅"队伍,协助镇村开展民事纠纷调解。令人感到惊讶的是,这些数量惊人的纠纷解决组织并不是无序野蛮生长的,均是以法治规范化为核心,以村规民约的制度化为前提,有严格的调解程序和调解逻辑。

推进法治规范化运行,就要从源头上树立基层群众的法治意识。"枫桥经验"告诉我们,村规民约是软法,完善村规民约就是完善软法的治理体系。2015年,枫桥镇推动各村修订村规民约,内容包含村级治理的突出问题和村风劝导。通过"软法"约束,对基层中普遍存在的不讲规矩但又够不上违法处罚的行为进行制约,轻则批评教育、舆论谴责,中则黑榜公布、微信曝光,重则取消资格(如取消入党、建房审批资格)、损害赔偿等。经过近三年的推行,民风大大提升,村规民约的"软法"作用显露出来。同时,枫桥镇还在原有基础上实行"村规民约积分管理制",加强正面引导,对照"村规民约"制订加减分细则,激发群众新活力。

## 二、将"创新性"融入"立法体系化"

将新时代学习"枫桥经验"的新经验,经过提炼和实践检验,逐步法治化,不仅可以通过如制订村规民约或居民公约这样的"软法",而且可以通过如政府颁发行政法规,或通过人大立法这样的"硬法",或作为立改废释的参考。如果说国家整个立法体系是一棵树,那"硬法"就是根基,"软法"

就是枝叶,根基稳固方能枝繁叶茂。所有对"枫桥经验"的创新都应当在这个根基上进行,否则就是"无源之水,无本之木"。创新和发展"枫桥经验"综合治理的理念,必须依靠法治思维和法治方式,依法调处矛盾纠纷。目前,我国有关这方面的立法体系尚不完善,加强多元化纠纷解决机制的立法工作,是依法治国、推进法治的需要,是现代社会治理的需要,也是推进多元化纠纷解决机制改革工作中至关重要的一环。关于这项工作,已有一些地方先行先试,因此人民法院应适时地向中央立法机关提出立法建议。

(一)这是依法治国、推进法治的需要

为全面加快推进依法治国的步伐,党的十九大报告指出,全面依法治国是国家治理的一场深刻革命,必须坚持厉行法治,推进科学立法、严格执法、公正司法、全民守法。其中,公正司法不仅仅要保证实体上的公正,还要保证程序上的公正。而多元化纠纷解决机制的完善,可以赋予当事人在诉讼和非讼纠纷解决机制之间以充分的程序选择权。通过其对诉讼与非诉讼纠纷解决机制的权衡与比较,由其做出理性的选择,可以使其"接近正义"得以最大地实效化,进而实现程序和实体的双重正义。

(二)这是现代社会治理的需要

在新的发展形势下,认真贯彻落实党中央和习近平总书记关于社会治理的重要精神,就必须紧紧围绕"人"这个核心,积极创新基层社会治理理念和模式,推进"德治、法治、自治"建设,不断探索基层社会治理的有效路径。其中,自治是德治、法治的目标,重点解决治理的具体形式和载体问题。而多元化纠纷解决机制的构建,是实现自治的重要途径。因为一套完善的多元化纠纷解决机制,能够为纠纷的各方主体提供更多选择。趋利避害是人的本性,鉴于各种纠纷解决方式在成本投入上的差异,一个理性当事人往往会首先依靠个人力量解决纠纷,其次是借助社会的力量,只有前两种方法均不奏效时,才会考虑借助国家的力量来解决纠纷。上述递进式层级纠纷解决方式,体现了社会自治的理念,有利于化解社会矛盾,减轻国家解决纠纷的压力。可见,在推进德治、自治、共治的过程中,多元化纠纷解决机制的确立构成了社会治理的重要一环。

(三)可采用先地方再中央的立法路径

目前一些省市已经先行先试,出台了关于多元化纠纷解决机制的地方立法。如2015年4月1日,厦门市人大常委会审议通过《厦门经济特区多元化纠纷解决机制促进条例》,这是中国第一部促进多元化纠纷解决机制的地方性法规。其后在2016年7月,国内第一部省级多元化纠纷解决机制地方性法规《山东省多元化解纠纷促进条例》出台。黑龙江在2017年10月,福建在2017年11月也分别出台地方性法规。据了解,四川、安徽、吉林等省也正在酝酿过程中。在已有的这些地方立法经验上,中央立法机关可以选取具有全国普适性的做法,进而酝酿出台多元化纠纷解决机制的中央立法。

### 三、将"联动性"融入"智能网络化"

为进一步健全多元化纠纷解决机制,枫桥镇通过部门联动,有效整合人民调解、行政调解、司法调解、社会调解资源,充分发挥公、检、法、司在纠纷化解工作中的积极作用。在设立枫桥镇联合调解中心的过程中,提出打造调解工作的"最多跑一次"。通过"一窗受理、内部流转",打破了线办、站所独立设窗的模式,有效解决了各部门、各时段忙闲不均的问题。同时运行24小时惠民服务热线,完善弱势群体救助体系,让数据多跑路、群众少跑路。

随后,枫桥镇还提出了"一次都不用跑"的目标。随着信息化社会的发展,互联网已经深入千家万户,尤其是掌上智能手机的运用,让"枫桥经验"再次乘上互联网的东风。枫桥镇运用在线矛盾纠纷化解平台,实现"一次都不用跑"的目标,是缓解矛盾纠纷的一个"减压阀"。在线平台的建设关键要有一支活跃的调解组织,并有专门机构负责调解组织的管理考核。要在传统线下调解的基础上,将线下调解组织搬到线上,促进线上线下资源整合,并通过线上平台统一资源展现、统一对接机制、统一培训考核、统一数据管理。于是,按照"覆盖全域化、信息键盘化、处置同步化"的思路,枫桥镇不断健全"两微一端"(微博、微信、移动客户端)、群防云、社区"微警务"等在线平台,实现社情民意网上了解,正能量网上聚合、信息线索网上传递、矛盾纠纷网上化解这种一站式、一体化网上调解工作室。同时,鼓励律师、公证、仲裁等社会化调解组织,积极利用在线矛盾纠纷化解平台,实现线上线下调解资源的全面对接,提升社会治理的智能化水平。

#### 四、将"全息性"融入"社区便利化"

"全息性"是指"枫桥经验"中强调的"矛盾不上交,就地解决",以人为中心,深入推进民主治村,通过最广泛动员群众参与决策,从源头预防矛盾发生。在推进基层民主建设和法治建设的过程中,枫桥的干部群众勤于思考、勇于实践,根据社会发展的实际需求,不断构建交流、对话和沟通的平台,在国家和社会、党和人民、政府和公民之间探索建立良好的互动机制,实现纠纷解决在基层并使民主、法治在基层扎根。

将"全息性"融入"社区便利化",是"枫桥经验"的新发展,是指不但要将矛盾纠纷化解在基层,更要将纠纷化解在社区村口、化解在田间地头、化解在群众的家门口。社区调解是解决城市基层矛盾纠纷的第一站,由综治组织牵头,法院、信访、公安、司法行政等机关、部门积极对接,枫桥镇积极推动"无讼无访社区"等特色社区创建,落实辖区内社会矛盾纠纷的源头化解,能够健全自治、法治、德治相结合的城市基层社会治理体系,有效提升城市基层社会治理能力。同时将考核作为推动工作开展的原动力,以平安综治考核为抓手,以街道(乡镇)为考核对象,将普通民商事案件"万人成讼率"纳入平安综治考核体系,创新考核标准,整合多方资源,实现联动联调和综合治理。

诚如前述,"枫桥经验"是一个因时代需要孕育而生的产物,其也因为因时而变的特质成为指导我国社会纠纷化解的重要法宝。在建设我国社会主义法治社会的道路上,"枫桥经验"本身所蕴含的法治元素应当成为人民法院攻坚克难、砥砺前行的指路明灯。人民法院应当时刻把握人民群众对司法服务的新需求,在预防和解决基层矛盾纠纷中发挥更大、更直接的作用;应当坚持预警在前、调解优先的原则,力争在第一时间、第一地点及时有效地介入并化解纠纷,切实将矛盾从源头上预防和化解;应当充分发挥多元解纷力量"连接点"的作用,协同各种行政、司法与社会力量,真正把有温度的司法服务送到群众心中。同时,"枫桥经验"作为一项历久弥新的制度化经验,也要求人民法院进一步完善、巩固长效工作机制,打造常态化的下沉资源、下沉服务窗口和平台,构建法官联系群众、了解社情民意的纽带和桥梁,进而充分发挥人民法院在多元化纠纷解决机制"升级换挡"中的引领与保障功能。

## ——第十章
# "枫桥经验"的社会化

习近平总书记指出,要通过社会体制改革创新,充分调动各方面积极性,最大限度增强社会发展活力,充分发挥人民群众首创精神,使全社会创造能量充分释放、创业活动蓬勃开展。

社会化是"枫桥经验"的显著特征。社会是人的集合,既是人共生共存的结果,也是人共生共存的基础。从这个意义出发,社会化也同时体现为两个向度:一是作为个体的人在特定的社会文化环境中,学习和掌握知识、技能、语言、规范、价值观等社会行为方式,适应社会并积极作用于社会、创造新文化的过程。它是人和社会相互作用的结果。另一个向度是社会借助其中起主导、引导、带领作用的组织、机构或团体,将相关的知识、技能、语言、规范、价值观等向社会公众也即社会中的个体进行传播、熏染、教化,最终达到人和社会既和谐相处,又不断推动人的需求实现和社会发展进步的目的。

新时代"枫桥经验"的内涵非常丰富,外延也非常宽广,但无论怎么发展变化,社会化始终都是"枫桥经验"显著的本质特征和外化表征。从其诞生的那一天开始,社会化就与"枫桥经验"紧密联系在一起、无法分割。再进一步说,没有社会化,也就没有"枫桥经验",而新时代的"枫桥经验",更是新时代社会治理的社会化的必然结果和历史逻辑。从新时代"枫桥经验"的参与主体看,既包括社会治理的主导者即党委政府,也包括社会治理的积极参与者及社会力量和社会组织,同时更包括了社会治理的主要推动力和最终受益人即每一个社会公民。从新时代"枫桥经验"的治理思想看，既包括了权力机构对社会的宏观构建和改造，也包括了非权力组织对社会的改良和救济，同时也包括了治理主体对社会微观层面的治理。从新时代"枫桥经验"的经验措施看，既包括了党的十八大以来党和政府关于社会治理的核心价值推广和一系列方针政策的具体落实，也包括了不断丰富发展的社会自发组织和自发治理方式，如矛盾纠纷的化解、安全防范的构建、社会道德的普及、遵规守纪的民风建设以及大数据、云计算等现代科技的有效参与。

## 第一节 "枫桥经验"社会化的基础和保证

"枫桥经验"是根植于中国大地的经验，是发端于浙江诸暨的经验。历史地看，在每一个阶段，"枫桥经验"社会化都有其坚实的基础和保证，这个基础和保证就是党和国家的指导思想所系、方针政策所指、方法实践所在。对每个国家而言，其社会治理的社会化进程必须而且只能依赖于其国情、社情，必须而且只能依赖于其执政党的执政思想、理念和策略。没有执政党的坚强领导和有力引导，社会就不可能达到高度组织化的程度，也不可能开展有效的治理，这一点已经被很多国家的经验和教训所证明了。党的十八大以来，习近平新时代中国特色社会主义思想的不断丰富和发展，为新时代"枫桥经验"社会化的发展进步提供了最坚实的思想基础和最根本的理论保证。一切为了群众、一切依靠群众是"枫桥经验"不变的初心，也是"枫桥经验"的核心和灵魂。而坚持以人民为中心，则是新时代"枫桥经验"的根本落脚点。2013年以来的五年内，诸暨市创新发展新时代"枫桥经验"，在创新服务群众方式、探索矛盾化解机制、扶持培育社会组织、调解组织多元发展、加强乡村文化建设等方面继续创出新经验，取得新效果，最根本的是深入贯彻了习近平新时代中国特色社会主义思想，特别是深入贯彻了以人民为中心的发展思想。发展是人类社会永恒的主题，是人类社会进步的基础，也是中国特色社会主义事业不断前进的根本前提。党的十九大报告指出，必须坚持以人民为中心的发展思想，不断促进人的全面发展、全体人民共同富裕。在新时代"枫桥经验"的社会化进程中,无不闪耀着这一重要思想的光辉,同时也为这一思想注入了基层治理新的活力。

### 一、发展是为了人民,这是对发展目的问题的回答

发展为了人民,就是把增进人民福祉、提高人民生活水平和质量、促进人的全面发展作为根本出发点和落脚点,就是把实现好、维护好、发展好最广大人民根本利益作为发展的根本目的。近年来,诸暨市高度重视解决民生问题,市委、市政府每年办好十大民生实事,不断创新服务群众的方式,谋民利、顺民意、达民情,切实解决了一批事关群众切身利益的突出问题。比如,按照省委深化"最多跑一次"改革部署,推行了"一证通办一生事",让群众感受到了便利和实惠。推行"一网统揽八方事",把"基层治理四平台"和全科网格深度融合、一体推进,畅通了矛盾就地化解新渠道。枫桥派出所镇南警务站自创了"十访十清""五议一创""十小十好"等载体,当好辖区群众的"好邻居""好帮手",群众满意率达99.8%。群众满意是最美的答卷,也是最有力的说明。只有为了群众发展,才能得到群众的认可与称赞。反之,则不是真正的发展,必然遭受挫折乃至失败。2016年底以来,浙江省委省政府推出"最多跑一次",这一改革对准发展所需、基层所盼、民心所向,是浙江落实中央全面深化改革部署的重要创新实践,也是浙江将改革向纵深推进的一块金字招牌。"最多跑一次"改革的成功实践,有力推动了实践基础上的理论创新。在改革中,最鲜明的特色也正是以人民为中心,让发展的红利惠及全体人民,把改革的手术刀对准了政府工作中不适应时代发展需求和人民群众需要的部分,体现了巨大的政治勇气和使命担当。①

### 二、发展依靠人民,这是在发展动力问题上的溯源

发展依靠人民,就是把人民作为发展的力量源泉,充分尊重人民的主体地位,充分尊重人民所表达的意愿、所拥有的权利、所创造的经验、所发

---

① 王昌荣:《新时代"枫桥经验"的深刻意蕴——赴诸暨蹲点调研报告》,《浙江日报》2016年6月11日。

挥的作用,充分尊重人民群众首创精神。自觉拜人民为师,向能者求教,向智者问策,不断从人民群众中汲取智慧和力量。在新时代"枫桥经验"社会化的丰富、发展过程中,无不体现了人民群众对于基层社会治理的巨大参与热情和强烈的推动意愿,也可以说,充分体现了党委政府领导和人民群众参与相结合这一中国特色的制度优势。近年来,诸暨市高度重视社会组织的培育和实质性作用的发挥,基层治理社会化水平大幅提升。诸暨市积极培育、推动发展社会组织,为群众参与社会治理搭建了许多新的载体和平台。2014 年 12 月,由诸暨市民政局牵头,建立了社会组织孵化中心,至今已孵化社会组织 96 家。目前,全市共有社会组织 2236 家,参加人数达273970 人,占 150 万常住人口的 18.3%。枫桥镇目前有覆盖各个阶层、各类人群的社会组织近 50 个,涵盖了治安巡逻、矛盾化解、网格化管理、心理服务、特殊群体帮扶等各个方面,参加人数达 17850 人,平均每 3 人中就有1 人参加了社会组织。同时,积极探索以政府采购、定向委托等方式向社会组织购买服务,推动社会组织在基层治理中发挥实质性作用,解决了许多政府想管而又管不了的问题。"枫桥大妈""店口红帽子"、乡贤参事会等一大批有影响力的社会组织,带动社会力量参与平安志愿服务和基层治理,成为诸暨的亮丽风景。在整个浙江大地,社会组织围绕社会需求有序发展,服务社区建设,服务民生,不仅为居民带来实实在在的好处与便利,也为促进社会组织健康有序发展蹚出了一条新路子。2016 年,浙江省 4 万余个社会组织组成 230 余万人的平安志愿者团队,为 G20 杭州峰会顺利召开做出了特殊贡献。

### 三、发展成果由人民共享,这是对发展趋向问题的阐释

发展成果由人民共享,就是使发展的成果惠及全体人民,逐步实现共同富裕。2016 年、2017 年诸暨市平安考核蝉联全省第一;2017 年以测评总成绩在同类城市中位列全省第一、全国第三,一举创成全国文明城市;枫桥镇实现全国综治先进集体"五连冠"。良好的平安建设、扎实的综合治理,让当地群众的获得感、安全感和幸福感有了实实在在的提升。近年来,浙江省坚持以实现两富、两美浙江,以及推进"两个高水平"建设为导向,始终把平安建设作为"一把手"工程,明确各级党政领导干部"保一方平安"的

政治责任。坚持以善治为目标,加大自治、法治、德治"三治"融合基层治理体系推广力度,不断强化自治的基础作用,健全以群众自治组织为主体、社会各方广泛参与的新型城乡基层社会治理体系,实现了平安建设人人参与、平安成果人人共享。

加强和创新社会治理,是推进国家治理体系和治理能力现代化的重要内容。"枫桥经验"社会化不仅在诸暨、在浙江,而且在全国大地遍地开花,结出硕果。基层网格化管理、矛盾风险源头化解、社会组织参与平安建设等做法,已经成为全国各地开展社会治理的"标配"措施,彰显了"枫桥经验"的强大生命力,同时更加体现了习近平新时代中国特色社会主义思想关于推进治理能力现代化的一系列重要思想的强大生命力。而究其本源,正在于很好地贯彻了以人民为中心的发展思想,调动起无数的社会组织和亿万人民群众的积极性、主动性和创造性。人民群众是历史的创造者,"枫桥经验"的丰富发展正是对这一马克思主义经典论述的生动例证。

## 第二节 "枫桥经验"社会化的路径探索

在新时代,"枫桥经验"的社会化,既是诸暨本地不断丰富发展"枫桥经验"的过程,也是"枫桥经验"通过浙江实践向全国辐射,并通过各地的探索丰富完善的进程。

### 一、构建全民共建共治共享的社会治理格局

党的十九大报告高度重视社会治理问题,提出构建全民共建共治共享的社会治理格局的思路和要求,强调指出要加强社会治理制度建设,完善党委领导、政府负责、社会协同、公众参与、法治保障的社会治理体制,提高社会治理社会化、法制化、智能化、专业化水平。基层是社会治理的深厚基础和重要支撑,治国安邦重在基层。习近平总书记指出,党的工作最坚实的力量支撑在基层,经济社会发展和民生最突出的矛盾和问题也在基层,必须把抓基层、打基础作为长远之计和固本之举,丝毫不

能放松。"实现基层社会治理现代化是推进国家治理体系和治理能力现代化的重要内容。如何实现基层社会治理现代化,创新发展的"枫桥经验"社会化给出了中国式回答,并不断地向外辐射推广,展现出蓬勃的生命力和发展前景。

## 二、基层社会治理是整个社会管理的根基

根据周庆智先生的研究,基层社会治理是社会成员通过社群的集合体共同行使自治权,即"自己统治自己"的社会治理形式。社会治理现代转型的目标是要建构基层(政府)治理、市场(公司)治理与社群(社会)治理三种比较稳定的治理模式。在一个分权与结构分化的政治社会体制下,形成政府、市场、社会各司其职、和谐运行的社会治理功能体系,实现社会治理的现代转型,有赖于社会自治的实现与高度发展。基层社会自治发展需要具备的条件是:第一,基层政府权威治理模式的现代转型;第二,市场治理模式的主体和体系的重构;第三,把经济权利和政治权力还给社会,不断促进社会自治能力的发展与提高。[①] 社会治理的活力源泉在基层,重点在基层,难点也在基层。随着经济社会的发展,人民生活水平和素质日益提高,对基层治理也提出了更高的要求。与此同时,也面临着一些问题,比如基层治理格局有待完善,特别是因发展空间有限、待遇不够高等原因,社区干部队伍稳定性不足,存在人才易流失等问题,在城市发展过程中,因房屋征收、重点项目建设等引发的社会矛盾影响着社会稳定,群众关心的社会治安、安全生产等方面仍存在薄弱环节的问题,以及社会组织活力有待激发等问题。

## 三、加强基层社会治理的路径、方法和措施

"枫桥经验"社会化的成功在于,加强基层社会治理紧紧抓住中国特色社会主义初级阶段这一最大国情和根本特征,同时又紧跟时代发展潮流,不断丰富完善具体路径、方法和措施,从而始终保持活力。比如推进"自治、法治、德治"相融合,这是新时代"枫桥经验"的根本方法。"自治、法治、

---

① 周庆智:《基层社会自治与社会治理现代转型》,《政治学研究》2016 年第 4 期。

德治"三治融合是浙江省基层百姓的创造,也是创新发展"枫桥经验"的最新成果。它的发源地桐乡,通过大胆改革,不断赋予"三治融合"新的时代内涵。坚持以党建为引领、以人民为中心、以善治为目标、以预防为基点,以村规民约(社区公约)、百姓议事会、乡贤参事会和百事服务团、法律服务团、道德评判团为抓手,探索丰富了"三团两会"的工作载体,让基层在抓"三治融合"时有经验可遵循、有制度可参照、有载体可借鉴。诸暨的"三治融合"实践如坚持"三上三下"民主议决事制度,通过最广泛动员群众参与决策,从源头预防矛盾发生;制定村民行为约束"负面清单"和劝导式"正面清单";设立村级法治大讲堂,引导群众依法维权;等等。推广新时代"枫桥经验",首先要坚持以善治为目标,加大"三治融合"体系建设推广力度,创建一批"三治融合"示范村,完善城乡基层社会治理新模式,更好地激发群众内生动力。要强化自治的基础作用,健全以群众自治组织为主体、社会各方广泛参与的新型社区治理体系,促进民事民议、民事民办、民事民管。强化法治的保障作用,引导社会成员养成在法治轨道上主张权利、解决纷争的习惯,遵循法治思维、法治方式开展基层社会治理。强化德治的引领作用,充分发挥中华民族优秀传统文化优势,大力弘扬社会主义核心价值观,通过乡贤、道德榜样、村规民约、家训家风、生活礼俗的教化作用,引导人们行为,规范社会秩序,平息矛盾纠纷。

再比如,提升基层治理的法治化、智能化、专业化水平,整体推动"枫桥经验"社会化进程。在诸暨,2236个社会组织38000多名平安志愿者常年活跃在基层治理一线;群众崇法、守法、用法的氛围日益浓厚,法治理念、法治意识已经融入百姓的日常生活、行为规范之中;雪亮工程、大数据运用等信息化建设正扎实展开;专群结合、专业人办专业事的导向进一步形成,这些均为推进基层治理现代化打下了良好基础。而在浙江全省,通过近几年大力推动和建设,"枫桥经验"的社会化治理模式得到极大推广和应用。在智能化方面,2017年8月18日,全球首个互联网法院在杭州诞生。在钱潮路,一座坐拥钱塘江的簇新大楼里,拥有全国领先的涉网案件大数据中心,在案件来源、证据、调解、送达、审理、卷宗等方面进行了全审判流程的数据化建设,实现涉网纠纷网上审,让老百姓足不出户就可以打官司,司法服务高效便捷。2017年,浙江向新科技要生产力、向大数据要大智慧,加快推进"雪亮工程"建设,并将它作为平安浙江建设的基础项目、示范项目、民生工程,回应人民美好生活需要。目前,浙江共建成184万个视频监控,总数在全国排名第二;省市县乡四级综治中心共接入116万个,按照"有场地、有大屏、有人员、有机制"的要求,高标准建成视频指挥中心。此外,全省注册500万个平安浙江APP用户,每个APP都发挥了移动探头的作用,形成了"线上雪亮工程,线下群众眼睛"的良好局面。在法治化方面,修订了《浙江省社会治安综合治理条例》,进一步创新和完善综治工作体制机制,明确政府和综治组织职责,突出社会共治,强化综治措施和领导责任,推动了全省社会治安综合治理工作再上新台阶。接下去,推广方向更加明确,就是在社会化方面培育和引导更多的社会组织参与社会治理,在运用法治思维和法治方式引领基层治理上使循法而行成为基层社会治理的价值准则和自觉行动,在创新"互联网+"社会治理模式上让大数据多跑路,让老百姓少跑腿,在推进基层治理专业化上既充分发挥政法队伍的主力军作用,又积极培育发展职业化、专业化的社工队伍,促进社会治理更专业、更集约、更高效。

实践证明,新时代"枫桥经验"选择了一条既符合中国国情,又紧跟全球范围社会治理最新经验和成果的正确道路。以社会化为引领,以法治化、专业化和智能化为保障,新时代"枫桥经验"突破了以往在方法上的单一、在思路上的限制和在手段上的陈旧,把基层社会治理工作紧密融入经济社会发展的大背景下,紧密融入实现"两个一百年"奋斗目标的大愿景下,紧密融入中华民族伟大复兴的大使命下,从而不断焕发出无穷的生机与活力。

## 第三节　新时代要建立新的矛盾纠纷化解机制

社会矛盾纠纷化解机制是推进社会治理创新、深化平安建设的重要内容,也是"枫桥经验"的源头性功能。进入新时代后,社会结构、社会矛盾、社会心理、社会思潮、社会阶层等相较以往有了巨大而深刻的变化。这种变化一方面要求对新时代人与人、公民与政府、个人与社会机构、组织之间的矛盾纠纷化解要有新思路、新理念、新机制和新办法,同时也要求这种新的机制能够促进定纷止争、各方和谐、道德充盈、社会进步。这一命题同时考验着党委政府、基层组织、社会组织、公民个人等多方面的智慧,客观上要求把握新时代中国特色社会主义人民内部矛盾的本质特征,着力建立多元化、多途径、多维度的矛盾纠纷化解机制。

## 一、为社会矛盾纠纷化解机制赋予新的内涵和时代特征

党的十九大报告在分析当前形势时指出,社会矛盾和问题交织叠加,强调要加强预防和化解社会矛盾机制建设,正确处理人民内部矛盾。这是对当前我国社会矛盾的精准判断和科学决策。"枫桥经验"起步于对社会矛盾的正确处理,发展于化解矛盾纠纷,维护社会稳定,做到"小事不出村、大事不出镇、矛盾不上交"。进入新时代后,创新发展的"枫桥经验"为社会矛盾纠纷化解机制赋予了新的内涵和时代特征。诸暨市积极探索"矛盾不上交"的机制和办法,尽最大努力做到"小事不出村、大事不出镇"。准确把握"枫桥经验"就地化解矛盾、解决问题的精髓,强化责任担当,创新工作机制,努力实现矛盾不上交。建立了"零上访村""零上访镇"的创建机制,开展村与村、镇与镇之间的互学互比,激发了各级抓信访、破难题、重化解的主动性,推动各类矛盾问题在镇、村层面得以解决。2017年,140个村创成"零上访村",占全市行政村(社区)的1/4以上。健全落实县级领导接访下访制度,建立"谁接待、谁跟踪、谁回访"机制,实现责任和服务双闭环。探索建立信访积案化解机制,总结推广"化解七法",历年信访积案化解率达90%以上。调解组织从单一主体向多元主体转变,形成了矛盾纠纷就地就近化解的有效机制。针对矛盾纠纷主体多元、诉求多元、类型多元的新特点,诸暨市调动和组织各方资源,坚持"用不同的钥匙开不同的锁",积极构建多元化纠纷解决体系。拓宽第三方参与纠纷化解渠道,成立了涉土、医患和纺织、汽配等几十个专业性、行业性人民调解组织,做到专业纠纷专业化。鼓励镇、村德高望重又热心公益事业的新乡贤、老党员、老教师、老政法干警担任志愿者,涌现出像"老杨工作室""老朱工作室""娟子工作室"等一批群众认可的品牌调解组织。发挥网络信息技术在化解矛盾纠纷中的作用,推动线下调解向线上调解拓展,实现跨时空、

一站式解决矛盾纠纷。比如,"全国十佳人民法庭"枫桥法庭,推行"互联网＋调解"新模式,开展网上立案、在线调解,让群众足不出户就能轻松实现纠纷化解。

## 二、社会化发展是新时代"枫桥经验"的核心

"枫桥经验"使依靠群众、发动群众这一"法宝",变得更加开阔、生动和灵活。新时代"枫桥经验"不仅强调调解、公证、仲裁、诉讼等各种纠纷解决方式的发展完善,更重要的是打破各个调解组织各自为政的现状,织就一张功能互补、相互衔接、密不可分的解纷网络,从而满足社会主体日益多样化的解纷需求。具体地说,通过诉调对接机制、司法确认程序等,建立诉讼程序与诉讼外调解程序之间的流转对接;通过解纷职能外包,促进市场解纷机制与行业解纷机制的融合发展;通过在线调解平台的接入发展,促进线上线下资源的整合;通过与平安综治考核机制挂钩,激发解纷组织的解纷能动性等。社会化发展是新时代"枫桥经验"的核心。通过社会机制解决经济发展中的矛盾纠纷,由多主体的社会机构参与和主持矛盾纠纷化解,实现矛盾纠纷的源头治理,是"枫桥经验"的题中之义。社会治理格局中纠纷解决机制发展的理想状态,应是实现调解等解纷组织的社会自治化,支持和鼓励律师、公证、仲裁等解纷组织社会化运作,构建竞争有序、诚信自律、自我管理的社会解纷体系,促使解纷组织在社会化运作中提升自身发展能力。实现社会化解纷机制的长效发展,有必要实行社会化和有偿性运作,当事人或行业调解组织购买解纷服务,解纷组织通过提升解纷服务的专业化水平来获得竞争优势和市场认可,双向促进社会化解纷机制的发展。智能化运用是新时代"枫桥经验"的发展方向。当今,以互联网、大数据和人工智能为代表的现代信息科技深度介入人们生活的方方面面,社会矛盾纠纷解决机制只有顺应现代科技发展趋势,才能发挥更为广泛的作用。智能化的矛盾纠纷在线化解平台,是"互联网＋"应用于社会治理领域的体现,也是新时代"枫桥经验"的发展方向。"枫桥经验"与互联网的深度融合,必将极大地推动纠纷解决方式的突破性发展,也将极大地促进多元解纷组织间的开放、合作与共享。通过微信公众号、手机APP等网络平台,以及服务热线等方式跨越时间与

地域的鸿沟,将"最多跑一次"改革推向"一次都不用跑"的改革巅峰,为当事人带来诸多改革红利。

## 三、大力开展新时代矛盾纠纷化解机制的实践与创新

嘉兴市是浙北老城,近年来致力于"枫桥经验"提升推广,各类行业性、专业性纠纷调处平台已覆盖嘉禾大地,形成了多元化的矛盾化解机制。嘉兴的"小网格"已经撬动城市"大治理":"流动居委会""义工法律诊所""乌镇管家""两抓一快"工作机制……这一个个新名词,凝聚了全市近年来一系列基层社会治理创新的举措成果,这得益于"自治、法治、德治"三治融合基层社会治理机制。目前,全市已由基层派出所民警及城管执法队员、党委政府工作人员和各类协管员、村(社区)干部和网格长组成了三级工作队伍,规范了管理流程,细化处置方案,以"迅速评估等级、迅速调度队伍、迅速现场处置"为准则,结合网格化管理工作,落实好"日走访月分析"制度,并加大小矛盾小纠纷的日常化解力度。嘉兴市朝着"源头预防纠纷、当地化解矛盾、基层解决问题"的目标,稳步实现了政府治理与社会自我调解、居民自治的良性互动。据统计,2016年嘉兴矛盾纠纷调处成功率达到了98.48%。在浙江全省,类似的例子比比皆是。全省18个试点地区12个矛盾纠纷多元化解机制项目试点工作取得丰硕成果,创新了电子督促程序网上纠纷化解机制、第三方中立评估机制等一系列成功经验做法,为G20杭州峰会圆满成功营造了和谐稳定的社会环境,为项目化推进矛盾纠纷多元化解工作拓宽了视野。2018年1月,中央综治委赋予浙江省的创新试点项目"在线矛盾纠纷多元化解平台"上线运行,平台具有解纷资源的集聚性、解纷能力的智能化、解纷流程的递进式等特点,并汇聚了全省各条线、各行业的优质解纷资源,既有人民调解、综治调解、法院特邀调解,又有行业调解、律师调解、仲裁调解等,形成了由近万人组成的在线调解队伍,为在线化解矛盾纠纷提供了强有力的资源支持。杭州余杭是阿里巴巴集团总部所在地,2015年,余杭区市场监管局受理网络消费投诉举报20.4万件,占全国总量的一半。2017年,余杭区司法局联合阿里巴巴集团,在全国率先设立网络纠纷人民调解委员会、纠纷调解中心。余杭区网络交易纠纷调解中心共有专职

人民调解员 20 名。网络交易纠纷调解中心运作两年多来,已成功调解网络纠纷案件 25000 多件。

新时代矛盾纠纷化解机制的形成,是"枫桥经验"社会化的重要成果之一,为促进社会和谐稳定、提高基层政权威信、巩固党的执政地位和保障人民安居乐业,提供了极有价值的治理样本。全国各地大力推广应用"枫桥经验"矛盾纠纷化解机制,创新发展了很多经验做法,如南京公安的"民意 110"、四川眉山的矛盾纠纷网络调解平台、安徽桐城的"听、辩、劝、借、让、和"六步走法则、上海"巷邻坊"、黑龙江的上海"巷邻坊"、山东胶州的重点群体经常性心理疏导、山西永州的"多元化解"调解网络等,层出不穷。

## 第四节 以"枫桥经验"社会化推进平安浙江、平安中国建设

推进和保障平安浙江、平安中国建设,是"枫桥经验"的重要价值取向。目前,"枫桥经验"通过社会化的创新发展和推广应用,已在浙江大地上生根开花,结出累累硕果,平安浙江建设呈现出新的亮点:2016 年浙江群众安全感满意率达到 96.43%,连续 13 年位居全国前列,浙江被公认为社会最安全、发展最均衡的省份之一。全省有 50 个市、县(区、市)连续 12 年达到平安创建标准,捧得平安金鼎,占全省市、县(区、市)总数的一半。另外还有 12 个市、县(区、市)已连续 11 年获得"平安"称号。

### 一、平安建设信息系统日益完善

公共安全视频监控联网应用不断拓展,"互联网＋社会治理"工作模式稳步推进。通过 13 年的不懈努力,浙江已经初步形成了以"七个机制"为主要架构、具有浙江特色的平安建设工作体系。

(一)平安浙江的组织领导机制

从省到市、县(市、区)三级党委普遍建立平安建设领导小组,各级党委常委会像分析经济形势那样定期分析社会形势。每年各级党委政府都层层签订平安建设目标管理责任书,从严落实领导责任。

### (二)平安浙江的源头治理机制

浙江坚持以民生促民安,把保障和改善民生放在突出位置,以公共财政惠民生、民生实事解民困、社会事业顺民意。浙江把每年新增财力的70%以上用于改善民生,在全国较早推出了重大决策社会稳定风险评估制度,通过事先评估、事先预测、事先化解等措施,从源头上预防和减少矛盾问题的发生。浙江全面推广建立县、乡、村三级矛盾纠纷多元化解平台,在全国率先提出了以个人调解、专业调解和商会、行业协会调解为主的组合型矛盾纠纷化解模式。全省现有各类调委会 4.15 万个,年均排查矛盾纠纷近 60 万件,化解率达 98% 以上。

### (三)平安浙江的基层基础建设机制

浙江全面建成了省、市、县、乡、村五级综治中心,特别是县、乡两级综治中心在基层平安建设中发挥着"瞭望塔""数据库""协调室""指挥部""研判室"的重要作用。大力深化"网格化管理、组团式服务",共划分 10.9 万个网格,落实 23.4 万余名专兼职网格员,构建起了全省统一的基层社会治理"一张网";并在原有工作的基础上,全面推行"全科网格",将行政执法、环境保护等事项纳入网格,努力实现"多元合一、一员多用"。同时,基层平安创建领域逐步扩展到社区、村居、渔区、市场、企业、医院、学校、景区、林区、铁路、公路、家庭等基层各个单位、各个方面。

### (四)平安浙江的法治保障机制

浙江注重发挥法治的引领和保障作用,不断加强重点领域立法,严格执法和公正执法,深化法治宣传教育。2016 年,全省各类生产安全事故、死亡人数比上年分别下降 9.1%、7.8%,刑事立案数下降 22.6%。

### (五)平安浙江的社会动员机制

13 年来,浙江各级各部门"依水行舟",确立合作、互通、共享理念,注重发挥城乡社区、社会组织、社会工作者和志愿者在平安建设中的作用。目前,全省 97.5% 的村(社区)开展了"民主法治村(社区)"创建活动,95% 的村(社区)达到民主管理规范化建设标准。全省建有平安志愿者队伍 3.5 万余支 231 万人,形成了"武林大妈""乌镇管家""红枫义警"等一批金牌志愿者队伍。

### (六)平安浙江的科技支撑机制

浙江创新工作理念,发挥作为互联网产业、电子商务、电子政务先发区的优势,积极探索"互联网＋社会治理"新模式。已建有全国首个全省联网的"平安建设信息系统",系统终端已覆盖省、市、县三级4000多个部门,覆盖所有市、县(市、区)、乡镇(街道)和85％以上的村(社区);全省视联网已建成1640个终端,实现了省、市、县、乡四级全覆盖;推进"雪亮工程"建设,已建成公共视频监控探头184万个,重点公共区域视频监控联网率达70％以上。浙江率先在全国开展网络司法拍卖,率先建立反电信网络诈骗中心、远程视频提审系统等,在举办重要活动、办理重大案件、处置重大事件、建设立体化治安防控体系中发挥了有力的支撑作用。

### (七)平安浙江的考核评价机制

13年来,浙江始终坚持"重结果、动态性、群众评",遵循系统性、科学性、可操作性、公平性等基本原则,制定了平安市、县(市、区)、乡镇(街道)、村(社区)考核办法,以及相配套的一系列考核评审工作制度机制。[1]

## 二、浙江省将加快实现从平安中国先行区到示范区的新飞跃

努力打造"枫桥经验"升级版、平安中国示范区,为全国基层社会治理和平安中国、法治中国建设提供崭新的"浙江方案""浙江样板",重点是实现五个提升。

### (一)提升平安浙江的社会化水平

着力打造人人有责、人人尽责的命运共同体,切实把平安建设建立在更加广泛、更加牢固的群众基础之上。

社会治理社会化的核心力量是基层党组织。凡是"枫桥经验"坚持和发展得好的地方,都是党建工作和社会治理融合得好的地方,是基层党组织战斗堡垒作用和党员先锋模范作用发挥得好的地方。基层党组织是我们党治国理政的神经末梢,是基层治理的"领头雁"。"枫桥经验"在新时代要创新发展,至关重要的一条就是要坚持党建引领,使基层党组织建设与基层治理有机衔接、良性互动,通过政治领导、组织引领、能力引领、机制引

---

① 张倩:《坚持发展"枫桥经验" 努力打造平安中国示范区》,《浙江法制报》2018年2月7日。

领,以党的建设贯穿基层治理、保障基层治理、引领基层治理。要把村级党组织核心树起来,选优配强村"两委"班子,特别是村党支部书记这个"带头人"。要发挥党员干部在基层管理服务中的先锋模范作用,把党组织的服务管理触角延伸到社会治理的每个末梢,实现党委领导下的政府治理和社会调解、居民自治良性互动。

（二）提升平安浙江的法治化水平

坚持平安浙江与法治浙江两轮驱动、比翼齐飞,充分发挥法治的重要保障作用。法治是治国之重器,是国家制度现代化的重要内容。新形势下,法治作为社会治理的最优模式,将承载更多使命、发挥更大作用。2017年召开的全国社会治安综合治理表彰大会提出,面对世界快速变化,依法解决纠纷、维护权益,有利于明晰责权、稳定预期,让社会成员安心放心创新创业;面对社会深刻变革,依据良好的法律制度实施社会治理,有利于形成良法善治局面,促进经济发展、社会繁荣。要善于引导城乡基层组织、社会组织制定完善各类社会规则,善于推动社会广泛认同的基本道德规则上升为法律规则,构建起多层次、多样化的社会治理规则体系,促进社会治理刚性与柔性、他律与自律相统一,让礼仪之邦和法治社会建设相辅相成、交相辉映。

（三）提升平安浙江的智能化水平

把现代科技应用与社会治理体制创新深度融合起来,增强对各类风险的预测预警预防能力。大数据作为国家战略,正日益成为推动国家治理体系和治理能力现代化的核心驱动力。2016年10月9日,习近平总书记在主持中共中央政治局第三十六次集体学习时强调,随着互联网特别是移动互联网的发展,社会治理模式正在从单向管理转向双向互动,从线下转向线上线下融合,从单纯的政府监管向更加注重社会协同治理转变。这"三个转向"对社会治理智能化提出了新要求。智能化意味着精准分析、精准治理、精准服务、精准反馈。各类社会治理主体通过获取、存储、管理、分析等手段,将具有海量规模、快速流转等特征的大数据变成活数据,广泛应用于社会治理领域,更好地服务于不同社会群体,将成为政府和社会组织实施精准治理、智能治理的重要法宝。[1]

### (四)提升平安浙江的精细化水平

在治理思维、治理方式、治理手段、治理评估上勇于创新突破，切实增强社会治理整体效能。社会治理精细化以科学、理性、精准为基本特征，主要是指在绩效目标引导下，通过科学设置机构部门、优化管理流程，推动社会治理思维和方式转变，实现社会治理的标准化、具体化、人性化。着重解决社会治理领域条块分割、资源短缺、响应迟滞、社会主体活力不足等问题，为社会治理精细化提供必要前提。应不断完善制度机制，重点加强区域之间、政府部门之间、政府与社会之间的跨界治理机制建设，逐步构建从横向到纵向、从起点到终点可量化执行的工作准则和制度规范，将社会治理做小做细做精，以科学严密的制度体系为社会治理精细化提供制度保障。应将社区及社会组织作为推进社会治理精细化的重要抓手，进一步完善社区网格化服务管理模式，加强和规范基层政务平台建设，构建分级分类解决社会矛盾纠纷的长效机制，在提供公共服务、解决民生问题、优化发展环境等方面取得实效，切实解决群众最关心、最直接、最现实的利益问题。还应从政策优惠、经费支持、培训教育等方面入手，进一步改善基层社会组织的发展环境，不断激发社会组织参与社会治理的积极性主动性创造性，努力拓宽公众参与社会治理的渠道，推动形成政府管理好、市场运作良、社会功能活的协同治理局面。[2]

### (五)提升平安浙江的专业化水平

充分发挥专业工作在社会治理中的独特优势。社会治理专业化的发达程度是衡量一个国家或地区社会服务和社会治理水平的重要标志。社会治理专业化，要求社会服务和治理有专业的队伍、专业的理念、专业的技术和方法来进行社会治理和开展社会服务。社会工作在解决社会问题、应对社会风险、促进社会和谐、推动社会建设等方面的专业优势，使其肩负起新时代赋予社会工作的新使命。社会工作专业人才作为国家六支主体人才队伍之一，制度框架已基本确立，国家也已出台了一系列评价、教育、激

---

① 杨雅厦:《应用大数据提升社会治理智能化水平》,《光明日报》2017年4月10日。
② 梁海燕:《努力提高社会治理精细化水平》,《人民日报》2017年10月11日。

励保障等政策;服务范围也不断拓展,从社区社会工作、灾害社会工作、社会救助社会工作等民政领域扩展到青少年事务社会工作、社区矫正社会工作、禁毒戒毒社会工作等社会治理的其他领域;在一定程度上实现了专业的人做专业的事,将矛盾化解在家庭和社区,激发社区的活力和内生动力,从而促进社区和谐。

### 三、以"枫桥经验"社会化推进平安中国建设

更好地发挥社会主义政治和制度的优越性,要充分调动党委政府各部门、各领域、各条线的积极性,增强机关企事业单位从事和参与平安综治建设的内生动力,更好地调动各方面资源力量,发挥好全社会在平安建设中的主动性和创造性。近些年,浙江省不仅每年把平安综治责任分解落实到各市、县(市、区),而且分解落实到省、市、县乃至镇街一级的各部门、各单位。

#### (一)建立健全组织领导机制

有关部门普遍成立了以"一把手"为组长的平安建设领导小组,把平安建设纳入本部门、本单位工作的重要内容,一同规划、一同部署,同步检查、同步落实,呈现出"部门工作带动平安建设,平安建设促进部门工作"的良好局面。各级政法委(平安办)把系统平安创建工作纳入当地平安建设的总体规划和责任考核体系,通过建立健全述职述评、抽查考核等制度,强化组织协调和工作督导。

#### (二)建立健全协作配合机制

创建活动牵头部门建立专门工作班子,明确专人负责,适时召开联席会议,组织开展集中宣传、联合执法、专项检查等工作,其他有关部门加强协作配合,确保系统创建工作协调有序推进。

#### (三)建立健全督导检查机制

级综治委(平安办)完善落实成员单位联系点工作制度,以及督查暗访、模拟测评、工作约谈等制度,坚持日常指导与突击暗访相结合、例行检查与专项督查相结合,及时了解掌握系统平安创建工作进度,协调解决遇到的困难和问题。

（四）建立健全考核奖惩机制

有关部门根据平安浙江建设的考核办法和评审条件，分别研究制定本系统平安创建的具体考评办法，加大检查考核力度。省委建设平安浙江领导小组制订出台平安建设部门责任制考评规定、考评标准，把推进系统平安创建活动的成效作为对部门考核的重要依据。在检查考评基础上，树立一批系统平安创建示范单位，每年评选表彰省级部门系统平安创建工作先进单位。

## 四、研究社会矛盾风险产生、发展与转化规律，增强社会治理预见性、主动性

党的十八大以来，全国各地在提升推广"枫桥经验"，推进平安中国建设方面涌现了许许多多的优秀做法，取得了令人瞩目的伟大成就。特别是，各地围绕推进国家治理体系和治理能力现代化的新要求，坚持以变应变、以新应新，研究社会矛盾风险产生、发展与转化规律，增强社会治理预见性、主动性；树立命运共同体意识，更加注重联动融合、开放共治，推动由党委和政府大包大揽的社会管理体系转型为党委领导、政府主导下各方参与的社会治理体系；倡导数据文化，不搞大呼隆、运动式治理，推动社会治安综合治理步入良性发展轨道。各地注重运用法治思维和法治方式破解难题、推进工作，推动完善社会治理法律制度体系，加强实名制、信用管理等基础性制度建设，通过依法处理典型个案为社会成员划出法律底线，促进社会治理制度化、规范化、程序化。各地大力弘扬党的优良传统，坚持专群结合、依靠群众，充分运用新技术新手段，探索组织发动群众的新途径新办法，开创群防群治新局面；深入推进基层自治，健全新型社区治理体系；创新协商民主机制，使公共决策尽可能兼顾各方利益。各地把社会治理的重心落在城乡社区，推进综治中心规范化和社区网格化建设，加强公安派出所、司法所和人民法庭、派驻检察室建设，把资源、服务、管理向基层一线汇聚，提高了基层基础工作水平。这些成就，充分体现了"枫桥经验"社会化蓬勃的生命力所在。

综上，推进"枫桥经验"社会化，促进平安浙江、法治浙江、平安中国、法治中国建设是新时代我们面临的一项伟大工程，这项工程是在党委、政府

的正确领导和主导下,充分调动和发挥社会组织、社会力量参与,不断挖掘人民群众的积极性、主动性和创造性智慧,不断完善全民参与、共建共治的工作格局,把社会的每一个细胞都调动起来,通过每一个细部的弹奏,汇集成整个宏伟的平安交响曲,这不仅仅是美好的愿望,更是"枫桥经验"社会化不断丰富发展的必然前景。

——— 第十一章
"枫桥经验"的全球化

2016年9月27日,习近平总书记在主持中共中央政治局第三十五次集体学习时强调,随着国际力量对比消长变化和全球性挑战日益增多,加强全球治理、推动全球治理体系变革是大势所趋。我们要抓住机遇、顺势而为,推动国际秩序朝着更加公正合理的方向发展,更好维护我国和广大发展中国家共同利益,为实现'两个一百年'奋斗目标、实现中华民族伟大复兴的中国梦营造更加有利的外部条件,为促进人类和平与发展的崇高事业做出更大贡献。

## 第一节 "枫桥经验"发源于浙江省的一个普通乡镇

"枫桥经验"发源于浙江省的一个普通乡镇,随着历史进程的发展,55年前的"枫桥经验"早已走向全省全国,坚持党领导下的"群众路线"之精髓,已演化为与时俱进的各种理念创新和工作方法,不断适应和指导着各地经济社会的发展和改革开放的日渐深化,并在实践中不断丰富着"枫桥经验"的生命活力。改革开放40年来,中国由站起来、富起来到强起来,正不断走近世界舞台的中央。中国已连续9年保持全球货物贸易第一大出口国和第二大进口国地位,从引进外资到发展外贸,从销售市场到生产基地,中国经济与全球化已深度融合,从改革之初引进技术、管理、人才、资本等发展要素,到如今转向"引进来"与"走出去"并重,中国的奋斗正带动和演变成世界的共同奋斗。在参与全球治理、"一带一路"建设的过程中,正不断地向世界提供有价值、有借鉴意义的中国智慧、中国方案,与各国人民共同建构人类命运共同体。截止到2018年8月,中国通过推进"一带一路"建设,对沿线国家累计投资已超过600亿美元,5年货物贸易额累计超过5万亿美元,为当地创造20多万个就业岗位,与全球100多个国家和国际组织签署共建"一带一路"合作文件,签署范围自亚欧大陆拓展至非洲、拉美和加勒比地区、南太平洋地区,在20多个国家和地区建立了56个经贸合作区。而在这过程中,历经55年创新发展的"枫桥经验"所承载的平安和谐理念,以及形塑基层社会有效治理的经验方法,也必然会外溢成为"一带一路"沿途各国,乃至整个国际社会的公共产品而发挥其积极的建设性作用。因此,向世界各国政府和人民推介及共享具有中国特色的"枫桥经验",也势必成为中国专家学者"以天下为己任"的责任使命、人类情怀和历史自觉。

## 第二节　平安和谐是国家与人民的最基本诉求

### 一、平安是人民群众的基本诉求

"枫桥经验"的最大特色是在党的领导下,坚持群众路线,党群同心,警民共建,实现"发案少,治安好,社会稳定,群众满意"的平安和谐目标。一乡一镇如此,一省一国同样如此,平安和谐不但是中国老百姓的基本诉求,也是各级政府顺应民心、打造"平安中国"的目标追求。

平安是人民群众常挂口头的俗语和祈愿。"一路平安""祝你平安""平安是福"等词人们皆耳熟能详,按照美国社会心理学家马斯洛的需求层次理论,安全是人类生存的最基本需求之一。"枫桥经验"所阐述的"安全感"实现程度,反映的正是人民群众"获得感"与"幸福感"的重要衡量指标,经过几十年的历史发展,该地区的民众"安全感"均达到95%以上;"枫桥经验"弘扬推广至浙江全省乃至全国,"平安中国"即成为人民所广泛享受的社会现实。美国有一位教授曾说,他在杭州时,夜晚十点多看到街上女孩子单独行走十分安全,而他住在纽约,晚上十点多就不敢独自一人外出,担心安全问题。据国际社会测评,中国是世界上社会治安最好的国家之一,且良好的治安是发生在一个全球人口将近 14 亿,拥有 56 个民族的超级规模大国,而并非一个人口稀少的蕞尔小国。反顾美国却枪案不断,屡屡枪响人亡。美国虽有持枪的历史文化原因,但更重要的是国家从维护军火资本集团的利益出发,无视人权和民众的强烈反对,仅在枪支祸害生命问题上,至今无法也不可能严格控枪禁枪。2017 年美国人口为 3.24 亿,但个人拥有枪支数约达 3 亿。仅 2017 年前 9 个月就发生 46593 起枪击案,平均每天发生枪案 169 起,大规模枪击事件就达 273 起。数据显示,2017 年美国发生逾 6.1 万起枪击案,造成 15488 人死亡,3.1 万人受伤。此外每年还有约 22000 人死于用枪自杀。枪支管理仅是社会治理的一个典型案例,中美两国的治安思路和应对举措,反映的是不同社会制度、不同价值观导致的两种截然不同的安全结果。

环视整个国际社会,世界并不太平。"二战"以后,至今虽无大战,但地区局部战争从未停止过,仅世界综合实力最强的美国就先后发动和参与了朝鲜战争、越南战争、科索沃战争、阿富汗战争、伊拉克战争、叙利亚战争等多场不同规模的战争,再次印证了列宁所说的"帝国主义就是战争"的至理名言,而战争带给人民的是国破家亡、生灵涂炭、城镇被毁、难民潮涌,凸显出民众对于和平安宁生活的期盼和渴望。因此构建人类社会安全共同体,小至一乡一镇,大至一城一域,已成为各国、各地区、国际社会的共同愿望和普遍诉求。

### 二、和谐往往相伴平安而生

"枫桥经验"的一个显著特征,即当地党群关系、干群关系、警民关系、邻里关系都比较融洽,治安稳定、社会和谐,老百姓的安全感与幸福指数都比较高,满意度、获得感充分。中国社会历来有"和为贵""家和万事兴"的思想传承,"枫桥经验"的邻里守望,相互帮助,化解矛盾,息纷止诉,都体现了中华文明"和合"文化的历史传统。2009 年,浙江警方组团前往美国、加拿大考察社区警务时,所到警局向考察团介绍警察如何回归社区,与民众互动并共同打造平安和谐社区。访问考察的同志当时即想,新中国建警与"枫桥经验"的特色,表明我国早就在一以贯之地践行着"依靠群众""群防群治"的理念,故中国基层社会的治理,始终保持着和谐稳定的态势。今天中国和平崛起,走向世界,在参与全球治理的过程中,向国际社会阐述中国理念,如"己所不欲,勿施于人""和则两利,斗则俱伤""协和万邦""天下大同",并进一步发展为"和平共处""地球村""和谐世界""共商共建共享""人类命运共同体"等新概念、新思想,凸显出在新的历史条件下,中华民族悠久文明与社会主义价值理念的融和发展、与时俱进,获得国际社会的普遍共鸣和认同。

## 第三节　以人民为中心的执政理念是社会长治久安的根本保证

"枫桥经验"源自中国社会基层,该镇自古以来就有深厚的文化底蕴,先后出现过许多乡贤和名人,如公元前 536 年在今河南出生的儒商鼻祖陶朱公范蠡,辅佐越王勾践,一雪会稽之耻;约千百年前的"枫桥三杰"王冕、杨维桢、陈洪绶和诸暨近代革命先烈宣中华、俞秀松、汪寿华;还有 1939 年 3 月 31 日,时任国民政府军委会政治部副部长周恩来在枫桥大庙发表抗日救国演讲的红色遗址等,无不传递散发出"以民为本"的家国情怀和乡土气息。枫桥所在的绍兴地区,历来就有远古先人大禹为民治水"三过家门而不入"的典故传说,早在战国时代就有孟子提出"民贵君轻"的仁政学说,以及"大道之行,天下为公"的"民本"思想。中华人民共和国成立以后,千年枫桥古镇更是老枝发新芽,焕发出青春活力。尤其是"枫桥经验"诞生和被广泛推广的 55 年来,人民安居乐业,经济社会持续发展。2003 年枫桥镇GDP 27.5 亿元,财政收入 1.1 亿元,至 2017 年,经济总量已壮大到69.5736 亿元,财政收入达到 4.675 亿元,枫桥镇所在的诸暨市人民群众的安全感从 2015—2017 年,连续三年平均达到 98.39%,满意度平均为95.83%;浙江全省的经济总量从 1978 年的 123.72 亿元发展到 2017 年的51768 亿元,是 40 年前的 420 倍;财政收入 1978 年为 27.45 亿元,2017 年为 10300 亿元,为前者的 375 倍;人均 GDP 1978 年为 331 元,2017 年达到 92057 元,为前者的 278 倍。而全国的 GDP 总量已从 1993 年的 5000 亿美元,到 2017 年达到 82.7 万亿元人民币,按国际货币基金组织以美元计算,世界经济信息网公布的数据,2017 年中国的 GDP 总量约为 12.24 万亿美元,稳居世界第二位,人均 GDP 已从 1980 年的 250 美元,达到 2017 年的 8800 多美元,1980 年中国 GDP 总量仅为美国的 6.6%,2018 年占比达到美国的 66%,增长 10 倍;中国的第一条沪嘉高速公路长仅 16 千米,1988 年才建成,而今天的总里程已达到 13 万千米,超过被誉为"汽车轮子上的国家"的美国,位居世界第一;而雄踞世界首位的高速铁路里程到 2018 年已达 2.4 万多千米,占全世界总里程的 60%,再过两年将达到 3 万千米;改革开放以来,按联合国标准,中国脱贫人口已达 7 亿多,占全球脱贫总人口的 70%,到建党百年纪念日之际,将完成最后 3000 万人口的精准脱贫计划。

上述从枫桥小镇的历史变迁到江南沿海浙江省的发展,再到新中国尤其是改革开放 40 年的巨大进步,突显出一个亘古不变的真理,中华民族上下五千年,始终流淌着"以民为本""人民利益高于一切"的思想脉络,当中国共产党诞生以后,更是以践行"全心全意为人民服务"为追求,不谋一党一己之私利。从革命岁月到执政年代,中共始终以"为人民服务"为宗旨,故得到以大多数工农阶级为主体的劳动者的衷心拥护,取得了革命的胜利和执政的辉煌成就。根据国际民调机构爱德曼的测评,2016 年全球各国政府信任度最高的是中国,所有受访者中有 73% 的民众对政府表示信任,排在后面的分别是俄罗斯和韩国。2018 年 1 月,全球知名公关公司美国爱德曼又发表全球政府信任度调查报告,在 28 个受访国家中,美国与中国的受访者分别为 500 人,其中中国有 84% 的受访民众对政府表示信任,而美国则"出现前所未有的信任危机",受访者对政府的信任度仅为 33%。报告分析,信任与危机的关键在于政府能否真正为自己的人民做实事。美国更倾向于为利益集团服务,而中国一直在有效解决自身的问题,如反腐、改革、治污、努力履职,民众对政府信任度不断增加。过去几十年,绝大多数中国人的生活水平越来越高,民众相信未来会更加美好。法国益普索 2018 年 7 月 26 日民调全球 28 国民众:"是否认同您所在国享有平等的基本人权?"中德受访者认同度均为 63％,并列第一,马来西亚 59％,为第二,瑞典 56％,为第三,而美国仅为 39％。从全球各国治安状态分析,世界平均每 10 万人的命案发生率是 6.2,中国人口众多,近 14 亿,但仅为 0.8,是全世界公认的治安最好的国家之一。美国 3 亿多人口,每年命案率却达 3.9,远高于中国。一个美国女孩曾这样评说中国治安:"这是一个凌晨三更半夜,还能自由在街头出行的国家。"上述三组最新数据,显示了世界最大社会主义国家与最富强资本主义国家的明显区别,本质上体现了两种不同社会制度、价值理念的差别。中国坚持社会主义道路,党和政府执政观的核心就是要求全心全意为人民服务,一切与之不相符合的所作所为都必须追究责任并予以认真纠正。中国人民之所以对党和政府、对国家制度有相当高的认可度,就在于其党和政府的执政理念充分体现了为人民服务的宗旨。从枫桥小镇到浙江全省乃至全中国,无不体现出这一执政的核心思想。人人平等是世界人权观的关键要素,没有人的平等,遑论真正的民主、自由? 美国和西方一些发达国家,屡屡以人权法官自居,然而其实际表现却与中国相去甚远,岂不暴露了那些所谓"人权卫士"的虚伪和傲慢? 平安是福,既是中国百姓的基本诉求,也是世界人民的共同愿望,可环顾地球村,许多国家与地区依然充满着动荡与战乱,人民家园被毁,流离失所,难民潮汹涌,而这背后往往都有西方国家争夺利益的强力介入,而带给第三世界国家的却是灾难和血火;发展是各国人民的普遍追求和迫切愿望,从枫桥小镇到江浙沪沿海地区,再到大江南北、黄河上下、东北平原,中国从一穷二白建设起步,到改革开放 40 年,经济社会面貌发生了巨大变化,中国人民在共产党的领导下,依靠自己的力量,将一个贫穷落后的农业国,建成为按联合国标准(即拥有 39 个工业大类、191 个中类、525 个小类)、全球独一无二的所有工业门类齐全的国家。综上所述,中共和各级政府的执政理念与实践,无不充分体现和回应了人民对安全、平等、发展的诉求,践行了人民对美好生活的追求和以人民为中心的思想,因此中国近 70 年的和平崛起,几乎跨越了大部分西方发达国家数百年的历史进程。

## 第四节　德法并治、崇德向善是具有中国特色的基层社会治理良方

### 一、中华民族历来有重视道德教化的优良传统

几千年的农耕社会培植了厚实的崇德弘礼、扬善去恶、忠孝仁和等德治土壤；同时又兼具有文字以来时代变迁、绵延至今、从未间断的法治传统，而德法并治的两手历朝历代都是沿用不二的，变化的只是随着生产方式的递进，其服务于阶级利益的不同而内涵与形式俱在不断演变的动态过程中。

### 二、德法并治的作用指向是社会、是国家，但归根结底是对人而言的

德治教化的社会涵盖面远比法治宽泛，内化于心的精神世界也远比外在强制的底线约束更有利于国家的长治久安，这也是历来统治者和中国人民十分重视崇德向善、强调道德教化的原因所在，这既是数千年来中华文明的精华特色，也是贡献给世界的治国良方。但这并不意味着中国社会不重视甚至无视法治。春秋战国时期的法家思想，至今仍闪烁着智慧的光芒并足以今人资鉴，而商鞅变法、富国强兵的历史典故仍给人以深刻启示。同样，当下我们强调法治建设、依法治国，却丝毫不能弱化、淡化乃至否定以德治国的巨大现实意义，相反要在法治的基础上，更加重视和强调社会主义价值观和中国优秀传统道德对党风政风以及整个社会风尚的引领。对当前"法治中国"的建设，有两点必须明确：其一，建立在一定经济基础上的法律制度属于社会的上层建筑，而任何一个国家的法律制度都是有其特定的阶级内涵的，换言之，都是为统治阶级的利益服务的。故美国西方为资本利益服务的法治体系，与新中国建立的为劳动阶级服务的法律制度，其阶级本质和政治属性是根本不同的，一些"公知""大V"故意混淆和抹杀两种法治体系的本质区别，其目的就是企图用西方所谓的"宪政主义"来取

代中国的社会主义法治建设,最终达到改朝换代,城头变幻大王旗的目的。其二,相当长一个时期以来,有种似是而非、到处蔓延的论调,即所谓西方重法治、中国重人治,西方是成熟的法治社会,中国是封建专制的人治社会,有的右派"公知"甚至扬言,民国政府即蒋介石独裁统治时有"六法全书",而"1949年废除了国民政府的'六法全书',法律一片空白","中国的近代法治进程到1949年中断了"。后来有些人更宣称中国是一个无法无天的国家,在此背景下,社会上还出现了一个"法治还是人治"的伪命题,以此来诋毁抹黑共产党领导的中国。马克思列宁主义的唯物史观告诉人们,在人类进入阶级社会以后,法律是特定的社会人群即阶级用以维系统治利益的工具和手段,而运用法律的人(阶级)始终是立法执法的主体,二者不存在矛盾的二律背反。相反,任何一个国家,无论古今中外,处于统治地位的人们,都是由具有主观意志的人,凭借法律制度对社会、国家进行良政善治或恶法管制。因此从这个意义上说,法治和作为统治者的人,二者关系必然是一体或一致的。就国家的阶级本质而言,所谓"法治还是人治"这一命题是根本不成立的。

## 第五节　中华民族文化传承基层社会德治教化的历史渊源

"枫桥经验"一个具有普遍意义的显著特点和比较优势,就是用情理法相融之道去处理和化解人际关系中的矛盾纠纷,从而合情合理、公正合法地解决利益纷争,弥合民间隔阂,最终达到邻里和睦、区域和谐,实现令人满意的社会成效。杨光照是枫桥镇远近闻名的矛盾调解高手,退休前为老百姓排忧解难、止争息诉做了大量卓有成效的工作;退休后依然马不停蹄,发挥余热。他领导的"杨光照团队"8年共受理了1900多件纠纷案件,妥善解决处理了1850件,兑现各类经济损失赔偿(补偿)8300余万元,调解结案率高达98%以上,满意率接近100%。用调解的方式化解社会矛盾纠纷,深受广大老百姓欢迎,体现了中国乡村治理的文化传统和公序良俗,其成效主要表现在:一是当事人之间少结怨或不结怨;二是省时省力又省钱;三是双方自愿达成的协议兑现率高。西方社会的历史背景尤重诉讼,动辄打官司,法律条款汗牛充栋,非律师类专业人士很难厘清来龙去脉,故费时费力又费钱,社会成本高,效率低。而中国法治则将历史传统、文化背景、政治制度、民俗习惯融于一体,将基层调解、乡规民约等都纳入法治体系,这乃是东方文明对当代世界发展、法治进步的一大贡献。"枫桥经验"充分运用"人民调解""行政调解""司法调解"三大渠道,秉持"小事不出村,大事不出镇,矛盾就地解决"的理念,正确妥善地处理了大量人民内部矛盾,化消极、破坏性因素为积极、建设性因素,从而为广大群众提供了一个安居乐业、和谐稳定的社会环境。"枫桥经验"通过各种调解方法将大量社会矛盾化解消弥于基层,有力且有效地促进了人与人之间的和谐共处,预防和减少了因矛盾激化而引发的违法犯罪行为,对于维护社会稳定,创建良好治安环境具有十分重大的现实意义。这一打上深刻中国烙印的经验样板,为国际社会提供了在处理本国社会矛盾,解决人际纷争,乃至民族、宗教、部落、族群等各种不安定因素过程中,可资借鉴的中国智慧与方案。

## 第六节　相信和依靠群众,始终把握治安工作的主动权

### 一、"群众警务"是枫桥公安在实践"枫桥经验"过程中的理念传承与概念创新

它充分体现了中国共产党人立党为公、执政为民的宗旨,体现了人民警察践行毛泽东、习近平两代领导人关于党的群众路线的思想内涵,体现了公安工作植根于群众,以民意为导向,专群结合、依靠群众的中国警察特色。"群众警务"的提出,既是来自基层的广大民警全心全意为人民服务,严格公正执法活动的鲜明、简洁、创新概括,也展现出在新时代这一执法理念不断深化扩展的广阔空间。今天走进枫桥派出所的大门,人们可以听到或看到,在新形势下该所对"群众警务"理念三句话的新诠释:一是"警务围着民意转、民警围着百姓转",表明的是公安机关"执法为民"的工作理念;二是"用群众眼光看治安",指出判断治安工作的好坏标准是人民群众的感受和满意度,而不是自己或上级的评判,或单纯的考核指标衡量;三是"矛盾不上交,平安不出事,服务不缺位",进一步提出了对所有民警的职责要

求,又演化成对民警工作的具体考核内容。在上述执法理念和工作要求的引领下,枫桥公安始终保持着和人民群众的密切关系,群防群治,警民合作,几十年来始终保持了发案少、治安好、社会平安稳定的良性常态,在浙江省案件高发频发的 21 世纪头十年,枫桥镇的发案率基本维持在 20‰左右,而其他地区的平均发案率高达 107‰。党的十八大以后,枫桥公安继续秉持"警力有限,民力无穷"的工作思路,将全镇 239 家各类社会团体组织起来,共同参与社会治安共商共建共享活动,人数高达 14500 多人,并取得显著成效。刑事发案率从 2013 年的 331 起下降到 2017 年的 133 起,4 年下降 60%,年均下降达 20.4%,矛盾纠纷总量从 1064 起下降到 608 起,年均下降 13.2%,先后 6 次获得全国社会治安综合治理先进集体称号。实践雄辩地证明,当年毛泽东同志指出的,公安机关一旦将群众组织发动起来,做的并不比专门机关差和弱,是正确的。毛泽东强调公安机关"最重要的一条是做群众工作,教育组织群众,做一般性公安工作",这一指导思想几十年如一日,至今仍然是中国公安工作的生命线和政治优势,说到底,公安工作的本质就是群众工作。诚如公安部老部长、原中央政治局委员、中央政法委书记孟建柱所说,公安机关既是执法部门,又是群众工作部门,此话可谓鞭辟入里、一语中的。

### 二、论中国,看世界

追溯所谓全球警务革命的浪潮,大体经历了五个发展阶段。第一阶段:即 1829 年英国进入资本主义工业化,以伦敦大都市建立警察机构为标志,到 19 世纪末被视为现代世界警察的诞生,其特征称为职业化。而被西方誉为"警察之父"的罗伯特·比尔则提出了"建警十二原则",并设计了平民化的警服。第二阶段是从 19 世纪末到 20 世纪 20 年代,主要以美国警察的警务改革为标志,将警察机构从地方政治的纷争和羁绊中解脱出来,其鲜明的特征是警察职业专业化、独立性,向法律负责,依照法律办事执法。第三阶段是从 20 世纪 20 年代到 70 年代,由欧美推动的所谓警务现代化,这种变革特征主要表现为工作上快速反应,高效率办案。为此必须扩大编制,实现指挥通讯、办公执法装备现代化,警察普遍运用了道路车巡、计算机设施等。第四阶段从 20 世纪 70 年代到 21 世纪初,以社会化为特征,掀起了世界性的第四次警务革命,其主旨为警务工作要回归社会,融入社区,针对的恰恰是第三次警务革命的弊端,即现代化的车轮越转越快,但是警察离民众却越来越远,违法犯罪率也不断攀升。鉴于此,西方警界意识到,脱离民众无法有效控制犯罪率的升高,故提出了警察要重回社区的"社区警务"理念。所谓的第五阶段,即有观点提出,是以信息化为特征的警务革命,但似乎并未形成警界共识。

上述种种所谓"革命",多从"西方中心论"的话语视角予以解读,习惯从警察的职能、架构、器物等方面论述。而中国建警至今的宗旨和指导思想则一以贯之,无论治安形势、犯罪形态、科技装备、工作方式如何变化,但以人民为中心和以民意为警务导向,秉持为人民服务、为人民执法的理念如终不变。这一本质特征,恰恰是比较中外警察,尤其是中国警察和美国西方警察最根本的区别。枫桥公安所提出的"群众警务"之理念和实践,正是体现了中国警察来自人民,为了人民,植根人民,依靠人民,警民融合,共同打造世界最安全国家,和谐稳定社会的政治密码所在,也是中国政府在一个幅员辽阔、拥有近 14 亿人口的新兴发展中国家,为中国人民提供最良好治安环境,赢得国际社会口碑、足资各国借鉴的发展中大国样板。

## 第七节 中国为世界提供平安建设的智慧、经验和方案

世界各国政府都把为本国公民提供安全保障作为一项最基本的公共职能,而各国的治安警察机构普遍具有两项十分重要的职责:打击惩治违法犯罪和预防减少社会犯罪现象。毛泽东曾明确指出,公安机关最重要的一条是学会如何做群众工作,群众工作做好了,可以减少刑事案件。如何有效实现警察的治安职守?枫桥公安作为中国基层社会的治安典型,以"枫桥经验"的生命活力和创新发展,诠释了具有中国特色的人民警察打造良好治安环境的最大优势,乃是坚持党委领导下的群众路线,走打防结合,以防为主,专群结合,综合治理的平安建设独特路径。

枫桥派出所在处理打击犯罪与预防犯罪两者的关系上,几十年如一

日,始终牢牢把握立足预防,将工作重心向基层基础建设倾斜,将大部分警力部署下沉到社区、村居,以预防、减少和不发生违法犯罪行为为工作导向,如同美国华裔著名证据学家李昌钰所说,警察的第一大任务就是犯罪预防。由于行政区域调整,枫桥派出所民警从当年的 7 人编制扩展到如今的 25 人,还有 69 个协辅警,在警力摆布上,他们将全所警务划分为综合、侦查、社区三大块,其中 60% 的警力配置到社区警务上,并确定刚性清单,将考核权重向民警融入社区群众倾斜,如走访多少居民,警民熟识率,矛盾化解率,群众满意度等;有人才好干事。全镇分片设置了 3 个警务室,做到"24 小时不关门,不离人,不关灯",被老百姓温馨地称为"办在家门口的派出所",日夜守护着群众平安,使村居民的安全感大大增强。该所为了动态掌握警情,采取"走出去""请进来"两种方式,走访群众,了解民意,排查隐患,整治问题,仅 2017 年全所民警就走访群众 12388 户,电话访问 2477 户,密切融合了警民关系。然后将走访中收集到的问题分别整理成"社情反映"和"民意提案",有针对性研究措施予以解决。在"问计于民",先后开展的 109 次"平安议事"活动中,共梳理出各种意见建议 521 条,解决 517 条,处理功效高达 99.2%。在全年治安防控工作中,共确立了十项基层治安重点任务,围绕治安"靶心",采取对策,防范于未然,有力有效地减少各种违法犯罪案件的发生,使枫桥地区的治安生态呈现出良性循环、和谐稳定的局面。

中国历史上,东汉末期的政论家荀悦在《申鉴·杂言》中说道:"先其未然谓之防,发而止之谓之救,行而责之谓之戒。防为上,救次之,戒为下。"意指事后控制不如事中控制,事中控制不如事先控制,未雨绸缪乃预防,为上策,补救次之,惩戒为下策。安全保障的预防性投入与事后整改的效果之比往往是 1:5。学习弘扬"枫桥经验"过程中,各地开拓思路,因地制宜,创新实践,成果累累。湖州市公安局率先在全市公安机关确立"居安思危,思则有备,有备无患"的理念,从上到下,从领导到民警,全方位转变公安工作的指导思想,颠覆了传统观念上根深蒂固的"公安主业是打击""以破案多少论英雄"的错误导向,明确提出"防为主,防为上"的工作方针,取得了党委政府满意,人民群众满意,广大民警满意的"三满意"优异成绩。在"防为主,防为上"的指针引领下,安吉县公安局首创"家园卫士"活动,业余休息时间民警为所在社区居民排忧解难,组织志愿者开展公益活动,得到各级领导和群众的充分肯定;吴兴区公安分局飞英派出所学习枫桥公安"杨光照团队"事迹,借助社会各界力量,建立起由各行业专业人士组成的化解矛盾"精英团队",将各种治安、民事纷争解决在萌芽和初始阶段,做到了地处繁华带、人多纠纷多的老城区长达十年零上访;长兴县公安局开展争创"四星民警"活动,有力激发了民警深入基层民众、创业干事的热情;吴兴区八里店派出所以民意为导向,做好外来人口新居民的服务工作;南浔派出所辽西警务室打造"无贼网格",不断提升老百姓的安全感;市公安局经侦支队从"等案"到"防案",主动出击,强化对金融企业的重点防控,在全国全省互联网金融 P2P 大面积爆雷引发涉众性事件情况下,湖州全市却无一起此类案件发生,有效维护了本地区的平安稳定。

综上所述,"枫桥经验"坚持群众路线与专门工作相结合,打防结合,以防为主,确保了基层社会治理的长期稳定。对世界各国,尤其是民族冲突、宗教纷争、暴恐频发、犯罪猖獗的国家地区,如何突出政府社会各界的综合治理,突出防范为主、有备无患的工作思路,如何化解矛盾、和睦相处、互利互惠、共同发展,提供了可参考的经验、做法与智慧。

充分发挥中国"乡贤文化"的作用,调动新时代各行各业"新乡贤"的主动创造力,助推基层社会管理现代化,给当代世界治理提供一剂良方补药和具有中国特色的公共产品。"枫桥经验"的发源地浙江绍兴,从上古时代就传诵着圣贤大德的虞舜和大禹精神,在封建社会的农耕时代,更是"自古皇权不下县",乡村治理主要依靠"乡贤"即贤德之人自治。"乡贤"一词最早出自唐朝史学理论家刘知几的《史通·杂述》,按古人"乡贤"标准,如《左传》中有"三不朽"之说,即"立德、立功、立言",立德即做人,立功为做事,立言乃治学,达到"三不朽"便是"乡贤";"乡贤"是受到老百姓广泛认同和推崇的地域标杆式人物,蕴含着中华优秀传统文化积淀和塑造的理想人格;而所谓"乡贤文化",即指一地由历代乡贤厚积起来,具有激人向往的思想信仰、人生价值的文化形态,是一种地域精英文化和榜样文化,有着植根乡土,贴近草根、见贤思齐、崇德向善的内在力量。当代乡贤即指奉献于乡土,在乡邻中威望高、口碑好之人,如优秀党员、道德模范、身边好人、饱学之士、成功商人、退休好官、专家学者等等,他们以自己的言传身教垂范乡里,涵育乡风,热心助推基层治理和美丽乡村建设,枫桥镇即拥有这样一批情系乡土的本地和外地"乡贤",既有高官,又有普通民众,相当一部分从枫桥走向五湖四海的成功人士还组建了"乡贤会",为"枫桥经验"的传播弘扬和家乡建设尽心竭力。随着"枫桥经验"的广泛推广,在浙江或绍兴很多地方,"枫桥经验"与本地的"乡贤文化"相结合,在融合助推社会主义核心价值观落地生根,以及助推基层社会治理发挥了十分有益的效用,"上虞经验"就堪称一个典型案例。

绍兴上虞区从古至今涌现出 3000 多名杰出乡贤。2001 年该区成立了全国最早的民间"乡贤"社团,广泛开展乡贤精神进学校、进家庭、进社区、进景点等"四进"活动,撰写教材、论文等 1000 多篇,建立了一批乡贤纪念馆,2015 年获评"中国乡贤文化之乡",中宣部予以充分肯定和高度评价,强调各地要像上虞一样,知贤、求贤、传贤,以乡贤文化引领社会风尚,形成时代正气。全国各大报纸、电视台、广播、新媒体都做了报道。新乡贤杭兰英在祝温村面临各种困难之际,毅然辞去在外的高薪职务回村,1986 年当选为村党支部书记,在随后的 30 多年里,为发展集体经济起早贪黑,苦干实干。她自掏腰包,改造村道,治理河道,慰问贫困户,先后捐款达 48 万元,把一个贫穷落后村建设成美丽新农村样板;在"百企联百村"活动中,数百虞商和社会贤达人士为新农村建设筹资达数亿元,在招商引资、"虞商回归"工程中,共引进 145 个项目,到位资金 116.6 亿元,全区由乡贤出资的公益基金达 200 多个,涉及文教、养老等领域,每年可用资金达 7000 万元,被人誉为"上虞基金现象"。虞商乡贤回报家乡、反哺桑梓的热情,极大地促进了乡土经济和民生事业的发展;最能体现中国传统文化特征的是乡土社会,乡村治理的现代化须依托自治、法治和德治,当今中国的"三治"要打通服务群众"最后一公里",解决好群众办事、矛盾调解、信息咨询、致富求助"四不出乡村",主要依靠自治与德治。又因为乡土熟人社会,一般民众有了矛盾都不愿撕破脸皮、靠法律打官司解决,故大量矛盾纠纷都是通过村规民俗、沟通调解、乡贤仲裁来化解。乡贤参与和协助政府基层治理是符合中国国情、具有人文情怀的一种管理模式,仅上虞区一地就成立了 203 个"老娘舅工作室"和 5 个民间专业调解机构,化解老百姓的矛盾纠纷,成本低,功效好,费时少,民众欢迎,既为政府减压,又大大促进了社会和谐稳定。

中国的改革开放经历了 40 年的风雨历程,如今作为世界第二大经济体,中国的国际影响力已有了飞跃性提升。在中国前进的路途中,"崩溃论"也好,"威胁论"也罢,西方媒体或带着有色眼镜的专家学者们的预言总是一次次破产泡汤。中国政局稳定、经济发展、社会安定、快速进步,其亮丽的成绩单给世界,尤其是给发展中国家树立了令人心动的新路标,中国方案、中国范本渐渐成为各国争相研究的热门话题。其中作为超级人口大国的社会基层治理,是保持国家长治久安的坚实基础,是建构共和国大厦的牢固基石,必然成为当今世界一门显学,即"中国学"的研析对象和题中应有之义。中国社会的基础建设和底层治理,无疑会引起世界各国的高度关注和盎然兴趣,而具有中国人文底蕴的乡贤参与社会治理,正是一种典型的国情特色,并焕发出极有生命活力的时代意义,可资各国参照借鉴乃至试点效仿。在中国倡导的"一带一路"与沿途各国发展蓝图对接相连,并向五大洲延伸与国际社会合作,共建共享、多赢共赢过程中,如何与各国的基层社会、各界"乡贤",诸如区域名流、部落首领、民族精英、宗教领袖、媒体达人、非政府组织负责人等和平共处、友好合作,某种程度上乃是决定民心相通、项目成功与否的关键。

用"枫桥经验"的理念,推动打造"共商共建共享"的"人类命运共同体"。全世界 74 亿人口同处一个地球村,各国人民都期盼生活在一个和平安全、经济繁荣、生态美丽的社会环境中,没有战乱屠杀、没有饥饿贫困、没有暴力恐怖同样是人类社会追求的目标。然而现实世界并非如此,强权政治、霸凌主义、丛林法则依然到处盛行。随着社会主义中国和平崛起,一批新兴经济体国家的力量不断壮大,发展中国家的话语权逐步增加,世界格局正在发生着深刻的变化和重组。中国倡导的"一带一路",受到世界各国政府和人民的积极响应,中国提出建设"人类命运共同体"的理念,受到国际社会的普遍欢迎。处在这样变革发展的历史背景下,"枫桥经验"所折射出来的思想文化光耀,将带给世人深入的思考和启示。

"枫桥经验"告诉人们,以人民为中心,执政党和政府的一切工作只有以人民的利益和诉求为导向,才能把握发展的正确方向,才能赢得民心和社会的广泛支持和拥戴。共产党从它诞生的那一刻起,就旗帜鲜明地向世人宣示,它没有自己的一党私利,它的宗旨始终是为绝大多数劳动人民服务,而绝不是为极少数的资本利益服务。追根溯源,这才是"党委领导,政府负责,各界参与,群防群治",确保社会平安和谐、稳定发展,使"枫桥经验"55年长青不衰的根本原因。环顾世界,许多国家的政党和政府为利益集团之私,钩心斗角,互相攻讦,贪腐不断,导致政权频繁更迭,内乱动荡,甚至战争冲突,民不聊生。凡此种种,从正反两方面说明,只有以人民利益为出发点和落脚点的政党和政府,才能保证国家的长治久安,人民生活的幸福安康。

"枫桥经验"告诉人们,社会实践无止境,人的认识,先进典型的发展,经验的总结、提炼、传播也是无止境的。"枫桥经验"从20世纪60年代对"四类分子"的改造,到"文革"后给地主富农摘帽的成功试点,再到新时期针对青少年犯罪问题突出的综合治理,又面对改革开放出现大量社会矛盾纠纷,加强维稳平安建设,时代在进步,人们的思想观念也在与时俱进;一句话,问题导向、改革创新才是永恒的动力。而当今世界正处在一个动荡、变革、发展的全球化时代,国际格局、世界秩序在总体稳定的状态下,随着中国和新兴国家、发展中国家力量的兴起壮大,旧的、不合理的国际秩序、国际规则也将发生渐变重塑、翻新改写,这是不以人的主观意志为转移的客观规律,中国必须顺应时势变化和各种力量增减平衡的发展趋势。

"枫桥经验"告诉人们,人与人之间大量的矛盾纠纷,在合情合理合法的基础上,秉持公平公正公开精神,完全可以本着协商调解的方法予以化解。国与国之间的矛盾纠纷,同样可以根据情理法、公平正义原则加以妥善调解处理,但前提是国无论大小、强弱、贫富,必须坚持相互尊重、平等对话的国际公理。中国在解决南海岛礁、海域纷争过程中,坚持和平对话、谈判协商原则,决不以大欺小,以强凌弱,先后与越南于2000年解决了北部湾划界问题;2002年再次与东盟共同发表了"南海各方行为宣言"。在排除域外国家的干扰后,2018年8月中国与东盟十国又相向而行,达成"南海行为准则"单一磋商文本草案,为将南海打造成"和平、友谊、合作之海"迈出了具有里程碑意义的一步。在国际舞台上,中国还积极参与伊核协议谈判,推动巴以和谈,努力促成朝核危机和平解决,向联合国提供了数量最多、达4000多人次的维和部队,赢得了国际社会普遍好评,既体现了作为一个大国的担当负责精神,同时以实际行动诠释了中国坚持和平共处,通过谈判对话解决国与国纷争的坚定立场。

"枫桥经验"告诉人们,追求幸福美满的生活,既是党和政府为民之职责,更是基层自治、人民大众自己的事。在社会基层治理过程中,充分发扬群众的自觉能动精神、民主平等精神,积极参与群防群治,是实现经济发展、社会平安、环境和谐必不可少的基本条件。国与国之交同样如此。21世纪中国首倡"一带一路",但它绝非是一国之独唱,而是沿线各国之大合唱。它所倡导的"共商共建共享"之精神,正体现了新型国际社会的民主观和平等观。"共商"即意味着国家之间应相互尊重,平等协商,决不能唯我独尊,搞霸权欺凌;"共建"即要求将各国发展蓝图相互对接,资源整合,共担责任风险,把蛋糕持续做大;"共享"即分好蛋糕,发展利益惠及相关国家与人民,决不搞"零和"游戏,唯我优先,赢者通吃。

"枫桥经验"告诉人们,一方水土养一方人。生活工作在一个区域的居民,甘苦同尝、荣辱与共。社会环境、平安发展的孰优孰劣,归根结底取决于每一个人和群体的共同奋斗。人类地球村的经验教训已充分证明,中东阿拉伯世界的动荡战乱,同样会使难民潮汹涌、暴恐袭击波及欧美等发达国家;持续数十年的巴以冲突,给巴勒斯坦人民带来了深重苦难,同时没有安全感的阴影也始终笼罩着以色列;而中国的和平崛起,坚持以邻为善、以邻为伴,坚持睦邻、安邻、富邻,突出亲、诚、惠、容的周边外交理念,强有力地影响和带动了周边各国的经济增长、社会发展。因此中国提出共建"人类命运共同体",顺乎民心和世界潮流,得到了国际社会的高度评价和积极响应。然而任何事物的发展绝不是一帆风顺的,中国主张相互尊重、公平正义、合作共赢的国际关系,但国际上总有个别国家喜好干涉他国内政,动辄制裁敲诈威胁,甚至践踏国际法侵犯别国主权,对此中国及爱好和平的国际社会,必须伸张正义,不畏强权,以两手对两手,进行坚决斗争。只有联合世界上一切讲公理、求平等、爱和平的国家与人民,与霸凌强权政治展开有理有利有节的斗争,人类社会才能不断地朝着"利益共同体""责任共同体""安全共同体""命运共同体"的目标前进。

**实践篇结语：**

实践是理论之源，"枫桥经验"是从诸暨枫桥推广到浙江省和全国各地。经过千百万群众的实践，总结了预防为主，矛盾调解，文化维稳，柔性执法，创造安全，保障人权等经验，提炼了"枫桥经验"的安全观、人权观，推进了"枫桥经验"的法治化、社会化和全球化，为中国特色社会主义社会的治理，增添了理论元素。为加强全球治理、推动国际秩序朝着更加公正合理的方向发展，推动构建人类命运共同体，提供可行的经验和方案。恩格斯在《共产主义者卡尔·海因岑》中写道："共产主义不是学说，而是运动。它不是从原则出发，而是从事实出发。"那些不经过调查而关在书斋里撰写出来的本本，则很难进入领导决策机制，也很难被群众接受，更难付诸实践。正如恩格斯所说："它不是从原则出发，而是从事实出发。""枫桥经验"是从实践中总结出来的，其价值就在于此。

# 创新篇——"枫桥经验"的内生力

习近平总书记指出:"要着力推进社会治理系统化、科学化、智能化、法治化,深化对社会运行规律和治理规律的认识,善于运用先进的理念、科学的态度、专业的方法、精细的标准提升社会治理效能,增强社会治理整体性和协同性,提高预测预警预防各类风险能力,增强社会治理预见性、精准性、高效性,同时要树立法治思维、发挥德治作用,更好引领和规范社会生活,努力实现法安天下、德润人心。"

——在会见全国社会治安综合治理表彰大会
代表时的讲话(2017 年 9 月 19 日)

# 第十二章
# 新时代"枫桥经验"在湖州的创新实践<sup>*</sup>

2018 年是毛泽东同志批示发表"枫桥经验"55 周年,也是习近平同志15 年前对"枫桥经验"做出批示,担任党的总书记后,于 2013 年再次强调"把'枫桥经验'坚持好、发展好,把党的群众路线坚持好、贯彻好"指示 5 周年。2018 年以来,我们先后两次到诸暨市枫桥镇,湖州市安吉县、长兴县、吴兴区、南浔区、市公安局经侦支队等基层单位调研,收获很大。尤其是湖州公安发展创新"枫桥经验"的实践使人印象深刻,受到启迪良多。

## 第一节　湖州公安旗帜鲜明地提出"防为主,防为上"工作方针

2018 年我们曾两次到湖州安吉公安调研学"枫桥经验"、创"家园卫士"活动,夜访派出所时看到墙上醒目地饰有"防为主,防为上"标识,这也是湖州公安全力推广和坚守的工作指导思想。这其中既包含了中国古人之智慧,也是学习"枫桥经验"的题中应有之义。距今约两千年前的东汉时期,思想家、史学家荀悦在他的政治、哲学论著《申鉴·杂言》中说:"先其未然谓之防,发而止之谓之救,行而责之谓之戒。防为上,救次之,戒为下。"

---

<sup>*</sup>　注:本章是浙江省公安厅几位老同志的调研报告,得到部省有关领导的肯定,收入本书以供参考。

意指事后控制不如事中控制,事中控制不如事前控制。预防为上策,救补为中策,事发惩戒追责乃为下策。而中国建警至今和"枫桥经验"提出"少发案、不发案、重在预防"的工作理念与方针,都是强调和突出"打防结合,以防为主"。

湖州公安认为,我们面对的主要矛盾是如何尽最大努力,减少社会上的违法犯罪活动,不断提升人民群众的安全感。鉴于此,公安机关的主要任务就是"防范、防范、再防范",一切工作必须"以重在预防为出发点和落脚点"。凡事要想在前,做在前,忙在前,往最坏处去预防,往最好处去努力。最大限度地将矛盾化解在萌芽状态,将违法犯罪制止在初始阶段,将各种问题解决在出事之前,这应该成为公安工作的底线思维,体现的正是"小事不出村,大事不出镇,矛盾不上交"的"枫桥经验",是衡量和检验公安工作做得好与不好、衡量"枫桥经验"的战斗力强不强的最基本标准。

共产党人的立党宗旨是全心全意为人民服务,这也是人民公安的建警之本。湖州公安坚持以人民利益为皈依,以民心民意为工作导向,强调做公安工作不出事才是真本事,保平安才是最高境界。老百姓不求公安轰轰烈烈,但求过日子平平安安。对群众而言,案件破得再漂亮,不如社会少发案,事故处理再到位,不如不发少发事故最普惠。如果发生案件和事故,对老百姓造成的损失和伤害可能永远都弥补不了,可能会留下永久的痛。正是满怀对人民群众生命财产安全的最大责任感,湖州公安明确提出以"四少"即"少发案、少事故、少伤亡、少损失"为工作目标,连续九年开展"惠民十大行动",收集各类民意诉求 100 多万条,梳理出台惠民措施 90 多条,并在破解难点热点问题的过程中,严格落实跟踪督导、群众测评、实绩晾晒等措施,努力满足人民群众对美好生活的向往。如在治理生态环境,打造"绿水青山就是金山银山"行动中,湖州在全省乃至全国率先创建了"河道警长制""林区警长制""矿山警长制""市场警长制""湖泊警长制",仅市县镇村四级"河道警长"就配备了 819 名,覆盖了全市 7373 条河道,长达 9380 千米的全程水域,先后共巡查河道 11692 次,发现整改问题 1400 多起;为整治大气污染,积极推动和参与烟花爆竹全域"双禁"工作,2018 年元旦、春节期间基本实现"零燃放";下决心淘汰黄标车 2600 余辆;又如,对打击食药环犯罪实行"零容忍",2015 年以来,共破获"食药环"犯罪案件 603 起,抓获犯罪嫌疑人 1429 人,打击处理力度居全省同类地区第一,成功侦破湖州市首例部督工业和医疗废物处置环境污染案,并被评为全国治污十大经典案例。

习近平同志曾说:"平安是老百姓解决温饱后的第一需求,是极重要的民生,也是最基本的发展环境。"在浙江任职时,他率先在全省开展平安浙江建设,群众安全感始终走在全国前列。湖州市公安机关正是遵循习近平思想,牢记老百姓没有平安就没有幸福的深切感受,懂得老百姓并不关注公安机关破案率多少,抓了多少人,打击处理率多少,而是关心家里有无被盗,家人是否平安,故始终把"预防为主、防范在先""不发案、少发案"的工作理念放在首位,在全省开展平安建设考核中,实现平安湖州十一连冠,全市刑事案件从最高点 4.3 万起降至 2017 年的 1.4 万起,命案从 52 起降至 2017 年的 10 起,2018 年上半年仅发生 3 起命案,又成为全省命案最少的地市。湖州经侦从 2017 年起,秉持"防为主、防为上"理念,加强金融重点防控,变"等案"为"防案",与工商、人行、银监等部门建立联审注册制度,对全市可能引发资金链断裂的类金融企业予以重点关注,主动介入预查,先后共联查了 700 多家企业,发现违法线索 200 多条,犯罪线索 9 条,依法查处了 3 家企业,打击处理非法吸存、金融传销案 52 起。当今年全省很多地方发生涉众 P2P 等金融案件爆雷时,湖州却保持了社会平稳,未有 1 起总部设在湖州的金融大案爆雷。在刑事案件发案数明显下降的基础上,湖州公安能够集中精兵强将,握紧拳头,更精准有力地打击、震慑犯罪活动,先后侦破了 20 年前具有重大影响的 3 起命案,累计共破获陈年积案 521 起,抓获逃犯共 248 人,在册逃犯归案率位居全省第一。

湖州公安将工作重心立足于防控,契合了"枫桥经验"把矛盾纠纷化解于源头的思路,体现了中国公安的传统特色和亮点优势。该市积极探索和创新矛盾多元化解机制,广泛推行"警律协作、警庭合作、警调衔接"模式,让人民调解、司法调解、治安调解有机结合、良性互动,把矛盾纠纷、风险隐患发现在基层、化解在初始、稳控在当地。全市现有专兼职人民调解员 280 多名,仅 2017 年成功化解矛盾纠纷 2.2 万多起,占全市总调解数的 95% 以上。全市开展"无发案、无事故、无纠纷"的"无贼网格"创建活动,评选推出一大批"防范之星";同时高度重视初信初访的化解工作,推广"网上接访、预约接访、上门走访、带案下访"等各种方法,严格落实首接首办责任制,穷尽情感、法律、经济、帮扶等手段化解心结,确保来访来信都能得到热情接待和及时处理。仅 2018 年 1—5 月,市公安局接访就比上年同期下降27.7%,初信初访下降 42.8%。同时以"最多跑一次"改革为契机,在浙江省率先开展智能警务站建设,引领服务质效提档升级。

## 第二节　坚持专门工作与群众路线相结合相信和依靠群众,走中国特色的人民治安道路

"枫桥经验"的核心理念,就是一切工作都要坚定不移地走党的群众路线,坚持从群众中来、到群众中去,动员组织人民群众为自身的利益和对美好生活的追求而共同奋斗。最大限度地激发人民群众的主动性、创造性,让他们积极参与群防群治的警民共建、社会共建实践活动,这正是打造平安共同体的最大民意基础。当年毛泽东同志曾对公安部负责人说,"从诸暨的经验看,群众起来之后,做的并不比你们差,并不比你们弱,你们不要忘记动员群众",公安工作"最重要的一条是做群众工作";习近平同志谈到"枫桥经验"时,特别强调"把党的群众路线坚持好、贯彻好",两代党的领袖都反复论述突出党的群众路线,离开群众我们的工作将一事无成。这些年来,湖州公安正是按照"枫桥经验"的要义,坚持走人民治安、群防群治的道路,尤其是做大做强热心治安的志愿者队伍,先后组建了社区义务巡逻队、护厂护村队、护校队、"快乐大姐"、"萌警团"、"高校学生志愿者"等不同年龄段的志愿者团队 800 余支,人数从 2015 年的 2.3 万增加到目前的 24.5万。安吉县公安局率先开展"家园卫士"活动,要求民警"在岗时是守卫平安的勇士,在家时是守卫家园的卫士",湖州市局随即在全市推广,全市上下从局长到普通民警、辅警,把自己的姓名、单位、手机号码、照片在家乡村居、现住社区公开,借助"人熟、地情熟、警务知识熟"优势,热心为基层和老百姓办实事,有 5000 多人次在群众中开展 1100 多场次的活动,组织志愿者进行治安巡防、安全检查、调解纠纷等,先后消除安全隐患 356 处,解决群众诉求 230 件,化解矛盾纠纷 125 起。在"家园＋民警"的基础上,还涌

现出家园＋医生＋教师＋律师＋"老娘舅"＋心理辅导员＋党政干部等系列队伍,打造平安共同体,共建共享人人为我、我为人人的和谐家园。在考察吴兴区飞英派出所时,担任所长长达 10 年的翟舟东告诉我们,根据基层大量接警案情梳理分析,约 70％的内容涉及民间矛盾纠纷,真正涉及警事处理的仅为 30％左右,故派出所一项最重要的工作是化解调解人际矛盾纠纷,他们借助"家园卫士"活动,在辖区建立了来自各行各业的专业精英调解团队,名单上墙,当事人可点名约谈,成效显著,仅 2017 年就调解 500 多人,化解矛盾 400 多起。辖区 10 年没有新的上访户,大量警力从解决接处警事件中解脱出来,将精力专注投入基层基础建设和警务专业工作中。

坚持党的群众路线,必须牢固地树立历史唯物主义的"群众观"。习近平同志曾强调,做好群众工作是各级领导干部的重要职责,是否重视做群众工作,是否善于做群众工作,是衡量党员干部政治上是否合格、工作上是否称职、领导能力强不强的一个基本标准。此话针对时弊,切中要害。作为基层民警,尤其要像枫桥公安一样,进入派出所首要的一课是学会如何植根于人民之中,学会如何做群众工作。湖州开发区马长林警务站辖区罗师庄社区共有 2 万居民,其中 1.8 万是外来人口,分别来自 26 个省市,18 个民族,"平民警官"马长林用真情真心赢得民心,先后与 30 多家单位建立合作关系,成立了"关爱新居民子女服务队""老乡帮帮团"等 12 支 1000 多人的志愿者队伍,把一个处于城郊接合部的治安乱点变成平安和谐的新家园。湖州公安大力推广二级英模马长林工作法,在市警校挂牌成立了"马长林群众工作法教研室",组织了教学团队,建立了一批实习基地,努力让广大民警懂得群众工作语言和沟通技巧,掌握群众心理,学会化解矛盾与调解纠纷,使他们成为群众工作的行家里手。为实现警力下沉,贴近群众和一线实战工作,全市 180 多名警力被下派到基层,社区警力占到派出所总警力的 42.28％。织里镇 40 万人口中有 30 万外地人,流动人口聚集,该镇是全市安全维稳的重点区域。市局下决心实行警务改革,内设机构从 7 个减至 4 个,派出所警力从 43％提升到 63％,分局 4 名副局长全都兼任派出所所长和交巡警大队长。由于加强了基层警力,刑事案件从 2015 年的 3387 起下降到 2017 年的 1387 起,成效十分明显,2017 年该分局首次被评为全省优秀公安局。

## 第三节　思考与建言

"枫桥经验"结合平安建设在全省乃至全国推广已有多年,但像湖州公安根据当地社会治安比较平稳的实际情况,广泛、全面、有力地践行"标本兼治、重在治本"的工作方针,明确将"防为主、防为上"作为警务执法指导思想的地区比较少见,且成效显著,对我们也有很大启发和触动。

### 一、建议将湖州公安"预防为主"的执法理念在公安机关全面推广

要将"打防结合,以防为主"的公安工作方针坚定不移地树立起来,并始终不渝地贯彻落实到公安机关各个方面,而决不能像有的地方那样,"说起来重要,忙起来不要",而应牢牢牵住"重在预防"这条牛鼻子绳。"海恩法则"表明,每起严重事故的背后必有29起轻微事故,300起未遂征兆,1000起事故隐患,充分说明事故(案件发生同理)与防范之间存在着量变到质变的必然逻辑关系。长期以来,公安机关有一部分人坚持认为"公安以打击为主""以破案论英雄",考核导向、立功受奖都向打击破案倾斜,轻视、漠视犯罪预防,最后导致本末倒置,指导思想偏颇失误,案件高发频发,民警打不胜打,人马疲于奔命,治安混乱,群众不满,2008年浙江温州龙湾特大爆炸案就是一个典型案例。党的十八大以来,遵循习近平总书记的讲话精神中"应该疏堵结合、以疏为主,惩防并举、以防为先,标本兼治、重在治本"的指示,各级公安机关领导的指导思想正在逐步转变,在严厉打击各种严重危害群众利益,尤其是重大暴力犯罪的同时,"枫桥经验"以防为主的理念渐入警心,由此公安工作也开创出一番新气象、新局面。湖州公安数届领导彻底转变工作方针,将"预防犯罪"作为执法活动的重中之重,"防为主、防为上"的理念已结出累累硕果,值得全国各地,尤其是经济发达地区的公安机关学习效仿,本质上这就是"枫桥经验"在全警的贯彻落实。各级公安机关在严打黑恶势力、暴力恐怖等严重刑事犯罪的同时,逐渐改变思路,坚持以防为主,以上率下。刑侦、经侦、禁毒等业务部门,在做好打击破案这上半篇文章的同时,也要通过案件深刻反思,总结吸取经验教训,深

研如何做好主动防范、少发案、不发案这下半篇文章;要从表彰机制、制度导向上予以重大改革,大力向预防犯罪、少发案、不发案且成绩显著的基层公安机关和社区民警倾斜,为公安工作"以防为主"的正确理念,提供表彰奖励制度上的有力支撑,力争全警在防范减少各类刑事案件,坚定"以预防犯罪为主"方针方面为党和国家、为人民做出新的更大贡献。

## 二、互联网时代仍要坚定不移地贯彻落实党的群众路线

公安各级领导直至基层民警都要植根于群众,学会做群众工作的基本功。没有群众观念,不懂不会做群众工作,就不是一个称职的领导和合格的民警。在当今社会我们不但要充分掌握高新技术,善于运用大数据、云计算在网上办公、办案、办事,用"键对键"与老百姓沟通;更重要的仍然是学会"面对面"说话办事,"零距离"联系群众、做群众工作,唯此才能夯实基层基础建设,知晓把握精准的情报信息和治安形势变化,有针对性地防患于未然,治大病于未病。无论是网上还是线下,只有将来自群众中涉及安全稳定的各种信息加以科学地梳理研判,才能发现违法犯罪的内在规律,主动预测治安形势的走向和发展趋势。与坚持群众路线、贴近群众密切相关的另一重大问题是必须精简机构、下沉警力,引导人力物力财力往基层走,才能构建平安中国的最坚实基础,湖州公安在这方面给我们树立了一个模范样板。在基层调研时,有的派出所老民警提出,现在干部流动比较频繁,过去一个领导或民警在一地要干七八年,甚至十几年,与群众都很熟悉,连绰号都叫得上来,现在有的刚认识,屁股还没坐热就被调走了,这样对深入群众、做好群众工作是十分不利的。这种现象的存在,应引起各级领导的高度重视。

## 三、公安各级领导要把调查研究作为最重要的一项基本功

建议每年有不少于四分之一的时间到最基层科所队调研。毛泽东同志曾反复强调"没有调查就没有发言权",要"大兴调查研究之风",陈云同志也讲过"不唯上、不唯书、只唯实,交换、比较、反复"十五字诀,他还主张"领导机关制定政策,要用百分之九十以上的时间做调查研究,最后讨论做决定用不到百分之十的时间就够了"。现在很多年轻同志走上了各级领导

岗位,对这些同志而言,掌握和熟练调查研究这门基本功尤为重要。上级公安机关承担着制定方针政策、指导全面工作、做出重大决策的职责,不了解下情、不接地气、简单化、一刀切、瞎指挥实为大忌,故更应放下身段,深入实际。调研中切忌听听汇报,走马观花,浅尝辄止。要以问题为导向,蹲下去才能看得清蚂蚁,接地气才能有底气。常言道,涉浅滩者得鱼虾,入深海者擒蛟龙。要善于与基层同志交朋友,多听真话,听心里话甚至牢骚话,听与自己观点不同的话。只有在与基层同志交流研讨中,才能找到解决问题、难题的突破口。东汉唯物主义思想家、教育家,浙江上虞人王充曾在《论衡》中说道:"知屋漏者在宇下,知政失者在草野。"陈云同志曾告诫党的高中级干部要与基层敢讲真话、实话的同志交朋友,以了解下情实情,毛泽东同志当年也曾让身边工作人员、警卫战士回乡探亲时搞调查研究,使他能经常听到老百姓的真情实况。各级公安领导,都应物色结交若干能讲真话、有真知灼见的基层同志,通过这一重要调研途径,更为精准地了解、掌握各地公安工作的真实情况和发展态势,以便胸有成竹地运筹帷幄,做出科学、正确的决策、判断。

### 四、高度重视开发老同志的人力资源

充分发挥老同志的智力优势和参谋智囊作用。枫桥公安派出所民警杨光照退休 8 年来,一直在发挥余热,其调解矛盾纠纷经验越来越丰富,群众对他十分信任,社会影响越来越大。由此可见发挥老同志的作用是值得重视的一个大问题。当前离岗退休的老同志越来越多,很多人受党的教育多年,都抱有为国家和公安事业再做点工作,奉献微薄之力的情怀。这些老同志不为钱,更不为个人功利,是为国为民尽忠效力,也是追求实现更有意义的人生价值。且很多老同志身体尚健,无家庭拖累、阅历深厚、经验丰富,有学识、有公心、能讲真话,具有独特的优势和长处,故按照自愿和筛选原则,将其因人而异、因事而异、扬长避短地组织起来,可完成有相当难度的工作任务。老同志是我们党和国家的重要人力资源,具有某种特殊的工作潜力和精神动力,充分发挥其助力推动公安事业的作用,于国于民,功德无量,而漠视或浪费这些宝贵资源则极为可惜,甚至是一种很大的损失。各级公安机关的老同志适合做什么工作?一是深入基层实际调查研究,发

现先进典型或经验,以及工作中存在的带倾向性的问题,并写出有质量有分量的调研报告,提出推广先进或解决问题的建议;二是运用其丰富的阅历和资历,以及长年工作积累的经验和多种方式方法,参与信访维稳、民警维权、化解矛盾纠纷工作;三是协助做好公安队伍中的心理沟通、思想疏导、宣传教育等工作;四是完成各级党委和领导交办的专题研究任务。

## 第十三章
# 新乡贤参与乡村治理的理念与实践

在新的历史条件下，"枫桥经验"面临着提档再升级的问题。新乡贤回归是"枫桥经验"在当前背景下重构乡村治理体系，推进乡村社会治理现代化的一个重要方向和举措。本文基于对乡贤参与乡村治理的经验样本——浙江上虞进行解剖分析，探求新乡贤参与乡村治理的理念和具体实践做法。

## 第一节　新乡贤和新乡贤文化的内涵

何谓"乡贤"，从定义上看，是"生于其地，而有德业学行著于世者"，也就是在乡村德高望重的人，他们或以学问文章，或以吏治清明，或以道德品行而闻名。乡贤是数千年中华优秀传统文化塑造的理想人格，受到当地百姓的广泛认同和推崇，是一个地域标杆式的人物。乡贤发展到了今天，泛指乡村社会中的贤德之人，既包括德高望重的还乡高官、耕读故土的贤人志士，也包括农村的优秀基层干部、道德模范，还包括热爱家乡反哺桑梓的成功人士等，他们成长于乡土、奉献于乡里，有威望、有才华、有口碑、有情怀，他们的嘉言懿行垂范乡里，涵育文明乡风，他们就是当代的"新乡贤"。

既为新乡贤，其既有与传统乡贤一致的核心要素，但也因时代不同而具有不同特质。一是身份要素，不变的是地域性，来源于本土，变化的是范围。新乡贤将范围扩大了许多,主要分为"本土""外出""外来"三类精英:第一种是平常生活工作就在本乡本土的乡贤,他们扎根乡土,对农村情况了如指掌;第二种是在外奋斗,却有着深厚的乡土情结的精英,他们拥有较多社会资源,愿意以扶贫济困、助教助学、牵线搭桥引进资金人才等形式反哺家乡;第三种是外来精英,市场经济环境下在农村投资创业的外来精英,因为各种社会关系的影响而愿意为农村做出贡献。二是品德要素,不变的是"贤达",变化的是品德的具体内涵。新乡贤将社会主义核心价值观作为奉行准则,其中"爱国、敬业、诚信、友善"是乡贤个人层面的价值准则和规范。三是能力要素,不变的是出众的才学,正如《左传》中有"三不朽"之说,即"立德、立功、立言",这就是乡贤的具体标准;变化的是能力或学问施展的途径更加多元。比如,新乡贤既可以回到家乡泽被乡里,也可以通过互联网,动动手指或者转发链接为家乡的发展贡献一份力量。四是声望要素,不变的是受乡邻所推崇和赞誉,变化的是推崇和赞誉方式有所区别。在古代,一个乡邑中人,品学为地方所推崇,死后被题请祀于其乡,入乡贤祠,受春秋致祭,便称乡贤。在郡书、方志中也会将德行高尚、声名闻达之士列入其中。而新乡贤大多在世时就被认定,且主要通过村公告栏、文化礼堂、报纸、电视台等传统媒介和互联网、微信等新兴媒体的宣传。可以说,乡贤的内涵具有鲜明的时代性,乡贤的构成也具有时代性。新乡贤既继承了传统乡绅的优秀因子,也剔除了传统"礼"制中的封建因素,包含着现代社会的法治精神和德治素养,体现出公民之间的平等地位和相互尊重,因此新乡贤并不是传统乡绅的简单重生,而是连接传统与现代的桥梁。由此,本文把新乡贤定义为当下在乡村内部成长,或一直扎根于乡村,或外出求学、为官、创业,得到老百姓普遍认可或尊重的德行、才能出众者,他们分布于各行各业,竭尽全力为乡村发展做无私奉献。

所谓"乡贤文化",就是这个地域历代乡贤积淀下来的榜样文化、精英文化和先进文化,是这个地域有激励作用的思想、信仰、价值的一种文化形态。新乡贤文化摒弃传统乡贤文化中等级森严、尊卑有别等糟粕,倡导民主法治理念、开放竞争意识、包容创新氛围、幸福平等精神等现代文明因子,是对传统乡贤文化的继承和发扬。

## 第二节　新乡贤参与乡村治理的时代成因

从客观因素来看：一是乡村社会结构的变迁。费孝通认为，"从基层上看去，中国社会是乡土性的"。而今费孝通所描述的乡土社会早已发生了巨大变化，中国乡村社会正在经历不同程度的解体：有的传统治理资源还比较丰富、共同体保留尚好，有的部分解体，有的已经基本解体甚至严重萎缩。[①] 随着市场经济的发展和人口的自由流动，乡土的"熟人社会"已经变成"半熟人社会"，但好在并没有完全陌生化，一些传统社会的自治价值仍然发挥着重要作用，如人情和一些地方性习惯仍在起作用，个别地区还存在宗法和宗族制度，只是现有的宗法制度与传统的宗法组织存在区别，不再是那个封建落后的旧势力，而是可利用于新农村建设的有益的传统因素。[②] 这为新乡贤参与乡村治理提供了文化土壤。二是国家政权的理性后退。从"村民自治"到"扩权强镇"，再到"基层治理主体多元化"，"自治、法治、德治"三治合一，国家权力从基层逐步理性后退，这为新乡贤等社会力量推动基层经济社会发展提供了机会和空间，使得这些社会力量释放活力，形成合力，展现魅力。三是传统治理方式的失效。乡村自治组织越来越行政化，村干部越来越"官僚化"，村干部与村民日渐疏远，甚至发生矛盾冲突。这种行政化、官僚化和矛盾化的趋势带来的是村级正式组织威信的日渐式微。而城市化和社会流动加速了村庄政治精英的流失，以及为数不少的乡村空心化，这些都在进一步削弱村庄治理能力与社会信任水平，淡化村庄共同体意识，使得村庄共同体面临解体的风险。因此，乡村社会迫切需要进行社会整合，挖掘内生动力，组建一支有生力量来协助推进整合乡村，培育共同体意识，推进乡村振兴。与村"两委"班子相比，新乡贤所处的位置相对超脱，他们在品行、威望、资金等方面又具有一定的优势，因此在参与乡村治理中能够发挥独特的作用。

从主观因素来看：一是国家新政策和新要求的推动。党的十八届三中

---

① 刘伟：《村落体育节中国乡镇治理的路径选择》，《中国行政管理》2014年第5期。
② 赵晓峰：《农村宗族研究：亟待实现范式转换》，《甘肃行政学院学报》2012年第1期。

全会提出要推进国家治理体系和治理能力现代化。乡村治理现代化则是国家治理体系和治理能力现代化在农村得以实现的必然要求。当下，日益复兴的家族网络正在深刻地影响乡村治理的面貌。乡村治理现代化的推进必然需要借助新乡贤这一乡村社会传统治理的优势资源。2013年的中央城镇化工作会议要求城镇建设"让居民望得见山、看得见水、记得住乡愁"，这唤起了人们对乡贤及乡贤文化的记忆。2015年中央1号文件提出要"创新乡贤文化，弘扬善行义举，以乡情乡愁为纽带吸引和凝聚各方人士支持家乡建设，传承乡村文明"。党的十九大提出乡村振兴战略，要健全自治、法治、德治相结合的乡村治理体系。正是国家政策的推动和引导，为新乡贤参与乡村治理提供了可能。二是乡土情结激发了新乡贤服务乡里的热忱。乡贤文化深植于乡土社会，并传承和发展了数千年，深深地影响着中华民族的每一个人。因此无论是古人还是今人，都或多或少有着一种"光宗耀祖"或者"安土重迁"的情结。乡贤文化作为一个地域的精神文化标记，是连接故土、维系乡情的精神纽带，它能够使人们产生极大的向心力、凝聚力，唤起人们的爱乡热情，从而吸引和凝聚海内外虞籍乡亲支持家乡建设，产生"鲑鱼返乡"效应。正是这份乡愁牵动着新乡贤反哺桑梓，振兴乡村，造福一方。

## 第三节　上虞新乡贤参与乡村治理的实践做法

上虞是中国乡贤文化之乡。2014年，全国政协委员、香港利万集团董事长王志良在两会期间提交的《关于在全国推广乡贤文化研究的建议》提案中，介绍了上虞的乡贤文化研究，他希望通过弘扬乡贤文化，推动更多德才兼备的乡贤投身乡村建设。2015年5月，全国乡贤文化现场交流会在上虞举行，中央宣传部副部长王世明在讲话中，高度评价和充分肯定了上虞的乡贤文化建设工作，称其是全国乡贤文化的品牌样板，值得大家学习推广。刘伟、严红枫等学者也认为，"上虞乡贤文化的繁荣，有力促进了传统乡村文化的重构,推动了乡村社会的治理"[①]。可以说,近年来,上虞新乡贤文化已经声名鹊起,不但被中央领导、国家主流媒体和专家学者所肯定,还被誉为"乡贤文化的上虞现象",上虞是新乡贤文化的"源头蓝本"。上虞积极引导和培育新乡贤参与乡村治理的做法主要有以下几点。

## 一、挖掘新乡贤文化,唤起新乡贤参与乡村治理的认同感

近年来,上虞加大对古今乡贤的挖掘、传承、研究和保护的力度,广泛开展新乡贤文化建设,形成尊贤、爱贤的氛围,将新乡贤作为乡村振兴的重要力量,将新乡贤文化作为乡村社会道德约束的有力武器,作为传承社会主义核心价值观的重要载体、滋养村民的精神家园,共同构建乡村共同体精神。

### (一)挖掘历史资源,传颂好"先贤"

上虞自古人文荟萃,名人辈出。大孝之首的虞舜,唯物论者王充,东山再起的谢安,气象学家竺可桢,著名导演谢晋,等等,这些"先贤"的思想、精神、品格深刻地影响着当代上虞人的价值观念、行为取向、精神风貌。早在2001年1月,上虞就成立了全国最早的民间"乡贤"文化学术社团——上虞乡贤研究会,致力于挖掘故乡历史,抢救文化遗产,弘扬"先贤"精神。现已挖掘整理3000余名上虞乡贤资料,撰写各类文史资料1000余篇,出版《上虞乡贤文化》8辑,编撰《上虞名贤名人》《上虞乡贤画册》《上虞名人》等书多部,出版个人乡贤研究专著30余本;结合乡贤诞辰或纪念日,邀请国内外知名专家学者开展学术交流,举办了"纪念马一浮先生诞辰125周年暨国际学术研讨会""东山文化国际研讨会"等专题活动,先后组织王充、魏伯阳等乡贤名人学术研讨活动50余次;推进名人故居(重点文化遗产)整修行动,王一飞故居、王充墓、谢安墓等一大批名人建筑在文化遗产整修行动中得以恢复原貌;开展整理修订宗谱工作,先后举办了管溪徐氏宗谱圆谱仪式、赵氏家世首发式,续修了崧镇何氏族谱等。

### (二)塑造当代精英,树立好"今贤"

上虞新乡贤来源较为丰富,主要有社会人士、党政事业机关工作人员、

---

① 刘伟、严红枫:《乡贤回乡,重构传统乡村文化》,《人民文摘》2014年第10期。

企业家和学者。上虞的新乡贤,既有因品德、才学为乡人推崇敬重的本土精英,也包括因求学、致仕、经商而走出农村的外出精英,以及市场经济环境下在农村投资创业的外来精英。上虞先后树立了"爱乡楷模"张杰,"百姓喜爱的好书记"杭兰英,"点亮一盏灯"发起人董国光,乡贤文化的"持灯者"陈秋强,以及离土不离乡的"杰出虞商"李柏祥、王苗通、丁欣欣、陈炎表、顾永祥等今贤形象。同时推动民间人才万人计划的深入实施,一大批深藏不露的"乡土人才""草根达人""民间高手"崭露头角,在乡村社会中化解社会矛盾,参与公共服务,联系服务群众。

(三)深化学校教育,培育好"青贤"

一直以来,上虞着眼长远,十分注重将发展乡贤文化与学校教育紧密结合,上虞提出了"让上虞的子子孙孙都记住乡贤,让上虞的子子孙孙都争做乡贤"的口号和目标,注重从学生中培育乡贤新鲜血液,促进上虞乡贤精神薪火相传;注重"乡贤精神"传承,建立以乡贤名字命名的少儿学院57所,编写《走近谢晋》《亚泉科普精神》《谢安家世》等书作为学校的本土乡贤教材,并在校园内建设乡贤大厅、乡贤走廊、乡贤亭、乡贤主题道路等;从2017年开始重点打造"青蓝工程",组织100名品学兼优的高中毕业生与老一辈乡贤面对面交流座谈,在知名乡贤引领下进行宣誓,并定期了解学生的学习、生活等情况,使上虞学子更加深入了解家乡先贤及其精神。

## 二、创设有效载体,打通新乡贤参与乡村治理的渠道

上虞区委区政府为进一步培育和引导新乡贤参与乡村治理,搭建平台,建立机制,营造氛围,畅通渠道。

(一)搭建有效互动平台

上虞为进一步营造新乡贤反哺家乡的氛围,积极搭建三大类型平台。一是研究型。构建"区—乡镇(街道)—村(社区)"三级乡贤研究会,在区级层面,早在2001年1月成立全国最早的民间"乡贤"文化学术社团——上虞乡贤研究会。研究会下设研究分会,全区21个乡镇(街道)都建立了乡贤研究分会,并在乡村和社区之中命名11个村(社区)为乡贤文化传承基地。二是议事型。2015年上虞区委办下发《关于培育和发展乡贤参事会的指导意见》文件,通过广泛排摸,查阅档案资料、接受群众举荐、实地走访

调查等渠道,切实将政治上有觉悟、经济上有实力、社会上有影响,热心农村群众工作的贤达人士聚起来,推动各村建立乡贤资源库,组建村级乡贤参事会、乡贤顾问,引导新乡贤参与乡村治理。截至目前,全区已建立各类乡贤参事会228个,乡贤会员达4255名。三是联系型。2016年2月12日成立全国第一个"乡贤之家",海内外虞籍乡贤们从此有了自己"有人可找、有事可托、有情可诉"的"家"。而"乡贤之家"也是由虞籍乡贤陈炎表将上虞百官广场13层楼装修后,无偿赠送乡贤研究会使用的。上虞著名乡贤何振梁之子何阳曾深情地说:"千年不断娘家路。""乡贤之家"成为乡贤回虞拉拉家常、叙叙乡情的重要基地,也成为上虞区委区政府与新乡贤沟通联系的重要平台。

(二)建立联系参事机制

一是建立在外知名乡贤、虞商联系交流机制。建立由区领导列名联系重点乡贤制度。通过"走出去"方式,开展"走近虞籍乡贤"活动,已走访海内外城市30多个,拜访2008年国家最高科学技术奖获得者徐光宪院士等在外虞籍乡贤500余名;创办《天南地北上虞人》电视栏目,共采访"浙江骄傲"十大人物张杰等70余位虞籍乡贤;向乡贤寄送《上虞乡贤报》等,与1800余位在外乡贤保持长期联络。通过"请进来"方式,组织"虞籍乡贤故乡行""海外华裔和港澳台青少年寻根"活动,邀请广大在外虞籍乡贤和乡贤的第二代、第三代等回故乡,增进乡情延续乡谊。发挥上虞乡贤馆、乡贤研究会等基地平台,热情接待来访的每一位乡贤,并通过保护乡贤故居祖居、帮助乡贤寻根、修缮乡贤或乡贤祖上墓地、组织已故乡贤纪念活动,加深乡贤故乡感情。同时依托华北、华南、华中、华东四大联络站,虞商联谊会、校友会等平台,建立虞籍人士信息库,定期联络沟通感情,引导在外乡贤、虞商为上虞发展出谋划策,引导他们回乡投资兴业。

二是建立乡贤咨政机制。通过"走出去、请进来"的方式,定期不定期地举行乡贤座谈会,在重大活动、重大意见出台,重大项目实施上,征求乡贤意见,并鼓励其他乡贤咨政献言,出谋划策。如每年年底或年初邀请或拜访在上海、北京等其他各地乡贤,请他们为上虞区中心工作、重大项目、民生实事的决策提供意见,帮助党委政府更好地决策和规划。

三是建立乡贤参事机制。依托乡贤参事会,每年定期不定期地召开村级乡贤参事会议,谋划布局村级社会发展,为村级发展出谋划策,同时每村(社区)聘任2至3名乡贤作为调解员,以"1＋N"的模式(1名村委成员＋N名乡贤),专司化解农村鸡毛蒜皮的"小事儿"和事关乡村和谐稳定的"大事体",充分发挥新乡贤的补位和辅助作用,弥补基层政府和自治组织在公共决策、公共服务、公共管理方面存在的不足,形成有益补充。

(三)营造良好的社会氛围

在城市建设中融入乡贤文化元素。如在曹娥江十八里景观带、新修建的大龙山景区和其他城市建筑、景观中以碑刻、雕塑等形式注入上虞乡贤文化元素;用上虞乡贤姓名命名城市道路、桥梁;区政府还建立了"上虞名贤名人展览厅",集中展示从古至今200余名上虞名贤风采。精心设计上虞百贤画像展,举行"上虞好乡贤"评选及表彰晚会,举办乡贤事迹报告会、摄影展,开展乡贤功德碑、乡贤之歌传唱等一系列活动。同时每年举办孝德文化节,邀请众多乡贤及群众参加,弘扬优秀传统文化。全区开展乡贤典型事迹征集活动,宣传弘扬各村乡贤的先进事迹,共征集到"孝老敬老、服务社会、德高望重"等各类乡贤先进事迹300余例,充分发挥乡贤的示范引领作用。组织乡贤认领微心愿,通过捐款助学、敬老慰问等公益行动践行崇孝守信等乡风文明,传递社会正能量。在各类宣讲中开设乡贤文化专题。通过对新乡贤和新乡贤文化的宣传推广,努力在全社会形成"学乡贤、知乡贤、颂乡贤、当乡贤"的浓厚氛围。

### 三、丰富多元途径,拓展新乡贤参与乡村治理的形式

新时代下,我们不能刻意要求新乡贤都能扎根乡村、回归故里,实现资金回流、企业回迁、信息回传、人才回乡才是当下培育和弘扬新乡贤文化的正确方式。因此上虞区不断拓展新乡贤参与乡村治理的形式,让更多的新乡贤能够奉献乡里。

(一)乡贤资本回流助推乡村经济发展

以"内贤＋外贤"的模式,内外兼顾助推乡村经济社会发展。村乡贤通过"带头致富""号召致富"等方式,利用自身经济优势和影响力优势,激发农村产业集群效应,涌现出一批杨梅村、民宿村、葡萄村、建筑村等特色村。由乡贤出资的公益基金达190余只,涉及五水共治、文化礼堂、道路修筑、

卫生管理等各个领域,本金总额超 20 亿元。其中仅文化礼堂乡贤公益基金一项就有 30 多只,每年公益基金本金达到 5000 万元。

### (二)乡贤才智回流助推社会治理

发挥乡贤见识、文化、技艺、资金等优势,组织参与村庄治理,影响周边。乡贤参事会成立后,乡贤会员围绕村级基础设施、捐资助学、扶贫帮困、村集体经济增收、三改一拆、五水共治等方面,走家串户,了解村民生产生活情况。与此同时,各村还邀请乡贤参与村级会议,监督村务决策和村务公开;利用微信群、微信公众号等平台,建立乡贤微信群,让乡贤人士共叙乡情,共议乡事,共促村务;聘请部分会员为村级事务监督员,直接参与村级事务,打通了村干部与群众之间的心结、畅通了各项政令。如上虞各乡镇(街道)在 2018 年春节期间组织召开乡贤茶话会,广泛听取乡贤对乡村振兴的"金点良策",共征集到乡贤对农村旅游资源挖掘、环境整治等方面的意见、建议 3200 余条,营造了"同话桑梓、共谋发展"的良好氛围。

### (三)乡警回归助推社会稳定

2018 年在全区推广乡警回归治理,建立"每月至少回一次村、联系一次村干部、沟通一次驻村民警"的"三个一"日常管理机制,在派出所的主持下,一批经验丰富、在群众中有较高威望的乡贤成为乡村发展的"智囊顾问"和调解矛盾纠纷的"老娘舅",从而构建了"1+1+N"机制(1 名驻村民警+1 名回乡民警+N 名乡贤),创新基层警务单元,充分发挥乡贤的亲缘、人缘、地缘优势,推进基层治理"共谋、共建、共治、共享"的工作格局,开创了群众办事、矛盾调解、信息咨询、致富求助"四不出村"的新模式,有力促进了乡村社会和谐。截至目前,678 名民警回原籍地 372 个行政村担任"乡警",已成立 5 个专业民间调解机构和 203 个老娘舅工作室。

### (四)乡贤文化回传引领乡风文明

新乡贤文化作为乡村文化的核心内容,上虞十分注重新乡贤文化的培育宣传。在文化礼堂建设中渗透乡贤文化。在已建成的文化礼堂的文化长廊中,开辟乡贤长廊、乡贤榜,进行零距离宣传乡贤事迹;邀请乡贤进文化礼堂做乡贤事迹报告会;在文化礼堂中展出乡贤事迹图片;在虞舜文化节、文化"三下乡"、主题教育活动巡演等各种文化活动中编排以新乡贤为主题的文艺节目,并到文化礼堂进行展演。乡贤的榜样示范为基层群众起到了较好的引领作用,有助于当地的民风建设和社会风尚改善。到目前为止,上虞拥有全国道德模范提名奖 3 人,全国"见义勇为"英雄模范 1 人,浙江省级道德模范 3 人,浙江骄傲 2 人,8 人进入中国好人榜,25 人进入浙江好人榜。

## 第四节　新乡贤参与乡村治理的经验和启示

"枫桥经验"虽然经过了几个历史时期的转变,但其核心和实质是贯彻党的群众路线,通过"依靠和发动群众",实现矛盾就地化解。上虞新乡贤参与乡村治理作为"枫桥经验"升级版的重要手段和载体,也始终秉持这一精神实质,为全国创新乡贤文化,助推新乡贤参与乡村治理提供了可借鉴样本,积累了经验。

### 一、新乡贤参与乡村治理既要有深厚的文化底蕴,更要积极引导培育

当前,全国各地都在积极推动新乡贤和新乡贤文化的培育与发展,而有的地方搞得风生水起,有的地方却动静较小,其背后有很多原因,其中缺乏文化土壤是很重要的因素。上虞乡贤文化之所以成为全国样本,与上虞4000 多年底蕴深厚的文化根基密不可分。但如果没有牢牢把握坚持党的领导,没有陈秋强等一大批新乡贤的执着,没有乡贤研究会近二十年如一日的坚守,没有各级领导的开拓思路,也就不可能成就今天的上虞乡贤文化地位。从上虞的实践做法中,我们可以得出结论:虽然乡贤文化需要深厚的文化土壤,但并不意味着历史文化悠久深厚就足矣,还需要不断挖掘、培育、塑造符合新时代需要的新乡贤和新乡贤文化。

### 二、培育新乡贤既要"找出来",更要"用起来"

一方面,要把新乡贤"找出来"。培育新乡贤及新乡贤文化,应树立"不忘本来、做好当下、面向未来"理念,既要挖掘历史文化,找到历史名贤,总结先贤精神;又要用荣誉认定、精神鼓励、组织认可等机制,培育符合时代

内涵的新乡贤;还要注重培育青年,让更多的青年学子成为乡贤"预备役",让乡贤文化、乡贤精神深植于年轻一代的精神血脉。注重新乡贤队伍的梯度培养,形成乡贤队伍的持续发展,这也是上虞培育新乡贤的一大特色与亮点。另一方面,更要把"找出来"的乡贤"用起来"。培育和发展新乡贤,应加强引导、搭建平台、凝聚力量、打通渠道,发挥新乡贤思想观念新、个人能力强、人脉资源广等优势,积极引导乡贤参与乡村治理,真正把他们回报家乡的善意变为善举。

### 三、新乡贤参与乡村治理既要知晓度,更需认同度

一是加强文化认同。将新乡贤文化与社会主义核心价值观的宣传融合起来,注重发挥新乡贤道德示范和价值引领作用,用他们的嘉言懿行垂范乡里、涵育乡风,努力在全社会形成"学乡贤、知乡贤、践乡贤"的浓厚氛围。二是构筑情感认同。情感认同是新乡贤回归不可忽视的因素。情感的认同需要建立在相互交往中,因此可以更多地搭建交流平台和载体,拉近新乡贤与乡村的距离,形成相互信任的格局。如上虞乡贤研究会等组织对历史名贤和今贤的生平事迹及成就进行有组织、有规划地研究挖掘和抢救整理;成立"乡贤之家"等组织为乡贤们回归回流、相互交流提供场所和平台,这些既加强了乡贤们之间的联系,也为他们回乡找到共同的"家"。三是给予荣誉认同。乡贤在中国古代社会本身就是对有德行、有贡献的社会贤达去世后予以表彰的荣誉称号,是对他们人生价值的肯定,是一种荣誉认可。[①] 对于乡贤而言,能够衣锦回乡是一种无比的荣耀。当下,对新乡贤的激励可以通过多样化的形式:既可以颁发牌匾,开辟乡贤长廊、乡贤榜,让村民敬仰;也可以评选优秀乡贤及乡贤组织,让村民效仿;还可以汇编成曲,令村民传唱等。通过这种荣誉认可,更多的新乡贤才能够保持参与农村小康社会建设的热情和激情。

### 四、新乡贤参与乡村治理既要有机制,更要有制度

除了建立新乡贤参与乡村治理的机制和载体外,还需要从制度层面来

---

① 颜德如:《以新乡贤推进当代中国乡村治理》,《理论探讨》2016 年第 1 期。

保障。一是建立新乡贤选择标准。当前对于新乡贤的定义有很多，但缺乏权威解释。这给基层判断和甄别真正的乡贤带来较大的困难。同时这个明确的定义和标准中，要从品行好、有威望、有能力、有热心、有规矩五个维度来考量，而且首先必须突出"品德"。特别是完善村级乡贤参事会成员构成，把握会员质量，坚持以德为先，以"贤"为先，只有个人的德行威望与能力成正比，才能列入乡贤参事会，防止乡贤异化为"乡霸"和"宗族代言人"。二是建立新乡贤参事制度。具体明确新乡贤及其参事会的定位和功能，合理区分新乡贤及其组织与村党组织、村民委员会的定位，发挥其补位作用，做到"辅助不越位，帮忙不添乱"。特别是乡贤参事会等组织必须在基层党组织的领导下，进一步完善章程和运行制度，制订年度工作计划，建立工作例会制度，规范资金管理使用，实施会务财务公开，并接受监督管理和村民委员会的业务指导。三是进一步完善乡村民主法治制度。发挥新乡贤文化在农村小康社会建设中的作用，并不意味着要放弃基层民主等制度，新乡贤参与乡村治理是一种制度补充。因此，要继续发挥基层民主制度，畅通民情、民意表达渠道，使农村的各种意见得到充分表达，使农民的更多诉求得到满足，从而形成合力共治的良好氛围。

## 第十四章

# "枫桥经验"的矛盾调解机制在上海的探索

2015年底,中共中央、国务院下发《关于完善矛盾纠纷多元化解机制的意见》,其中首次明确了人民法院在多元化纠纷解决机制中的地位与作用:"法院要发挥司法在矛盾纠纷多元化解机制中的引领、推动和保障作用,建立健全诉讼与非诉讼相衔接的矛盾纠纷解决机制,加强与行政机关,仲裁机构、人民调解组织、商事调解组织、行政调解组织或者其他具有调解职能的组织的协调配合,推动在程序安排、效力确认、法律指导等方面的有机衔接。"随后,最高人民法院下发《关于人民法院进一步深化多元化纠纷解决机制改革的意见》(以下简称《深化多元化纠纷解决机制改革的意见》)等一系列文件,这标志着多元化纠纷解决机制的司法路径进入了"快车道"。

上海法院一直是全国司法改革的试验田,为全国司法体制改革的探索积累"可复制、可推广"的有效经验,这一点在多元化纠纷解决机制的改革完善上也不例外。早在2003年初,上海市高级人民法院便正式提出了"调审适度分工、以审前调解为主、随机调解为辅,法官主导下适度社会化诉讼调解模式"。与此同时,上海市高级人民法院、上海市司法局《关于进一步加强人民调解工作的会议纪要》中正式确定上海市长宁区法院等3家法院为试点单位,开展在审前程序中委托当地人民调解委员会帮助调解纠纷,进行人民调解诉讼替代工作。至此,"枫桥经验"走进上海政法系统,开始了"诉讼调解适度社会化"工作机制的创新。

作为上海市基层法院的代表,上海市长宁区法院在学习、推广、发展"枫桥经验"的道路上一直走在前列。2003年6月,长宁区法院在全国率先建立"人民调解窗口",这是"诉调对接机制"在全国司法实践中的雏形。所谓"诉调对接机制",最早是由实务部门提出的,对其的定义是"诉调对接就是通过人民调解、行政调解和司法调解的有机结合,使诉讼调解与社会矛盾纠纷大调解这两种纠纷解决机制相互衔接,充分发挥诉讼调解与大调解机制各自的优势,使司法审判与社会力量优势互补,形成合力,促使纠纷以更加便捷、经济、高效的途径得到解决,从而更好地维护社会的和谐与稳定"。诉调对接是一项多元化的纠纷解决机制,是实现和谐司法,使社会关系在最大程度上恢复和谐状态的一种有效工作机制。适用诉调对接的理念,丰富诉调对接的内涵,是人民法院进一步深化多元化纠纷解决机制的必由之路。

在此后的十余年间,上海市长宁区法院一直积极探索、持续创新、坚持不懈地推进多元化纠纷解决机制的创新与改革。2015年,长宁区法院被授予上海法院多元化纠纷解决机制改革示范法院,在这一更高平台上,依照"国家主导、司法推动、社会参与、多元并举、法治保障"的现代纠纷解决理念,充分发挥司法的引领、推动和保障作用,推进多元化纠纷解决机制改革不断完善。因此,本节以下旨在以长宁区法院历年来"依靠群众"探索的多元化纠纷解决机制为例,以介绍"枫桥经验"在基层司法中的实践,窥一斑而知全豹。

## 第一节 推广"枫桥经验",构建"社会化"纠纷解决机制

"社会化"纠纷解决机制是"枫桥经验"的价值目标之一。"枫桥经验"从诞生以来便一直秉持"发动群众、依靠群众,坚持矛盾不上交,就地解决"的理念,通过矛盾纠纷的"社会化"治理,取得了"小事不出村,大事不出镇,矛盾不上交,就地化解"的良好社会效果,为全国的政法系统化解纠纷树立了旗帜。"社会化"纠纷解决机制,是指通过社会机制解决经济发展中的矛盾纠纷,由多主体的社会机构参与和主持矛盾纠纷化解,实现矛盾纠纷的

源头治理。① "社会化"治理格局中纠纷解决机制发展的理想状态,应是实现解纷组织的社会自治化,支持和鼓励基层人民调解组织、司法局、市场监管局、妇联等行政机关,以及公证、仲裁等第三方组织机构实现社会化运作。然而,如何才能构建一个依靠群众、诚信自律、自我管理的社会纠纷解决体系,在其中基层人民法院应当承担起什么样的角色,如何才能实现社会化解纷机制的长效发展,这些都是当前法治社会解纷体系构建过程中亟待解决的问题。上海市长宁区法院在推广"枫桥经验"的同时,也在司法实践中不断探索并取得了积极的"社会化"成效。

## 一、与人民调解的对接

人民调解是调解工作的重要组成部分,它灵活便捷,能够通过矛盾预警、情绪宣泄、心理调节等多种手段和渠道,以平和的方式将纠纷化解在萌芽状态,为社会矛盾提供一种低成本的救济途径。人民调解制度经历了20世纪80年代的鼎盛时期之后,在90年代一度陷入了尴尬的停滞甚至倒退状态。其中,最重要的原因就在于在社会转型期,原有的机制难以适应新的社会矛盾需要,同时社会观念对调解与法治的作用也存在一定的误区,这与当时的司法政策密切相关。进入21世纪之后,基于社会治安综合治理的总体需要和观念转变,调解的地位和意义开始重新得到重视,而人民调解则进入了一个发展的新时期。推进新时代人民调解工作与时俱进、不断创新,一要坚持"枫桥经验"的核心要义不能改变,即"为了群众,依靠群众",一以贯之地坚持党的群众路线,构建新时代共建共治共享的基层社会治理格局;二要适应时代要求,不断创新,善于运用法治思维和法治方式解决涉及群众切身利益的矛盾和问题,强化法律在维护群众权益、化解社会矛盾中的权威地位,健全自治、法治、德治相结合的基层治理体系。

2003年6月,上海市长宁区法院与长宁区司法局联手,在全市范围内率先在法院工作场所内部设置"人民调解窗口"。具体而言,以人民调解组织为委托调解的依托对象,在法院内部创设专门的人民调解机构,选聘适

---

① 杭州市中级人民法院课题组:《新时代"枫桥经验"的生机和活力》,《浙江日报》2018年4月17日。

格人员为该机构专职人民调解员,将当事人起诉的纠纷案件分流到该机构进行替代调解,使法院调解和社会调解相衔接,消除中间环节,打破了信息交流与工作衔接的时间与空间障碍。这不仅便利了当事人,也提高了调解与审判工作的成效,体现了司法为民的宗旨和便民、利民的原则,实现法院调解社会化、社会调解法律化的目标。长宁区法院引入人民调解,在做法上有以下几个特点。

(一)拓展委托调解的纠纷范围

在长宁区人民法院最初的试点工作中,采用列举方式确定了7类案件可以进行辅助调解工作,包括离婚、"三费"(抚育费、扶养费、赡养费)、借贷(人民币5000元以下)、相邻纠纷、改变抚养关系、解除收养关系、家庭邻里之间的小额损害赔偿(5000元以下)等。随着经济的发展,各类矛盾纠纷凸现,人民群众的调解需求进一步扩大。面对这种社会需求,长宁区法院根据上海市高级人民法院、上海市司法局联合发布的《关于规范民事纠纷委托人民调解工作的若干意见》,制定了《诉前调解案件流程管理实施办法》,拓展了法院可委托人民调解的民事纠纷范围,拓展至包括离婚纠纷、追索赡养费、扶养费、抚育费纠纷,继承、收养纠纷,相邻纠纷,买卖、民间借贷、借用等一般合同纠纷,同时损害赔偿纠纷、物业纠纷及其他适合委托人民调解组织进行调解的纠纷也可以纳入调解范围。

(二)确立人民调解员的甄选标准

长宁区法院在遴选人民调解员时,以退休法官为窗口人民调解员的首选对象,同时考虑将若干名热心社会工作的退休人员列为调解员的可选对象。在"人民调解窗口"成立之初,共有7名人民调解员,其中由2名长宁区人民法院退休法官担任窗口首席人民调解员,其余5名人员由长宁区司法局选拔推荐到"人民调解窗口"工作。与此同时,为了最大限度发挥上述人员的调解功能,窗口调解员经上海市高级人民法院任命为人民陪审员,在参与审前辅助调解的同时,亦可以人民陪审员身份参与诉讼调解。

(三)完善委托调解的程序

在委托人民调解运行初期,涉诉纠纷委托人民调解的程序阶段,主要包括诉前委托调解、庭前委托调解和庭中委托调解:(1)诉前委托调解,即在案件立案前,由立案法官征询当事人意见,如同意接受委托人民调解,则填写《诉前征询书》，并指引当事人到"人民调解窗口"接受人民调解。（2）庭前委托调解，即对于已经立案的案件，在开庭前，由主审法官征询当事人的意见，同意接受委托人民调解的由当事人填写《征询意见书》，并由人民调解员当即主持实施审前辅助调解。（3）庭中委托调解，在案件审理过程中，也可以根据案情需要，随时委托人民调解员或人民陪审员单独或配合法官开展调解。上述三项委托调解的方式均需要严格的程序性规则进行保障，因此在发展的过程中长宁区法院不断通过制定《诉前调解案件流程管理实施办法》等规范性文件的方式，完善委托调解的各项程序。如实现诉调对接中心工作流程管理的全覆盖，完善诉调对接中心的管理职能，实现实时、动态、有效管理；加强调解时限管理，严控诉调对接工作流程节点，确保调解案件信息通畅，严格执行诉前调解、诉中委托等各流程节点要求；在具体操作方式上，制定《诉前调解流程管理信息表》，在强调节点控制的同时，重视通过短信、电话等多种方式及时与当事人保持联系和沟通。

## 二、与行政机关的对接

"枫桥经验"的核心内容是依靠群众力量解决社会矛盾，但作为社会公共管理组织，行政仍应当肩负起引导和领导的责任，不能因此有所懈怠。依据《深化多元化纠纷解决机制改革的意见》的要求，人民法院要加强与行政机关的沟通协调，促进诉讼与行政调解、行政复议、行政裁决等机制的对接。支持行政机关根据当事人申请或者依职权进行调解、裁决，或者依法做出其他处理。在治安管理、社会保障、交通事故赔偿、医疗卫生、消费者权益保护、物业管理、环境污染、知识产权、证券期货等重点领域，支持行政机关或者行政调解组织依法开展行政和解、行政调解工作。

以"国家主导、司法推动、社会参与、多元并举、法治保障"的现代纠纷解决理念为引领，长宁区法院致力于打造共治共建共享的社会治理格局，集聚多元解纷合力，扩大诉调对接的辐射力、辐射面，其中在与行政机关对接过程中形成了以下几个特色。

### （一）融入区域"大调解"格局

长宁区法院始终将诉调对接工作置于全区"1＋2＋3＋X"区域化大调解体系中。所谓"1＋2＋3＋X"长宁区域化大调解体系，是指"一个中心"

"两个主翼""三级网络""X个平台"。"一个中心"是指长宁区大调解服务中心,"两个主翼"是指长宁区诉调对接中心、访调对接中心,"三级网络"是指长宁区联合人民调解委员会、街镇人民调解委员会、居委会人民调解委员会,"X个平台"是指若干个专业性、行业性人民调解平台,目前已有涉诉、涉访、涉校、涉外、医患纠纷、劳动争议、消费争议、物业纠纷、交通事故、援调对接十大专业人民调解平台。长宁区法院诉调对接中心作为区域"大调解"体系中的重要一环,注重加强与长宁区综治、公安、司法等机构的对接,坚定发挥主翼作用,紧密衔接司法调解与人民调解、行政调解,助力区域实现基层矛盾纠纷化解"系统、联动、有效"的综合目标。

(二)在基层设立"联合调解点"

长宁区法院始终坚持深化与区司法局、区市场监管局、区妇联等行政机关的合作与联动。自2003年与区司法局合作建立起全国法院第一个"人民调解窗口"以来,双方一直保持着紧密的合作。2016年9月又就进一步深化合作签订了《框架协议》,进一步加强了司法调解与人民调解在程序安排、效力确认、法律指导等方面的衔接,完善了司法调解与人民调解、行政调解的联动机制。同时针对民间纠纷的发展态势,长宁区法院推动在基层设立"联合调解点",先后与区域内的司法局、工商局、旅游局、消保委、医调委等部门合作,成立了"消费争议联合调解室""医疗纠纷调解室"等联合调解点。在此基础上,通过设立针对旅游、消费等热点纠纷的巡回法庭,开展巡回立案与审判工作,拓展诉调对接中心工作的深度和广度。迄今为止,诉调对接中心已在院内外建立了近10个分平台(调解室)。近年来,平台每增设一个点,都要与伙伴方(区相关部门或行业管理部门)就办公条件、工作内容及流程、业务管理分工等问题达成共识形成规范,并建立相关问题动态会商机制。截至2012年底,长宁区法院诉调对接的年结案数已从2006年的2000余件上升至10000余件。2015—2017年,长宁区法院诉调对接中心年均委托调解分流率达79.31%,分流减压效果突出。

(三)构建外部沟通协调机制

长宁区法院积极构建与区域内的市场监管局、司法局、消保委等合作机关的沟通协调机制,通过每月一次的定期会商,研究重大、疑难纠纷处理方案,加强对案件调解工作的调查研究和交流分析,不断完善调解工作机制,及时解决工作中的突出问题。如在 2015—2017 年,长宁区法院与区消保委联合处理的消费纠纷数为 2618 件,月均结案 62.33 件,平均审理时间仅为 1.47 天,在依法维护消费者合法权益的同时,帮助消费者降低了诉讼成本,节约了诉讼时间。

### 三、与第三方组织的对接

商事调解组织、行业调解组织等第三方组织作为专业、中立的社会组织,是解决专业化纠纷中的重要力量。学习"枫桥经验"就是要学会借助第三方组织的力量去化解社会矛盾。《深化多元化纠纷解决机制改革的意见》中明确提出要求:"加强与商事调解组织、行业调解组织的对接。积极推动具备条件的商会、行业协会、调解协会、民办非企业单位、商事仲裁机构等设立商事调解组织、行业调解组织,在投资、金融、证券期货、保险、房地产、工程承包、技术转让、环境保护、电子商务、知识产权、国际贸易等领域提供商事调解服务或者行业调解服务。完善调解规则和对接程序,发挥商事调解组织、行业调解组织专业化、职业化优势。"

专业化调解是长宁区法院诉调对接中心的鲜明特色。所谓专业化,就是注重与第三方调解组织的合作,借助他们的专业力量,来实现专业化纠纷的高效化解。长宁区法院近两年陆续引入了区医调委、区公证处、区工商联、上海市保险同业公会、上海银行业纠纷调解中心、上海市金融消费调解中心等专业机构参与到行业化、类型化的纠纷中,共建了"涉诉医患纠纷委托人民调解工作室""律师调解工作室""上海市保险纠纷诉调对接工作室"等专业调解室,并制定了《涉诉医患纠纷委托人民调解工作实施细则(试行)》《律师调解工作室管理规定》《关于完善涉机动车交通事故等保险纠纷诉调对接工作机制》《银行业纠纷调解中心关于开展银行业纠纷诉调对接工作合作协议》《关于共同建立金融消费纠纷诉调对接工作机制》等规定。通过引入退休医生、资深律师、保险公司、金融业、银行业调解中心等专业第三方,有效提升了商事、医疗等专业纠纷的调解质效,对医患、保险、商事等纠纷进行诉前及审中双通道的调解,并通过"委托调解函""案件调解情况登记表""委托调解完成/未成回复函"等一组文件,规范案件的签收、委托、调解、回退立案等流程管理。

## 第二节　学习"枫桥经验",构建"便利化"纠纷解决机制

"便利化"是新时期"枫桥经验"的内在价值导向。具体到人民法院的解纷功能,主要表现为三大方面:一是通过落实司法确认程序,赋予了调解协议法律效力,使得人民群众可以通过人民调解组织、行业调解组织等达成调解协议后最大可能地获得司法的支持与认可,省去了烦琐、耗时的诉讼程序;二是搭建"一站式"纠纷解决平台,整合人民法院与行政机关、人民调解组织、行业调解组织等纠纷解决资源,集人民调解、行业调解、立案登记、诉调对接、审判执行等多项功能于一体,切实减轻群众负担;三是畅通纠纷案件繁简分流的渠道,有效促进调审衔接,简化诉讼程序,进一步提高纠纷解决效率。

### 一、落实司法确认制度

"枫桥经验"与多元化纠纷解决机制高度契合,落实司法确认制度有利于扩大多元化解矛盾的法律效果和社会效果。2009 年 7 月,最高人民法院将"定西经验"普遍推广,在《最高人民法院关于建立健全诉讼与非诉讼相衔接的矛盾纠纷解决机制的若干意见》中初步提出司法确认程序。所谓司法确认,是指经行政机关、人民调解组织、商事调解组织、行业调解组织或者其他具有调解职能的组织调解达成的具有民事合同性质的协议,经调解组织和调解员签字盖章后,当事人可以申请有管辖权的人民法院直接确认其效力。经人民法院确认有效后,该协议则具有强制执行力,一方若不按照该协议履行,另一方可以申请法院强制执行,而不必再进入耗时费力的诉讼程序。

2011 年 3 月,最高人民法院制定了《关于人民调解协议司法确认程序的若干规定》,又进一步将司法确认制度具体化。2012 年修正的《民事诉讼法》在"特别程序"一章新增"确认调解协议案件"一节,以诉讼基础法的地位确立了司法确认制度的效力。2015 年,最高人民法院在《关于适用〈民事诉讼法〉的司法解释》中细化了司法确认的申请、管辖、不予受理、驳

回申请的情形以及审查的方式等。至此,我国法律框架下构建出以调解协议"司法确认"程序为表现形式的快捷、便民式纠纷解决方式。① 这一纠纷解决方式因为赋予了调解协议的最强法律效力,因此也搭建出非诉讼与诉讼相衔接的制度框架,使得人民群众省去了烦琐、耗时的诉讼程序,切实体现了便民、利民的原则,有效回应了人民群众对便利司法的需求,同时也提高了人民群众利用调解制度解决纠纷的积极性。

在基层法院的司法实践中,上海市长宁区法院注重有效贯彻落实司法确认制度,并通过制度化的方式保障了司法确认制度的有序运转。通过制定《关于人民调解协议书司法确认操作流程》《关于医患纠纷人民调解协议司法确认程序的工作细则》等规范性文件,明确司法确认的受理范围、期限、所需材料等内容,为当事人解决纠纷提供了更加快捷、高效的新路径。比如在处理与群众利益紧密关联的医疗纠纷问题上,上海市长宁区人民法院强化与长宁区医患纠纷人民调解委员会的沟通与协调,对司法确认工作流程加强实地指导,对于疑难、重大的案件直接派法官进行现场确认,以最高的效率积极推进医疗纠纷司法确认工作。

## 二、搭建"一站式"纠纷解决平台

践行"枫桥经验",搭建"一站式"纠纷解决平台,用群众智慧解决群众困难,打造便民服务。所谓"一站式"纠纷解决平台,是指人民法院与行政机关、人民调解组织、行业调解组织等进行资源整合,集人民调解、行业调解、立案登记、诉调对接、审判执行等多项功能于一体,切实减轻群众负担。上海市长宁区法院在吸取既有服务群众经验的基础上,特别重视"一站式"纠纷解决平台的构建与完善,主要从以下两个方面着手。

(一)以调息诉,设立"联合调解工作室"

上海市长宁区法院坚持司法便民、司法为民原则,稳步推进巡回调解、法律咨询、法治宣传等工作。例如,依托设立在区公安分局交警支队的"交通事故调解室",将诉前调解与巡回调解相结合,与区调解员培训相结合,从源头上预防矛盾发生,将纠纷化解在萌芽状态。2017年以来,该调解室

① 徐钝:《司法确认制度及其价值的法哲学拷问》,《西北政法大学学报》2014年第4期。

已结案 1333 件,月均结案 70.2 件。

(二)调审衔接,设立"巡回立案点"和"巡回法庭"

上海市长宁区法院坚持以诉调对接中心为依托,联合院内外资源,建立"一站式"纠纷解决平台。例如,上海市长宁区法院联合区消保委构建"一室一点一法庭"服务工作机制,包括消费纠纷联合调解工作室、巡回立案点和巡回法庭,在区消保委设立办公场所提供诉前调解、就地立案、巡回审判等一站式服务,切实打通保障消费者合法权益的"最后一公里"。2017年以来,共调解消费纠纷 1086 件,月均结案 57.2 件。

### 三、畅通繁简分流通道

所谓案件的"繁简分流",主要是指针对不同类型、不同难度、不同影响的案件,适用繁简不一的程序,用具体问题具体对待的方式,加快简单案件的司法处置效率,使人民群众可以切实体会到"迅捷的正义"。在这一制度的探索方面,长宁区法院始终走在前列,现已形成以下三大制度。

(一)有序开展小额诉讼

针对部分事实清楚、法律关系单一、符合小额诉讼标准的民事案件,上海市长宁区法院于 2012 年在诉调对接中心配备了小额诉讼法官,并制定了《关于小额诉讼审判工作的操作方案》,明确小额诉调案件调解不成转为小额诉讼案件时不再跨庭室转办,提高了审判质效。在具体制度建设方面,以"三步走"规范小额诉讼的审理和衔接工作:一是建立小额诉讼台账系统,做好小额诉讼案件的数据统计与统筹管理;二是与立案庭召开工作协调会,进一步明确小额诉讼案件的识别与筛选、小额诉讼须知发送等事宜;三是出台并完善诉调中心小额诉讼文书模板。

(二)大力推动速裁程序

上海市长宁区法院坚持贯彻纠纷解决"分层递进"的理念,着力完善多层次诉讼程序体系。通过制定《关于开展民商事案件速裁工作实施办法》,对调解不成的民商事案件通过速裁机制进行繁简分流,实现简案快审、繁案精审。2017 年至 2018 年上半年,该院通过速裁机制快审快结案件 15796 件,占一审民商事结案数的 57.11%,有效缓解了案多人少的矛盾和压力。

### (三)精细庭前准备工作

为最大化地固定诉调阶段工作成果,努力实现调解与审判的多层级对接,上海市长宁区法院通过要素汇总表和调解笔录等形式固定无争议事实,再通过调解员提出调解方案供当事人选择适用,并且形成《关于无争议事实记载、无异议调解方案认可机制操作意见》。2017年至2018年上半年,调解员在诉前调解阶段的庭前准备工作累计完成902件案件,涵盖婚姻家庭、劳动继承、民间借贷、房屋买卖租赁合同、建设工程合同等各种纠纷类型。这两项机制的运行有效促进了调审衔接,简化了诉讼程序,进一步提高了纠纷解决效率。

## 第三节　践行"枫桥经验",构建"专业化"纠纷解决机制

"专业化"纠纷解决机制是"枫桥经验"在时代变迁背景下的必然要求,故顺应新时代的发展趋势,结合城市发展新特点践行"枫桥经验",就是要构建"专业化"治理的纠纷解决机制。"枫桥经验"的专业化主要体现在三个方面:一是专业化的解纷机构,如老杨工作室、调解志愿者联合会、娟子工作室、法庭调解中心等;二是专业化的队伍,专业化的调解员是平安枫桥的中坚力量,以专业化的队伍打造品牌调解,不断壮大调解队伍,提升调解员的综合素质,促进调解员的更新换代;三是专业化的培训,以课堂培训和实践锻炼相结合,不断储备调解的后备力量,全方位、多角度打造出一个"专业化"的纠纷解决机制。上海市长宁区法院在学习和践行"枫桥经验"的过程中,也尝试探索从以上三个方面入手,不断提升纠纷解决机制的"专业化"水平。

### 一、设立专门的内设机构

立足审判实践,在司法实践中学习和推进"枫桥经验"。2006年3月,上海市长宁区法院将"人民调解窗口"更名为"涉诉纠纷调解室",将原来的人民调解与诉讼的合作方式"升级"为专业化的诉调对接平台,进一步深化了诉调对接工作。2009年4月,上海市长宁区法院在全上海市范围内率先

成立了"诉调对接中心",通过诉调对接平台与人民调解、行政调解、行业调解等多元化社会纠纷解决机制逐步对接,形成了"党委领导、政府主导、各方参与、优势互补、调解优先、司法终局"的多元化纠纷解决工作新格局,并充分发挥了诉调对接源头治理、预防为主的作用。目前上海市长宁区法院的诉调对接中心已经形成规模化,工作场所占地约 1500 平方米,共有 6 名法官,9 名书记员,12 名人民调解员,专门的机构设置和专业人员的构成保障了诉调对接工作的稳步开展。

## 二、加强审判团队建设

### (一)加强人员队伍的建设

为加强审判队伍专业化建设,上海市长宁区法院科学配置合议庭成员,由 1 名长期从事专一领域案件审理的资深法官担任审判长,并配齐法官、法官助理,对同一案由的案件进行集中审理。例如,针对辖区内旅游纠纷多发的现状,长宁区法院成立上海市首家旅游纠纷审判专项合议庭,以专业分工提高审判工作效率,并在区消费者权益保护委员会及上海市旅游集散中心分别设立巡回法庭,快捷处理旅游纠纷。同时,在上海市高级人民法院《诉调对接中心调解员管理办法(试行)》的基础上,与区司法局共同制定了《诉调对接中心人民调解员管理暂行规定(试行)》,对调解员的选任、职责、管理与考核、工作保障与教育培训等各方面进行了细化规定。

### (二)完善内部联席衔接机制

上海市长宁区法院立案庭、诉调对接中心、审判庭、执行局等各相关部门在遇到新类型案件、群体性案件、矛盾激化案件时及时进行通报,并启动联席会议机制,协调解决立案、审判、执行过程中的衔接问题,确保案件在立、审、执各阶段的协调兼顾,着力维护当事人的合法权益。例如,在某健身公司作为被告的预付卡纠纷案件中,上海市长宁区法院立案庭在收案之初就向健身公司所在街道了解情况,并通过联席会议机制进行通报。其后,法院审判部门及时跟进,执行部门及时掌握情况追回被告应收债权,保证案结事了,最终圆满化解了该批 200 余件的群体性案件。

### 三、加强专业性的培训与指导

#### （一）指导基层人民调解

在专业化分工的基础上，上海市长宁区法院不定期开展专题培训、诊所式培训以及个别指导，提高调解员的专业素养和调解能力，致力于打造一支年轻化、专业化的调解员队伍。主要依托在诉调对接中心挂牌的"长宁区调解员培训中心"，为全区人民调解员提供培训指导，定期组织各司法所调解员学习新的法律法规、研讨案件、旁听庭审，切实提升基层调解员的调解能力，针对诉调中心收案范围和人民调解员调解范围不断扩大的态势，积极推广信息技术在指导培训机制中的运用。在信息化逐步推广的背景下，通过搭建微信平台加强法官对消费纠纷的实时指导，使案件预判、信息共享、资源整合、数据分析等工作更为便捷高效。2017 年以来，共开展法制培训、指导人民调解 42 次，涉及 812 人次。

#### （二）完善类案司法研判制度

通过召开庭前合议、研讨会，切实厘清新类型案件、疑难复杂案件、同类型批量案件等脉络，把握案件审判主基调。例如，上海市长宁区法院分别于 2016 年、2017 年召开"'互联网＋'下的消费者权益保护与市场规制"案例研讨会和"'社交电商'模式下的平台自治及市场规制"案例研讨会，就新形势下的消费者权益保护问题邀请各方专家集中研讨，汇集多方智慧，形成案件审理思路。另外，上海市长宁区法院还积极开展大数据调研和案例指导工作，出具《2015—2016 年度长宁区人民法院消费者维权案件统计》《长宁区人民法院涉消费者权益保护纠纷案件审理情况汇报》等统计报告，分析消费纠纷案件特点，找准工作重、难点，指导调审工作思路。2017 年 3 月，上海市长宁区法院审理的一起涉互联网 OTA 平台机票销售的服务合同纠纷一案入选最高人民法院"维护消费者权益十大典型案例"。同月，长宁区法院相关领导及部门负责人作为特邀嘉宾参加上海电台《法眼看天下》特别节目，围绕"'互联网＋'时代，消费者怎样维权"的主题，进行直播访谈，起到了良好的示范效果和法治宣传效果。

## 第四节　创新"枫桥经验",构建"网络化"纠纷解决机制

"互联网＋社会治理",是新时期"枫桥经验"的升级版。学习新时期的"枫桥经验",建立和完善在线纠纷化解平台,是互联网背景下司法应对的基础和根本。完善在线纠纷化解机制,应通过构建分层式的纠纷解决体系、初步限缩收案范围、提升在线平台的公信力三种途径,从而在理念、操作和保障等各个方面完善在线纠纷化解平台的构建。

### 一、构建分层式的纠纷解决体系

在线纠纷解决机制的建立,首先应当树立互联网思维,明确技术为纠纷解决服务的原则,通过多元化纠纷解决主体分工合作,实现公平和效率价值并行。据此,应当做分层设计:案件纠纷需要由纠纷双方自行协商解决,尤其是在网络消费类纠纷中,由电商平台自行处理掉大部分案件纠纷;无法处理的,由第三方调解组织或者个人介入,开展居中调解,适用第三方纠纷解决规则;仍未处理的,转入法院司法程序。同时大力推动在线非诉解纷行业自治,建立在线非诉纠纷解决的规范和标准。

### 二、初步限缩收案范围

由于在线纠纷解决机制无法解决所有类型的纠纷案件,例如涉及隐私的纠纷以目前的技术水平来看就不适合在线上解决,因此应适度限制其使用范围才能更好地发挥该机制的作用。因目前在线纠纷解决机制对当事人的约束力相较线下而言更弱,且线上纠纷解决规则尚未十分完善,线上纠纷解决机制用于处理一些确权类纠纷,或可能影响案外第三人合法权利的案件纠纷可能会面临虚假诉讼等一类诉讼风险,故而应明确排除在线纠纷解决机制在此类纠纷中的适用。如存在其他不应适用的情况,应当通过程序转换及时转为线下处理。目前各国最成功的在线法院实践是小额索赔,而我国《民事诉讼法》也为小额案件的网上审理预做了一些铺垫,可以通过借鉴各国在线

小额索赔程序的经验,探索构建我国小额案件在线司法程序。[①]

### 三、提升在线平台的公信力

在线纠纷解决机制如要发挥强大的纠纷化解和案件分流作用,需要建立公信力。一要加强宣传力度,通过在线下窗口发放宣传手册、调查问卷、流程示意图等,向纠纷当事人告知线上纠纷解决制度优势及其效力,帮助当事人选择最优的纠纷解决方式。二要健全保密机制,在线纠纷解决平台应当做好信息安全保障,防止当事人个人隐私、商业秘密的泄露,应当在纠纷解决程序启动前征询纠纷各方意见。三要确立执行保障。由于线上纠纷解决追求的目标实际还是快速、便捷、高效地解决矛盾纠纷,但如通过线下手段执行线上裁决势必会减损该价值目标的实现,有学者甚至言及"如果 ODR 机制无法提供快速且费用负担很低、不用另外花费时间的网上执行程序,网上消费者就会考虑拒绝利用 ODR 机制来解决纠纷"[②]。因此,根据在线纠纷解决机制运行良好的相关国家的理论及实践,依赖网络力量实现的在线裁决执行正在成为在线纠纷解决机制中一种执行的主要方式和各类 ODR 机构努力的目标。

## 第五节 探索法官进社区的司法新模式

深刻领会"枫桥经验"以人为本的核心价值理念,在司法实践中充分认识"枫桥经验"的重要性。从人民法院探索多元化纠纷解决机制的多年实践来看,一直贯彻落实以人民为中心的司法理念,大力推广不断实践"枫桥经验"。但也存在两大难点亟待克服:一是"引进来"有余而"走出去"不足,囿于司法资源的有限性,部分法院过于强调当事人来法院所在地开展调解工作,缺乏对人民群众实际困难和诉讼成本的考虑。二是"走出去"机制有

---

① 王斌、王倩:《互联网背景下的多元化纠纷解决机制——司法引领在线纠纷解决机制发展之路径探析》,中国法院网,https://www.chinacourt.org/article/detail/2018/01/id/3148034.shtml,最后访问时间 2018 年 7 月 25 日。
② 郑世保:《ODR 裁决书强制执行机制研究》,《法学评论》2014 年第 3 期。

待整合,虽然不少法院通过巡回立案、巡回审判等多种方式让法官来到人民群众中间实地办案,但这些机制往往处于一种不统一、碎片化、临时性的状态,无法以统一的面貌体现司法的人文关怀。因此,新时期的人民法院应当更多地在走进人民群众的体制机制方面攻坚克难,更好地下沉基层为民司法,加强平安社区建设,坚持地域优势和联动综治相结合,切实做到把矛盾化解在源头,化解在基层,推动形成共建共治共享的社会治理新格局。

面对上述难点,上海市长宁区法院作为基层法院学习和传承"枫桥经验"的先行先试法院,在打通司法服务人民圈子"最后一公里"的顽疾中又一次进行了有力探索。2018 年 7 月,长宁区法院出台了《关于建立社区法官工作室的实施方案》(以下简称《方案》),在辖区内的 11 个街、镇、园区内建立社区法官工作室,委派法官深入社区,提供指导人民调解、综合治理、民意沟通等全方位的司法服务以及其他需要下沉基层的服务,并且建立了法官、法官助理、工作室"三位一体"的社区法官工作室的运行模式。这一制度创新既是弘扬新时代"枫桥经验"的有益实践,也是对多元化纠纷解决机制理念的"升级换代"。

## 一、规定完整的工作制度

该《方案》从组织保障、人员配备、时间安排、地点选定、配套设置进行了详细规定,也规定了社区法官工作室的机制对接,包括诉调对接、与辖区基层社会管理组织的对接和与辖区第三方机构的对接。工作制度包括工作台账要求、工作作风纪律要求、廉政管理要求,社区法官工作室的考核制度、激励制度、管理制度等,构建了一套完整的工作制度体系,为社区法官制度的落实奠定了坚实保障。

## 二、明确法官职责范围

《方案》明确社区法官的职责,包括指导人民调解、综合治理、民意沟通、落实司法便民措施、司法调解、便民审判、法治宣传、类案调研等八类工作。具体而言,指导人民调解职责是指由社区法官出任人民调解指导员,在基层人民调解组织遇到疑难复杂纠纷时,可邀请社区法官一同参与调解,让纠纷消化在基层,减少纠纷成诉;综合治理指社区法官应与社区党组织、居委会、检察所、警务所协同配合,依靠各方力量,共同对苗头性、倾向性、源头性的矛盾纠纷及时进行排查化解,同时适当参与所对应街镇的综治工作,为加强法治建设建言献策;民意沟通指了解群众的司法需求,对司法工作的意见建议,畅通民意沟通表达渠道,对涉及司法工作的及时汇总,涉及社情民意的及时与相关部门沟通,能解决的及时为群众解决,不能解决的向群众做好解释说明和疏导,同时,配合区委、区政府做好舆情引导工作;落实司法便民措施指对申请司法救助的当事人,社区法官可向所驻社区了解、核实当事人是否符合司法救助的条件,以便依法落实救助措施,同时对涉及弱势群体的案件,在社区法官工作室就可启动快立、快审、快执"绿色通道",切实保障其合法权益;司法调解指对于本院已立案的一些简单案件,如邻里纠纷案件、物业纠纷案件等,可以交由社区法官工作室的法官就地进行便民司法调解;便民审判指由社区法官工作室针对一些赡养关系纠纷、相邻关系纠纷、物业服务合同纠纷、简单债务纠纷、人身损害赔偿等常见案件,或较为典型、在居民中有一定影响的案件,由社区法官在社区法官工作室开庭进行审理,邀请当事人的亲属、朋友、邻居或社区群众参加旁听;法治宣传指结合"长法巡回审判社区司法服务"中的巡回审判工作项目,组织群众旁听巡回审判,开展法律讲座,提供法律咨询,提供法律培训,发放宣传资料,制作宣传海报等多种形式;类案调研指针对征地拆迁、医疗纠纷、物业管理、涉业委会纠纷等类型的民事纠纷案件,由各个社区法官将本社区多发的类型案件进行收集整理并反馈给法院,由法院指派专人负责,到社区进行调研,综合研判案件高发的原因、化解的方式,形成调研报告,提出司法建议,发送相关部门。通过以上八类司法服务的整合,真正实现坚持司法为民,在服务上树形象;坚持源头化解,在预防上有作为;坚持联动融合,在合力上创机制的三大目标。

### 三、纳入了完善的考核制度

《方案》将社区法官工作室的考核纳入法院绩效考核办法中,切实提高社区法官的积极性。其一,充分应用社区法官工作室考核结果,将法官在社区工作的业绩纳入法官个人季度绩效考核,作为加分项目之一,得分记入个人季度绩效考核总分。其二,建立社区法官工作室考核表彰机制,对社区法官调处重大疑难纠纷取得良好社会效果的,及时向区委、区政府发出专报。每年度对社区法官工作室及社区法官进行考核评比,评选优秀法官工作室和先进社区法官,予以表扬,并为法官助理入额遴选、评先评优、晋职晋级等提供科学的数据支撑。其三,明确各庭室部门负责人作为本庭对口的社区法官工作室的责任主体,负责全面掌握本庭各社区法官工作室的动态情况,督促并监督各项社区法官工作室工作的落实,以及有关社区法官工作室的统计、分析、总结、信息宣传等工作的开展。

**第十五章**

# 新时代"枫桥经验"检察版在景宁的探索

在检察改革和转型发展的新阶段,"枫桥经验"的理念、原则、机制等对焕发检察机关作为法律监督机关的活力、探索检察监督体制机制新样态,具有方向引领的重要作用。景宁检察网格化是在实践中率先探索所涌现的一个典型样本,主要由检察网格、监督平台和全域监督构成,具有鲜明的特色,是夯实基础和促进监督与办案的高度融合、检察监督主责主业与人民群众监督紧密对接的一种检察监督新型机制,有着科学性、创新性和示范性,业已显现突出的优势。检察网络化应进一步在推广中深入总结、理性评析和不断完善,并汲取转化为《人民检察院组织法》的修改中相应的检察监督职能履行与组织结构的法律规范。

## 第一节　问题的提出

新时代的检察机关如何在深入学习贯彻习近平新时代中国特色社会主义思想,特别是法治思想、政法思想中全面、准确并富于创造性地实践对其职能职权的宪法定位?作为国家的法律监督机关,如何有效促进基于办案的法律监督更具针对性、实效性和全面性?如何立足主责主业,在基层社会治理尤其是现代乡村治理体系中有机融入、科学发挥职能作用?检察环节的"枫桥经验"在传承创新中产生了哪些成功经验、存在哪些突出问题？如何健全和完善、打造和确立富有持久生命力的"枫桥经验"检察版？

带着这些问题，专项课题组进行蹲点调研，进行了广泛深入的走访，随后发布了《检察网格化："枫桥经验"在检察实践中的创新探索》《创造性地运用"枫桥经验"理念、实质性地提升检察监督实效》《适应检察监督转型内在需要的有益尝试》《检察网格化实效评估的目标、原则、指标与方法》《为"枫桥经验"的检察版率先探路》等初步研究成果，举办了全国首个"枫桥经验"检察论坛(2018)暨检察网格化开题报告会，固培"枫桥经验"在检察实践中的土壤，奠定"枫桥经验"在检察实践中应用和发展的理论基础和制度基础。为建设检察网格化与全科网格之间的关系、检察网格与检察机关内部组织结构之间的衔接，为多维度、扁平化、集成性的监督平台运行机制和检察网格化的科学界定、制度规范、案例解析等提出了一系列完善建言。

## 第二节　检察网格化的要素、运行与成效

景宁作为全国唯一的畲族自治县，有着独特的历史文化渊源和经济社会面貌。景宁检察院以创新的思想锐气、开拓的实践精神，秉持法治理念、汲取忠勇精神，依托"枫桥经验"，运用社会治理网格系统，构建检察网格化，推动人民监督和检察监督的有机结合，激发了检察监督主责主业的奋进作为，使新时代的基层检察工作取得了新成效，展现了新气象，基本形成"检察网格是基础，监督平台是关键，办案实效是根本，人民满意是归宿"的运行机制和工作格局，初步探索出"检察网格化、监督显性化、保障社会化"的新型检察监督之路。

检察网格化是指在基层社会综合治理"一张网"即全科网格基础上，根据全县行政区域和执法机构双层划分检察网格，并对接域外网格，网格小组集体开展监督信息收集；监督平台建立和运用联席会议、线索移送、案件信息通报、联动执法等综合研判、对接监督的方法、程序；业务部跟进办案、多管齐下，运用法定职权、手段、方式，并将办案过程和结果反馈至监督平台、接受网格检验评价的三级联动型法律监督工作机制。

## 一、检察网格

依托社会网格建立检察网格,一体两用,不另起炉灶、不增加成本、不叠床架屋,监督重心下沉,如探针一般切入和感知社会运行,无缝对接法治实情,浮现和绘制"检情地图"。通过"行政区域+执法机构"双层双向划分,构建了覆盖全县 21 个乡镇街道 254 个行政村的检察网格。发挥检察联络员、全科网格员的"五大员"作用(即观察员、情报员、监督员、信息员、宣传员),摸排监督信息。属本地非特殊案件,则根据当事人户籍地、常住地、犯罪行为地制作《告知函》、反馈单,提出线索指向,连同法律文书移送相应网格平台。与此同时,搭建域外网格,通过微信群、回乡会议、视频连线、平安浙江 APP 等方式,与域外网格的网格长、网格指导员、专职网格员开展对接联系,并明确每个域外网格对应的检察联络员,确保每个域外网格"一月一反馈",听取域外景商及务工人员遇到的困难、问题,在解决困难中挖掘监督线索。

通过网格负责人(班子成员)、网格小组(检察干警)、检察联络员(乡镇街道、执法部门指定的干部)、全科网格员(政法委确定的干部)等构成的网格小组集体通报信息,网格监督的范围更广。河道采砂,水利、国土联络员来告知;河道有排污,企业有污染,环保联络员、全科网格员来通报;不论是涉嫌刑事发案、追诉追漏,还是行政执法不作为、乱作为、慢作为,都能够在第一时间进入监督平台,进而检察监督"把脉"——以检察监督的高度自觉和集中问诊,以"应检尽检、该督则督"的监督视角和监督思维,夯实、筑牢检察监督作为法律运行实施、基层社会治理的监督屏障。

有效法律监督是本身职守和显性目的,服务群众更是法律监督的基础、归宿和根本目标。各个检察官小组走访责任网格,体认司法为民理念,深入群众,了解社情民意,发现违法侵权、违法行政特别是公益侵害和诉讼违法问题线索,寓服务于监督,在监督中服务,厚植检察监督的群众基础,强化检察监督的政治效果与社会效果。通过网格走访,申请执行人反映其申请执行案件 3 年多未得到执行,被执行人房产虽被查封但没处置,因此开展监督,重启执行程序。这一民事执行监督在服务群众、保障切身利益的同时,彰显了司法判决的权威性和严肃性,维护了司法公信力。

### 二、监督平台

检察网格化不仅是网格的建构,更是在网格基础上夯实了检察监督履职尽责的基础,实现了流程再造与全面整合。主要表现为顺应司法改革深入推进,依托案管中心建立监督平台,实行案管职能重新定位,不限于案件流程管理和督导,把信息管理、研判、流转职能作为重点综合业务来抓。

一方面,从社会治理的参与推动中发现监督线索,转而实施检察监督。监督平台(案管中心)进行筛选、会诊,召开内部协商会或者邀请有关行政执法机关参加专题协调会,办理收案登记,流转至业务部进行审查,开展立案监督、监督移送等法律监督。以此发现作为法治社会的全域空间和运行全程中的法律实施薄弱环节,及时启动和纳入检察监督环节,以监督促进法治意识的保持,以监督促进法律实施的全面有效。

另一方面,改变司法办案方式,延长检察监督工作链条。从案件审查拓展延伸到监督,以办案质量体现监督力度,同时又不拘泥于办案,而是从"在卷"审查到"在案"审查,以"审查+调查"的方式,将案件反馈到监督平台,再推送到检察网格之中,使工作人员能第一时间审阅文书,细致分析受案信息,逐个推敲案件背后的潜在线索,及时向相应网格推送,并做好归集整理。这样反过来也促进依法办案,实施依法监督、依法追责和依法督促,增加了不孤立办案,基层群众的办案参与度。通过监督平台的这种双向、互动和上下两"统",确保全网格"分"而不散,确保检察监督点面结合、"合"而有力;同时,推动检察监督在社会治理"面"上的作用。

举报受理在平台,信息汇聚在平台,研判成案在平台,主业协同在平台,实效发力在平台。监督平台就是投诉举报中心、检察指挥中心、案件管理中心、监督反馈中心。监督平台担负着在网格化监督架构与流程中的中枢功能。检察网格与内设部门之间形成既统筹又分流的格局。在组织上,在院党组、检察长领导下,将检察院内部管理的签批制改在监督平台作为议决制,增加了业务部相互之间横向的信息传输与业务协作以及内部监督。监督平台作为案管中心,又是案件分流、进程监控和质量管理与绩效评价的内部机构,将有效监督信息导入对应的业务部,严格按照法定证据、程序标准和工作职责进行审核并启动办案流程。这样就消解了检察机关内部存在的某种程度的业务隔阂,能够多角度、全视域地对线索进行甄别,对事实进行监督视角的判别,拣选和凸显其中全民守法、严格执法和公正司法的反面情形,进而在维护法律权威和强化法律实施的监督保障上开启聚合式地运用检察监督的法定职权类别与方式。反过来,又将办案进展及结果反馈到监督平台,并横向和下延到各个(或一定范围的)网格,接受群众评价,检测是否有定性偏颇、遗漏证据或遗落涉案人员等。这就如有关学者所指出的,形成了"检察权运行机制"和"检察权管理机制"两个相对独立的对外、对内分别指向的检察机关运行机制在监督平台上的有机衔接、合力对接。

### 三、全域监督

首先,检察网格化体现检察监督一体化、社会化的监督格局。通过一线参与基层社会治理,发现社会治理需求和检察监督实情,运用系统性思维方式整合监督资源,统分结合,克服此前检察业务碎片化、办案与监督相游离、零敲碎打、孤立办案的旧有情形。检察网格化不仅是移植和嫁接全科网格作为检察监督主责主业的基础载体,而且由此牵引和带动检察监督步入坚持法治担当和专门监督相结合、坚持办案与监督相统一、坚持监督与保障相融合的新时代的新形态,促进了监督机制的健全,初步塑造了检察监督在社会全场域中隐性与显性相结合的存在形态,为监督有力、监督实效和监督覆盖奠定了坚实的社会基础、群众基础。如所监督的夏某盗伐他人林木案件,线索即来自网格小组,有力纠正了私了而未立案的情形,增强了法律实施的严肃性。尤其是在诉讼过程中,又接到发案地全科网格员反映,此案仍有共犯未被追究,仍有盗伐事实没被查证,从而督促森林公安进一步侦查,消除立案监督和侦查监督的盲区,也有力地促进了侦查机关案件办理彻底性的提高。在自然资源和生态环境保护的共同法律目标的实现上,这个案例生动地诠释了张军检察长所深刻论述的维护法律权威需要监督者和被监督者合力。

其次,检察网格化实现了从审查监督向审查监督和调查监督并重转变。在确保网格广度与精度的前提下,通过对监督对象和事项的研判分析,遵循监督规律,以法治思维中的法治监督思维、检察监督思维,注入监督动力、维护法治公益,使得检察监督在检察网格进而在全科网格之上,在社会全界面"在位补位""备而不用""蓄而不发""发则强力"。"实行网格化后,各网格还要根据各方信息情况继续跟踪监督。"这种跟踪监督,既是针对该案件的,又是针对有可能存在的同类案件的;既是针对该案件的办理过程和公诉结果的,又是针对该案件关联的涉嫌违纪违法的执法人员和执法活动的。比如地下六合彩案件的诸多线索,全部来自全科网格,来自检察网格上的案件梳理、深度挖掘、持续监督和跟踪监督。破解案中案,防止侦查机关就案件办案件,将办案和监督真正统一起来,既是立足办案、狠抓办案,又是立足监督、过程监督。

最后,检察网格化实现了检察监督向全覆盖、全程化的转变。长期以来,检察机关囿于若干主要围绕诉讼过程的刑事立案、刑事侦查、刑事审判的监督和刑事执行的监督,并未全面充分地体现检察监督的宪法定位、宪法角色以及宪法要求。检察监督尚未充分发挥国家法律监督体系中的应有地位。随着包括检察体制改革在内的司法体制改革及其配套改革的不断深化,这必须有所调整和完善,必须聚焦于法治监督体系的全面强化和检察监督作为"法律监督"特有的本质属性来确立和回归主责主业。这就是检察转型发展的内在依据。检察转型绝非仅仅是转型所带来的职能职权职责的结构性、组织性调整。检察监督的全覆盖和全程化成为其步入新时代扶正固本、增强检察监督的在场感和接受度,以及最终增强人民群众的司法公平感和正义感的首选。"检察网格化"恰逢其时,应运而生,是时代的产物、实践的必然。

首先,业务部门、检察室、乡镇街道的检察网格力量充分发挥信息员、情报员的职能,有广度、有深度、有指向地向检察网格反馈监督线索;其次,在监督平台,全科汇集各业务部精干力量,在检察长、检委会的领导和指导下,多角度、多法域、多环节地进行实体法、程序法、证据法的"会诊",在实体法益、公共利益救济权利和监督权力的四维共振中评判和运用检察监督的法定职能手段,介入侦查、案件受理、批准逮捕、审查起诉各个环节实现线索实时上报,开展全网流转,扩大了审查范围和视野;最后,业务部根据汇总的信息开展全案审查和法律监督,确保了审查的全面性和彻底性。由此,一点触动、全网响应的检察网格化,有效地破解了检察监督的广度与强度之间的矛盾。

## 第三节 "枫桥经验"检察版：检察网格化的意蕴、特点与优势

### 一、检察网格化："枫桥经验"的检察版

"枫桥经验"是依托和发动群众进行基层社会矛盾纠纷调处，进而维护社会稳定的治理经验。从枫桥到高桥，在与时俱进的发展深化中，"枫桥经验"在机制、策略和目标上，既有传承性又有创新性。在目标或效果导向上，"从'小事不出村、大事不出镇、矛盾不上交'到'矛盾不上交、平安不出事、服务不缺位'"。在机制上，将群众自治、社会共治发展为自治、法治和德治的"三治融合"。在策略上，多方协同、道德感化、信用约束、志愿调解、网格治理、互联网＋等多措并举。在功能上，日渐发展为基层社会治理在现代乡村治理体系乃至城镇、社区治理体系建设中的标本。一般认为，以人民为中心，依托和发动群众是"枫桥经验"的原点；以党的领导为核心，政府主导，市场企业、社会组织和公众参与相结合的"一核四元"的治理主体结构，是"枫桥经验"的基本表现。多元化、社会化和智能化是新时代"枫桥经验"的突出特点。

与此同时，我们认为，固然"枫桥经验"是且主要是一种基层社会治理的运行模式，但也需要在多层次上进行解读，尤其应当在其精神、原则的层面提取其具有普遍意义和指导作用的成分，而不仅仅是其治理格局和方法策略。或者可以说，方法策略—体制机制—理念原则依次构成"枫桥经验"的三环同心圆的架构。调解工作室、义务巡逻队、乌镇管家、红枫义警等，是群众路线的外化表现，属于方式策略的层面；而共建共治共享的多主体协作机制、协同治理则属于框架、结构的层面；人民性、协同性和创造性则是"枫桥经验"的底蕴所在。由此观之，富有人民性、协同性和创造性的社会基础的治理模式或样本，汲取借鉴"枫桥经验"的这一价值、理念和原则，哪怕在具体的实现方式和表现形式上各有千秋，都应属于"枫桥经验"的传承与创新。"枫桥经验"及其在不同历史时段的发展演进本身，就是秉持这

一精神内核和基本准则而不断丰富其具体机制的。甚至可以说,"枫桥经验"的演进史就是其价值主轴和目标导向寻求其所契合的运作方式、运动形态的历史。

也正是由此,一方面,不同政法机关在弘扬"枫桥经验"精神的过程中,既有其内在的一致性,又有因地制宜、因时制宜的创造性或个性;另一方面,不同的职能机关在践行"枫桥经验"的实践中,既有在基层社会治理系统或体系中的协作性、共同性,又有也应当有其在职能定位和职责领域中的差异性、特殊性。因为,毕竟职守所在和法定职责是不同职能机关的特质。那么,检察机关对"枫桥经验"的学习和汲取,也不是要将自己改造成像枫桥镇派出所一样的工作机制和运行模式,而是在有其共性的同时更多地要为适宜地实现其法定职能而接入枫桥经验的可接纳成分。

所以,检察系统将"枫桥经验"重点运用,第一是在其方法策略上,将"枫桥经验"视为一种创造性地化解矛盾的方法。比如在刑事和解制度实践中,群众参与、调解、协商,在组织形式上,采取检察诉调中心(杭州市拱墅区)、检调委员会(金华市永康市)、公诉部门与基层检察室对接(温州市平阳县)等方式,对轻微刑事案件的赔偿、公诉等吸纳社会支持因素如基层社区、亲友、律师等进行说和调处。宽缓处理后,基层检察室、检察官联络室、社区检察室与基层群众自治组织等共同制订和实施帮教计划。又如,乐清县人民检察院在环境民事公益诉讼中,围绕生态环境修复的目标,促进环境污染的实施者与检察机关达成调解,及时有效地保护生态环境公共利益。再比如,诸暨市人民检察院办案实行"三分两集中"的侦办起诉网络犯罪工作机制,被誉为"互联网+"背景下的"新枫桥经验"。然而,这些办案前后延伸的举措,固然在一定程度上体现了在刑事诉讼中检察监督针对违法犯罪的全面社会关系恢复的作用,但是否都属于对其法律监督职能实现的强化,是否属于枫桥经验的内在理念与作为法律监督的检察职能之间的有机融合,是值得进一步思考的。

第二,运用"枫桥经验"时需要在全局上促进检察监督全面对接基层社会治理,也需要坚持专业化。所以,"枫桥经验"在检察系统的应用目的,并不是将检察机关都塑造为基层社会治理中的调解机构,而是在检察职能法定范围和法定职权方式基础上实现体制机制的优化,要以转型发展的检察主业主责是否得到加强作为衡量的尺度和标准,由此才是对宪法确立的国家机关职权关系的遵守与实现,才是对职权法定性与效果的充分性之间有机统一的准确追求。既要强调在社会治理的共同目标(安全、和谐)导向下的相互之间的协调配合及其整体性,又要强调不同法律实践活动、不同法律部门履行职责行使职权的专门化、专业化。两者不可或缺,相辅相成。前者是在后者的基础上孕育和确立的,后者是前者的源头和依托。检察院的辖区既是地理空间,又是社会空间,更是需要呵护和构建的法律空间,检察机关不能缺位,法律监督要发挥作用,要承担起应有的责任。

检察网格化建立在社会治理网格化之上,服务于检察的主业主责,以"枫桥经验"的理念为指引,在其运营下自觉践行创新,是新时代基层社会治理的协同性、一体化基础上孕育的专门法的监督,寻求切入发挥职能的新型机制;是检察体制改革适应性、能动性、专业性有效增强的重要载体;是枫桥经验的人民性、协同性与创造性等三大理念在检察机关的自觉运用。检察网格化是检察主业巩固拓展的有效载体,既是巩固,又是拓展,是对检察机关自身的组织结构和工作机制的重塑,是枫桥经验增进检察实效的实践成果。我们说检察网格化是"枫桥经验"的检察版,不是在其网格化上,而是在通过网格化实现检察监督与人民监督的融合上,在由此促使检察监督的实效与效果上,在探索检察转型改革发展的方向性和启发性上。网格化原本是一个普适性的范畴,不具有特殊的质的规定性,依托其一般性和共同性的"检察网格化"所实现的转化和转变,促进实现了检察监督在动力源泉、工作机制(运行机制)、组织体制方面的协同性、系统性的发展,提升了监督主业针对性。检察网格化的景宁探索,是"枫桥经验"融注检察主业的典范样本。

## 二、检察网格化中人民监督与检察监督的融合

检察监督与人民监督更加紧密地结合,是贯彻以人民为中心的发展思想的必然要求和职能所需。党的十九大报告指出:"人民是历史的创造者,是决定党和国家前途命运的根本力量。""必须坚持人民主体地位……依靠人民创造历史伟业。"这就意味着我们必须紧紧依靠人民,充分调动最广大人民的积极性、主动性、创造性。发挥人民群众监督的覆盖面宽、信息多、

角度广、全时态、最直观等独特优势,既要接受人民监督,又要贯通人民监督与检察监督。贯彻党的群众路线,完善接受人民监督的体制机制。人民群众的监督作为第一道防线,是基础,是人民权力的体现和运用,是最基础、最直接和最具有持久性的监督。对党和国家权力而言,人民权力具有本源性。人民监督权力具有根本性。人民群众的眼睛是雪亮的,人民监督具有天然的正当性、民主性和必要性。将人民监督法治化,是民主与法治有机融合的必然要求,是宪法规定的健全社会主义法治的应有意涵。"群众对他们的情况最清楚、最有发言权。"让人民群众更多地参与、监督党和国家,有利于保证人民当家做主,保证权力正确行使,防止和纠正损害人民群众利益的行为,确保党始终做到立党为公、执政为民,确保国家的人民主权性质和人民主体地位。群众监督是人民监督的直接表现形式,舆论监督是人民监督的社会情绪与社会心理上的直观反应。

检察监督只有与人民监督相融合,才能保持强大的功能和旺盛的活力。检察监督作为公众监督的延伸予以保护。检察机关要在法律监督主业上提供满足人民群众这些方面需求的丰富的检察产品。这就必须将群众监督与检察监督更加紧密地结合起来,将群众的监督作为更加广泛的实施法律监督与保障的根本力量,将检察监督作为法律监督体系中的专门力量,使之贯通衔接、转换及时、无缝对接,促进新时代检察事业发展内生动力的增长。人民监督不只是人民的力量、社会的力量,从法治的层面上来看也是人民群众的知情权、表达权、监督权与检察机关的宪法和法律所赋予的法律监督职权、职责在同样的机制当中得以有参与、有主导、有推动、有回应,从而生成合力,使得人民群众监督与检察监督形成相互补充、相互促进,在主体互动上将检察力量下沉,深入到畲乡村寨之中、深入到工厂企业之中,在内容贯通上既注重信息收集的及时性、广泛性,又注重对林林总总的一线信息进行"案件化"进行分析和甄别,将孤立的信息联系起来,将同类的信息汇总起来,将涉及同一执法机关和人员的信息排列起来,将覆盖面和办成案统一起来。由此,在新的时代背景下,群众的支持和参与使检察监督获得更为深厚的动力、更为广泛的线索,又对检察业务和检察干警的监督制约,对建立健全完备的法治监督体系和以监督合力来推动法治落地具有重要意义。如一位主办检察官就颇有感触地说,从被动等案件到深入群众找线索,随着检察网格在农村基层的深入推进,检察机关在一线对接人民群众,搜集监督线索,并通过检群之间的密切合作,将监督线索查清、坐实,有效提升了监督效率。

### 三、检察网格化对检察监督合力与实效的增进

在发挥监督实效与监督合力方面,作为以国家名义的法律监督,检察监督与党内监督、监察监督等各种监督要衔接,也都要和群众监督有效衔接,以构建科学严密的监督体系。这需要坚持主体互动、内容贯通、形式对接、机制协调,切实增强监督的操作性、实效性。① 在体制机制衔接上,要实现检察监督和群众监督、民主监督、舆论监督等相互贯通,就需要首先克服法律监督信息不畅、群众监督对检察监督知晓不足、支持力度不够的现实障碍与体制局限,而"检察网格化"以网格基础和平台枢纽,实现了信息综合管理平台建设,实现了执法办案信息的实时传递、分析研判和资源共享;同时,实现了检务公开的改革与深化,不仅将一般公务性质的检察事项进行常规公开,而且发展到对能公开的执法办案信息的实时公开、过程公开和引导性的公开,既把法律监督工作真正置于人民群众监督评判之下,取得信任支持;又是对实际办案、法律监督工作在健康开展、依法合规基础上的精细化、过程化检验。这不仅使社会以及网络舆情的收集、研判、处置机制更健全,而且更为重要的是在法治监督体系的构建中,使之能够促使监督范围得以明确、监督基础更加厚实、监督程序更为健全、监督手段方式更加清晰,在一定意义上有效克服某些领域的法律监督空白,以及破解检察机关自身监督畏难、监督乏力、监督茫然等现象,从而着眼于党和国家监督体系的重大改革以期形成严密、健全和富有实效的法治监督体系,将法治监督体系作为党和国家监督体系中的有机组成部分,真正实现监督的协同性、系统性及其法治化,使得检察监督作为专门法律监督能够耳聪目明、及时反映、跟进线索、切实监督。

检察监督实效的构成有以下三个层面:办案实效、监督实效和社会实效。监督实效是基于检察机关的职能、职权的发挥,在办案实效基础上所

---

① 江琳:《让监督体系发挥最大合力》,《人民日报》2018年1月9日,第17版。

产生的扩展性的法律监督效果。监督实效和办案实效紧密联系,但是并不完全同步。办案实效是监督实效的前提,但监督实效取决于办案实效能否转化和扩展为法律监督的主客观作用的发挥。社会实效是指社会公众对检察机关的认知程度,对检察机关发挥监督职能评价中的认可程度,即获得感、认同感。检察监督实效的影响因素有五个:第一,检察监督的职能和职权的法定配置。现实中,检察监督的实权范围并未收缩,而在延展;职权手段有转变和转隶,但也有拓展,比如公益诉讼的检察监督。第二,检察监督体制机制。在检察监督体制机制的法定性和统一性之下,还会有来自其自身能动性的特色化、创新性设置,对此要以改革、发展的眼光看待。改变原有监督体制机制(部门化、碎片化、消极化)的不适应性,需增强其适应能力。第三,检察监督的能力。第四,检察监督的信息。其中有初始信息,也有成案信息,就是从初始信息中筛查、聚焦、锁定以及应用成案信息。第五,检察监督的资源。不只是物化的设备、装备,在广义上,还包括检察监督所处的社会政治生态、法治文化、民情风俗等。

就以上影响检察监督实效的五个要素而言,在检察监督职能职权的法定前提下,检察网格化能够分别作用于检察监督体制机制的优化、检察监督信息的吸收、检察监督能力的提高和资源的社会化。可见,在检察网格—监督平台—全域监督的检察网格化三级联动的法律监督工作机制中,有利于增强检察监督实效的着力点较多,这些都可以促使检察监督实效得到真正的提升。

### 四、检察网格化对检察主业履职和发展的探路

是否可以将检察监督建立在诉权支点上?诉权是否就是法律监督权?法律监督是否可以归于"通过诉权的监督"或司法(化的)监督?法律监督的宪法定位(及其宪法解释的匮乏或者说时过境迁)和现实之中以及《组织法》修改之中的具体层面的职能、职权与职责的配置、配比之间的落差是有待于弥合的。进入新时代,这种检察转型的宪法依据是明确的、不变的,即人民检察院作为法律监督机关的宪法定位没有改变。我们不能说"人民检察院在职能上发生新转变",而是这种职能实现的具体职权,在职权的手段方式、程序机制、对象范围以及组织形式等一系列实践操作的技术规定性

方面,即在"怎样监督、监督什么、监督效果如何"这些问题上,将适应监督的体制变革(监察法立法以及检察机关转隶)、刚性强化(从严治党)、党政分工、全面覆盖的全局变化,获得新的法律上的规定和确认。尽管目前集中表现在食品药品安全、生态环境保护等若干主要"试水"领域。在检察职能的宪法确认前提下,根植检察实践在实现法律监督过程中的针对性、特殊性、协调性(与其他监督机关、与其他国家机关)和法定性,优化检察职权的科学配置在其机构设置上需要调适,以切实服务于办案并最终服务于监督的强化。

在检察网格化的运行机制不断健全的基础上,回溯到深入推进司法改革、检察机关内设机构调整上来,促使作为监督机制关键组成部分的办案机制更加科学合理,促进内设机构的设置与工作协同更加密切高效。按照这样的一体化思路进行贯通、疏浚和规整,景宁检察院以网格化实现全域化,以平台化实现案件化,在监督平台凸现监督,造就了信息化成案、办案促监督、效果双向化中"化"的中介、桥梁。检察网格化是检察监督主责主业突破"最后一公里"直抵群众实践之中的组织载体和科学机制。全国首家公益保护和诉讼活动监督举报中心的设立,与检察网格化一样,异曲同工,都是在深入培植检察监督在人民群众监督中的信息收集能力、敏锐反应能力、精准研判能力以及监督启动能力。当然与此同时,必须理清检察监督的范围和边界,理清检察监督职能与其他监督职能之间的关系,厘清检察监督的内容和程度。要注意突出监督的重点应还是监督公权力。

**第十六章**

# "梳网清格"——江苏盐城公安学习"枫桥经验"的实践

　　党的十九大报告指出,要加强社会治理制度建设,完善党委领导、政府负责、社会协同、公众参与、法治保障的社会治理体制,提高社会治理社会化、法治化、智能化、专业化水平。这不仅为加强和创新社会治理指明了方向、提出了要求,更画出了蓝图、构建了顶层设计。近年来,江苏省盐城公安机关在公安部、省委、省厅、市委的坚强领导下,学习"枫桥经验"的思想精髓,结合本地实际,发动群众,依靠群众,充分发挥社会治理主力军的作用,以社区警务为基础,创新组织开展"梳网清格",在维护稳定、化解矛盾、服务民生等方面取得了显著成效。

## 第一节 "梳网清格"的提出背景

　　经济快速发展、社会大局稳定是中国向世界展示的"两大奇迹",这得益于中国特色社会主义制度的优越性,得益于中国共产党的领导和群众路线的优势。中国现行的管人、管物法律制度,决定了治理要素的时空相对确定性,坚定了"社会治安并不难治"的信心。

　　党中央、国务院关于创新网格化社会治理有关文件强调,工作重心要向基层下移,加强社区建设,实现政府治理和群众自治良性互动。网格化社会治理是推进国家治理体系和治理能力现代化的重要举措,是基层治理的有效形式。江苏省委、省政府出台指导意见,要求建立健全城乡社区网格化服务管理工作体系,努力把城乡社区建设成为管理有序、服务完善、文明祥和、平安和谐的社会生活共同体。"枫桥经验"是强化基层基础、治理社会的经验,需要根据实际情况创造性地学习。

大道至简。社会治理如同打扫卫生,即使每天都清扫,过段时间还要通过"大扫除"来清理盲区死角,确保持续"清洁"。纵观维护稳定和平安建设,从重大活动安保维稳的成功经验和发生重大事件的教训来看,根源性问题在于"人"和"物",公安机关应当紧盯不放心的人、存隐患的物、有异常的信息,落实针对性措施,实现有效掌控。实践中,在大力度抓防控、抓管理的格局下,仍然存在人员漏管失控、隐患酿成事故的情况,由此引发了对公安机关深入开展网格化社会治理路径的思考。

盐城公安机关依托"警区即网格"的天然优势,创新提出"梳网清格"理念,将"梳网清格"作为社区警务的核心手段,围绕不放心的人、有隐患的物和有风险的事,依靠群众用好"梳"和"清"两种手段,一遍一遍梳,一块一块清,一项一项治,以日常"梳网清格"解决常规问题,以"梳网清格"集中行动解决非常规、难以解决的问题,以"堡垒推进"实现长治久安。通过三年努力,盐城市平安稳定态势持续向优,全市刑事发案数从每年4.5万起降到2万起,万人刑事发案数为江苏全省最低,10万人的命案比例仅为全国平均数的五分之二,侵财案件累计下降47%;全市道路交通事故死亡人数累计下降23.8%,火灾事故数累计下降66%,是2018年江苏省唯一未发生火灾死亡事故的地级市;全市信访总量累计下降35.5%,群体性事件总量下降52%,因矛盾纠纷引发的民转刑案件降幅达40%,人民群众获得感、幸福感、安全感大幅提升。

## 第二节 盐城公安机关开展"梳网清格"的实践

习近平总书记指出,抓住重点带动面上工作,是唯物辩证法的要求,也是我们党在革命、建设、改革进程中一贯倡导和坚持的方法。[①] 在具体实施"梳网清格"的过程中,盐城公安机关秉持"常规问题常规抓、重点问题重点抓"原则,将"梳"和"清"作为规定动作嵌入网格化治理的各个流程,突出"三梳六清"(梳清不放心的人、梳清不放心的物、梳理影响稳定的信息,清查重点区域、清理空关房屋、清缴嫌疑物品、清除安全隐患、清扫丑恶现象、清洗系统数据),建立准确的"八本账"(涉稳重点人员台账,肇事肇祸精神障碍患者和游荡社会人员台账,涉嫌外流人员台账,涉嫌违法犯罪人员台账,寄递网点分布点台账,消防隐患、易燃易爆风险点台账,出租房屋台账,非法金融单位台账),按照事前研判、事中梳清、事后共治步骤,主要做好以下三个方面工作。

## 一、依托社区警务开展常态"梳网清格"行动

牢牢把握"人"这个核心要素和"社区"这个基本单元,做实做优社区警务。科学规划警区。综合考虑城市社区和农村村庄的地域面积、实有人口、地理环境、经济发展等情况,科学合理划分 899 个警区。做强专业队伍。坚持社区警务、社区警务室、社区民警"三位一体",组建社区警务专业队,成立社区管控专业队,推动社区民警全部沉入社区。规范警务内容,明确工作标准,建立派出所所长和社区民警工作制度,让社区警务方向更明、任务更清。强化研判分析。全面深入研判各类要素,确保实有房屋"梳一遍"、重点人员"捋一遍"、重点部位"清一遍",做到底数清、情况明。

## 二、针对疑难复杂问题发起"梳网清格"集中行动

由社区民警提出攻坚需求,县局层面重兵屯集打"歼灭战"。用好四个手段:一是"合围"。抽调足够警力封控目标网格以及通道,扎紧"口袋",实行"封闭式"清扫。二是"检查"。对目标网格内实有房屋进行逐户检查,配合智能采集"狩猎战车",搜集研判"不放心"人的基础信息、活动轨迹、联系人等相关数据。三是"甄别"。前方民警依托移动警务终端"亮剑一号"实

---

① 习近平:《高举中国特色社会主义伟大旗帜　为决胜全面小康社会实现中国梦而奋斗》,《人民日报》2017 年 7 月 28 日。

时比对人员、物品信息;后方支撑保障小组第一时间研判核查,为前方提供准确的行动支撑。四是"处置"。对发现的嫌疑人及时打击处理,对嫌疑物品及时登记扣押,对重大安全隐患及时落实整改。近年来,盐城市公安机关共组织五次全局性集中统一行动,各地开展多轮次集中攻坚,共抓获违法犯罪人员 1388 人,有效净化辖区治安环境。

### 三、构建完善"梳清长治"的闭环式治理体系

以机制建设为抓手,推动落实整治措施,确保问题不反复。一是交办督办机制。对梳清出的问题隐患进行分类,逐条明确责任主体、整改要求、时序进度,并跟进做好督导督办,保证事事有回音、件件有落实。二是战果转化机制。对排查梳理出的案件线索、打击目标,实现清单式管理,充分运用法治手段,根据需要组织集中收网,打出声威、打出实效。三是促发联动机制。发挥社区民警工作优势,动员社会力量参与基层社会治理,营造共居一地、共保一方平安的良好氛围。四是奖惩激励机制。对"梳网清格"中做出重要贡献、取得重大战果的,实行"一事一奖、同功同奖";定期组织开展"梳网清格"优秀社区民警评选活动,增强民警获得感、认同感;常态开展案例剖析讲评工作,及时总结成功经验,倒查整改问题。

## 第三节　通过"梳网清格"开展网格化治理的启示

### 一、"枫桥经验"是全国平安建设、构建和谐社会的一大法宝

习近平总书记强调,各级党委和政府要充分认识"枫桥经验"的重大意义,发扬优良作风,适应时代要求,创新群众工作方法,善于运用法治思维和法治方式解决涉及群众切身利益的矛盾和问题,把"枫桥经验"坚持好、发展好,把党的群众路线坚持好、贯彻好。在信息化时代,开展"梳网清格"就是用脚步丈量每一寸土地,通过上门入户的工作,与广大群众进行面对面交流,用真情换民心,这与"枫桥经验"思想精髓一脉相承。

## 二、"梳网清格"是盐城公安机关适应新时代要求的探索

"梳网清格"是着眼新目标、把握新要求,以更系统的思维、更准确的定位开展基层社会治理的探索实践,它已成为盐城平安建设的重要组成部分,为有效解决网格化治理难题提供了可借鉴、可复制的样本。主要体现在四个方面:一是解决了"组织难"问题。公安机关担负着网格化社会治理主力军的作用,通过日常社区警务直接参与社会管理,以问题导向主动发起专项治理,实行党政领导、部门协同、公众参与,精准治理成效日益显现。二是解决了"落实难"问题。公安机关在党委和政府领导下,公安队伍的忠诚度、责任心、执行力为实行网格化社会治理提供了根本保证,使各项治理举措能够顺利落实到位、执行到位、跟进到位,使人民群众的反响和反馈得到及时收集,政府公信力不断提升。三是解决了"保障难"问题。社会治理是全时空、全覆盖的工作。公安机关的警务运行模式是"白加黑""五加二",使人民群众生活的每一个区域都能实现警务覆盖,使公安机关承担网格化治理的主要任务都能落实到位。四是解决了"联动难"问题。公安机关始终将维护好、发展好最广大人民的根本利益作为出发点、着力点,赢得了广大人民群众的信赖和支持,建立起公安机关与人民群众的血肉联系。人民群众积极参与社会治理,共同构建长治久安的命运共同体。

## 三、坚持问题导向,加快建设社会治安防控体系

习近平总书记强调,要坚持问题导向,把专项治理和系统治理、综合治理、依法治理、源头治理结合起来。要完善社会治安综合治理体制机制,加快建设立体化、信息化社会治安防控体系。[①]"梳网清格"作为专项治理手段,为系统治理、综合治理、依法治理、源头治理赢得了时间和空间,实现了社会治理特别是公安工作的"波浪式"前进、"螺旋式"上升。"梳网清格"在带来甜头的同时,也带来有益启示:一是社会治理务必要有大视野和小视角。大视野是指用国际的眼光和"郡县治天下安"的胸襟,将盐城治理与江

---

① 习近平:《完善中国特色社会主义治理体系,努力建设更高水平的平安中国》,《人民日报》2016 年 10 月 13 日。

苏治理、国家治理全面联系起来;小视角是指通过"梳网清格"对形势变化给基层治理带来的不安全、不稳定、不放心的因素和问题,实施精准治理,实现由单一治理向综合治理转变。二是社会治理务必要有大格局和小网格。大格局是指围绕党的中心和人民利益的大情怀,全面、整体地打造共建共治共享格局;小网格是指通过"梳网清格",加强社区治理体系建设,以网格小平安累积社会大稳定,实现由单打独斗向多元共治转变。三是社会治理务必要有大联动和小行动。大联动是指全面调动社会治理力量,形成各司其职、齐抓共管的社会治理机制;小行动是指通过对小网格的梳清,将矛盾化解在社区,将隐患消除在网格,实现由粗放低效向精细高效转变。

## 第十七章

# "枫桥经验"是在斗争中发展的
## ——评尹曙生《谢富治与"枫桥经验"》一文

"枫桥经验"是依靠群众就地化解矛盾的经验。从 1963 年毛泽东批示转发、全国仿效以来,各级党政领导干部赴枫桥调查研究、总结经验、参观学习络绎不绝。历经半个多世纪的实践检验,内涵不断丰富,从矛盾不上交扩展为综合治理,从群众原创经验升华为系统理论,适应了治安形势的变化,促进了经济和社会的协调发展。

为了将"枫桥经验"提升为枫桥理论,我们进行调查研究和理论探索,梳理社会治理经验。1993 年 11 月,为纪念"枫桥经验"30 周年召开首次理论研讨会,此后每隔 5 年举行一次研讨会,邀请浙江、北京、上海、天津的哲学、法学、社会学、心理学、人口学、青年学、文化学和犯罪学等专家学者,到诸暨枫桥调查研究。经各学科专家学者 20 多年的实地追踪调查和理论研讨,总结提炼了一套依靠群众、调解矛盾、预防犯罪的理念和方法,相继出版了《当代中国小城镇社区犯罪控制》《走向 21 世纪的枫桥经验——预防犯罪实证研究》《枫桥经验的科学发展》和《枫桥经验发展论》等著作,发表论文数百篇。

2013 年 10 月 9 日,习近平总书记就坚持和发展"枫桥经验"做出重要指示,各级党委和政府要充分认识"枫桥经验"的重大意义,发扬优良作风,适应时代要求,创新群众工作方法,善于运用法治思维和法治方式解决涉及群众切身利益的矛盾和问题,把"枫桥经验"坚持好、发展好,把党的群众路线坚持好、贯彻好。这为我们坚持和发展"枫桥经验"、坚持和贯彻党的群众路线指明了方向。

为了把"枫桥经验"坚持好、发展好,把党的群众路线坚持好、贯彻好,必须对质疑和否定"枫桥经验"的谬论给予澄清和驳斥。"枫桥经验"的诞生与发展,并不是一帆风顺的,而是经过了风风雨雨、曲折坎坷的路径,遭遇了种种干扰。安徽省公安厅原常务副厅长尹曙生在《炎黄春秋》杂志2014年第7期"求实篇"上发表了《谢富治与"枫桥经验"》一文(以下简称尹文),将"枫桥经验"说成是"极左年代产生的一个'以阶级斗争为纲'的极左文件"。笔者读后有点惊异,尹曙生身为公安厅的领导干部竟会写出捏造事实的文章。"枫桥经验"是党坚持群众路线,加强法治建设的典型,是全国政法战线的一面旗帜。现被尹曙生说成是虚假典型、极左路线的产物,直接攻击公安部长罗瑞卿,而且将矛头直指毛主席,性质极其恶劣。这不仅会给50多年来群众原创的"枫桥经验"造成不良影响,而且还会给党的群众路线带来负面效应。笔者作为"枫桥经验"诞生和发展的亲历者、见证人之一,有必要澄清事实真相,并对居心叵测的尹曙生的谬论予以揭露和批驳。

## 第一节 "枫桥经验"是多捕人还是少捕人?

尹文从污蔑首任公安部部长罗瑞卿于1958年"滥捕、滥杀、滥拘留、滥劳教、滥集训、滥收容"开始,又将1966年"文化大革命"时期的林彪、"四人帮"一伙的随意抓人、打人的罪行,嫁祸于"枫桥经验",从头到尾把"枫桥经验"与极"左"混为一谈,将"枫桥经验"描绘成"武斗"和"多捕人"。

"枫桥经验"究竟是少捕人还是多捕人?要从"枫桥经验"诞生的历史背景讲起。

"枫桥经验"诞生于1963年社会主义教育运动中。6月19日,中共浙江省委根据中共中央《关于目前农村工作中若干问题的决定(草案)》(简称"前十条")的精神,派出了省委书记处书记兼宣传部长林乎加率领的省委工作队到诸暨县枫桥区,会同诸暨县委在枫桥区的枫桥等7个公社进行社会主义教育运动试点。浙江省公安厅副厅长吕剑光带领省公安厅和宁波地区公安处 30 多位公安干部参加这次试点工作。在对敌斗争阶段,当群众揭露少数"四类分子"在国际敌对势力反华叫嚣,台湾国民党当局妄图武装窜犯大陆时反攻倒算的嚣张气焰后,激起了基层干部和群众的义愤,有的要求武斗和捕人,上交政府处理了事。省委工作队将党的政策和国家法律交给群众,放手发动群众开展"文斗好还是武斗好,少捕好还是多捕好"的辩论,终于总结出要文斗不要武斗,运用摆事实、讲道理,以理服人的方法,制服了"四类分子"而没有捕一个人的"枫桥经验"。同年 10 月下旬,当时的公安部部长谢富治向在杭州的毛泽东汇报,毛泽东听了后说,这叫作"矛盾不上交,就地解决",并指示要好好总结经验。10 月底,吕剑光带办公室主任杨永恒和秘书周长康,到公安部向谢富治汇报省公安厅起草的"枫桥经验"初稿,谢派人帮助修改。11 月 20 日,毛泽东在公安部起草的向第二届全国人民代表大会第四次会议作"依靠广大群众,加强人民民主专政,把反动势力中的绝大多数改造成为新人"的发言稿上批示,是否发到县一级党委和公安局,其中应提到诸暨的例子,要各地仿效。11 月 22 日,毛泽东又同公安部副部长汪东兴做了依靠群众做好公安工作的含意深刻的谈话,他认为,"最重要的一条,是做群众工作,教育群众,组织群众",并说,"我们公安工作,历来是与苏联不同"。这说明毛泽东是经过深思熟虑后肯定了"枫桥经验",并再一次提出转发全国仿效。毛泽东曾多次讲过要少捕人,共产党人要有伟大的气魄,要教育人、改造人。这次,终于找到了"枫桥经验"这个典型。"枫桥经验"在全国推广后,据公安部统计,1964 年全国捕人比 1963 年减少 39.5%,1965 年又比 1964 年减少 32.2%。这两年是中华人民共和国成立十多年来捕人最少的年份,治安情况比历年都好。

尹曙生作为浙江的邻居,对"枫桥经验"的内涵和中央推广后得到良好的社会效果,理应一清二楚,为什么不如实反映情况呢?

## 第二节 "枫桥经验"是武斗还是文斗?

尹文写道:"枫桥经验"从 1964 年到 1966 年"文革"前,"群众专政风起云涌,所谓说理斗争名存实亡,武斗成了主要形式,大批基层干部和四类分子在群众专政的强大压力下自杀身亡。"这完全是编造出来的。

"枫桥经验"的主要内容之一是"文斗",即依靠群众对"四类分子"摆事实,讲道理,以理服人;反对"武斗",反对压服。尹文却将"文革"中的"武斗"强加给"枫桥经验",纯属张冠李戴。这使人联想到"文化大革命"中"枫桥经验"的遭遇。林彪、"四人帮"一伙为了篡党夺权,首先要"彻底砸烂反动公检法",拔除这个眼中钉,连毛主席批示、肯定的"枫桥经验"也被彻底否定。他们将"枫桥经验"摆事实、讲道理、以理服人的"文斗",批为"资产阶级人性论""修正主义样板""和平改造的黑旗";将在枫桥蹲点调查的吕剑光等一批公安干部批为"反革命修正主义分子",对坚持"枫桥经验"的基层干部进行批斗和迫害,对枫桥区的治保人员进行罚站、吊打、关押、罚劳役、批判斗争、游街示众。更为阴险的是假借"群众专政"之名,设立所谓"群众专政指挥部",任意打人抓人,关押所谓"走资派"和"牛鬼蛇神",实行法西斯专政。试问尹曙生,你是站在什么立场讲话的?正是在1964年到1966年"文革"前,"枫桥经验"在全国推广,就是用摆事实、讲道理,以理服人,用教育人、改造人的方法,使社会治安形势大为好转。它区别于社会各项运动的做法。因此,"枫桥经验"具有特殊的含义。实事求是是公安民警应有的品德,尹曙生应当明白这一道理,为什么要捏造歪曲?

## 第三节　枫桥区对"四类分子"是戴帽还是摘帽?

尹文写道:"据1979年2月5日《人民日报》第4版报道:'文革'结束后枫桥区人口增加到13万,其中'四类分子'也达到3000多人。经过15年时间,枫桥区'四类分子'人数不仅没有减少,反而增加了3倍。"那么事实真相是怎样呢?

粉碎"四人帮"后,公安部派一局副局长赵明带工作组到诸暨枫桥长期蹲点,与省、地、县公安机关组成联合工作组,开展对"四类分子"摘帽的试点工作,提出了摘帽的主要标准,经过群众评议和上级批准,予以摘帽,成为公民。连已死10年、过去被称为"橡皮碉堡"的地主陈荫林也摘了帽子。

这一试点经验随后全面推广,为全省乃至全国"四类分子"摘帽工作提供了实践经验。枫桥区很快完成了把绝大多数"四类分子"改造成为新人的历史任务。1978年5月,当时的浙江省公安局向全省推广枫桥区对改造好的"四类分子"通过群众评审给予摘帽的经验。同年6月,公安部部长赵苍璧到枫桥区视察,对"四类分子"摘帽工作给予充分肯定。1979年1月11日,中共中央下达《关于地主、富农分子摘帽问题和地、富子女成分问题的决定》,同年2月5日,《人民日报》以《摘掉一顶帽子,调动几代人》为题,发表长篇通讯,介绍枫桥区落实党和国家对"四类分子"的政策,通过对改造好的"四类分子"的摘帽和改变成分,化社会消极因素为积极因素的经验。这完全是肯定和推广枫桥区"四类分子"摘帽的经验和做法。然而尹文却修改《人民日报》文章的主题,不讲枫桥区域的扩大,不提"四类分子"已摘掉帽子成为公民,只截取摘帽前的数字作为摘帽后的数字,改写成与通讯原文观点完全相反的一段话。尹文为什么要这样修改,居心何在?

## 第四节 "枫桥经验"是极左还是纠"左"?

尹文最后一段结论性的文字,是全文的主题:"'枫桥经验'是极左年代产生的一个'以阶级斗争为纲'的极左文件,以'群众专政'代替司法机关,几百万被群众专政的四类分子的合法权益被剥夺殆尽,其悲惨遭遇令人惨不忍睹,家属子女受到的歧视难以尽述。因为毛泽东批示的'矛盾不上交,就地解决'这几个字,可以被人从不同的角度加以解读。"从尹文可以看出,他完全否定了毛泽东肯定的"枫桥经验"。

真实情况是怎样呢?"枫桥经验"诞生于20世纪60年代,但是那个年代总结的经验不等同于都是"极左文件"。事实上,"枫桥经验"是在排除了要求"武斗"和"多捕人"的思想阻力后才总结出来的。毛泽东肯定"枫桥经验",批示转发全国仿效,是为了"把绝大多数四类分子改造成为新人",是为了少捕人。1964年1月14日,中共中央向全党发出《关于依靠群众力量,加强人民民主专政,把绝大多数四类分子改造成为新人的指示》,同时批转了中共浙江省委转发的《诸暨县枫桥区社会主义教育运动中开展对敌斗争的经验》,指出这是一个很好的典型。"枫桥经验"在全国推广后,从实际效果看,1964年、1965年达到了中华人民共和国成立十多年来捕人最少、治安最好的社会效果,促进了经济社会的发展。在此期间,枫桥区加强了对青少年的教育,对轻微违法犯罪人员的帮教,对回归社会的归正人员的安置,从思想教育、生活关心、安置就业到帮助致富,使他们走上了正道,从而预防和控制了犯罪。实践雄辩地证明,当时"枫桥经验"在全国的普遍推广,客观上起到了纠正"左"倾错误的作用。尹文对"枫桥经验"不经过调查研究,故意得出极左的结论,是别有用心的。至于尹文所说的,"毛泽东批示的'矛盾不上交,就地解决'这几个字,可以被人从不同角度加以解读",其实,这个依靠群众就地化解矛盾的观点,早为各级党政领导、广大干部和群众以及专家学者所理解和接受,直到新的历史时期仍在不断发扬和创新。现在,调解矛盾纠纷有行政调解、司法调解、人民调解三大类,主要依靠群众就地化解。遍布城乡各地的民间调解组织,如社区调解中心、综治中心、"老娘舅"、"和事佬"等,据不完全统计,每年约有800余万起矛盾纠纷案件在基层得到化解。这是新时期"枫桥经验"的新创造,是一项中国特色的化解社会矛盾纠纷的民主与法律制度建设。只有尹曙生因为持有"从不同角度加以解读",所以对客观事实视而不见,蓄意歪曲。

如何科学认识"枫桥经验"的历史价值和现实意义?请看习近平总书记于2013年10月9日对纪念毛泽东同志批示"枫桥经验"50周年的指示:"50年前,浙江枫桥干部群众创造了'依靠群众就地化解矛盾'的'枫桥经验',并根据形势变化不断赋予其新的内涵,成为全国政法综治战线的一面旗帜。浙江省各级党委和政府高度重视和学习推广'枫桥经验',紧紧扭住做好群众工作这条主线,为经济社会发展提供了重要保障。"

习近平总书记对坚持和发展"枫桥经验"的指示,为我们坚持和发展"枫桥经验"指明了方向。

从习近平总书记坚持党的群众路线观点可以说明,"枫桥经验"与党的群众路线是不可分的,"枫桥经验"就是贯彻党的群众路线的典型。尹曙生为什么要否定"枫桥经验",值得我们深思与警惕。

## 第五节 评价"枫桥经验"要客观公正

评价"枫桥经验"要坚持实事求是,客观公正。有位学者曾说过:"作史成公道,为文仰率真。"如果总结历史经验,我们应坚持科学态度。

第一,要坚持实事求是,不可有任何虚构。尹文利用收集的某些公安史料和一些报刊文章,包括未经核实的文稿,断章取义地摘取资料或事例,或截取某些数据作论据,造成真假掺杂,使不明真相的读者难分是非。"枫桥经验"是群众原创、全国公认的,对它的评价也应到群众中去调查,征求群众意见,再提出新的看法。

第二,要客观公正,不要张冠李戴。尹文采用"滥捕、滥杀、滥拘留、滥劳教、滥集训、滥收容"叠加词来制造噱头,然后话锋一转,将"极左""武斗""群众专政""人人自危"等词句塞进"枫桥经验"之中,既不客观也有失公正。尹曙生以安徽省公安厅原常务副厅长的身份,给人以透露内部机密材料的错觉,图谋吸引读者眼球,误导群众。

第三,分清主流和支流。尹文利用公安工作在"左"倾错误影响下产生的缺点错误,不顾周恩来总理在第十五次全国公安会议上的讲话精神,粉碎"四人帮"后的拨乱反正,三中全会废除以阶级斗争为纲的指导思想,中共中央《关于建国以来党的若干历史问题的决议》,以及改革开放后"枫桥经验"的创新发展,而是用抓住一点,无限扩大的伎俩,以批判谢富治为名,否定"枫桥经验",否定整个公安工作,这不是总结历史经验的科学态度,而是借机攻击污蔑党的方针政策的恶劣手段。

第四,不能拿现在的眼光去否定历史。群众首创的"枫桥经验",在当时的历史背景下,在客观上起到了纠"左"的作用。历史是发展的。经过半个多世纪的演变发展,"枫桥经验"已成为依靠群众化解矛盾纠纷、维护社会稳定的新思维,成为社会治理的新理念。不能以老眼光看新内容,也不能拿现在的眼光去否定历史。50多年的实践充分证明,"枫桥经验"是践行党的群众路线的鲜活"样本",是预防、化解社会矛盾的一棵"常青树",是推动科学发展的一笔宝贵财富。"枫桥经验"与社会发展是同步的,符合社会发展规律,具有旺盛的生命力。

## 第六节　质疑"枫桥经验"是好事还是坏事?

研究各个时期的"枫桥经验",要运用辩证唯物论和历史唯物论的基本观点,分析时代背景和当时的社会治安形势,分清主流和支流。凡是有群众基础的经验,即使有人断章取义,或吹毛求疵,都是批不倒的。粉碎"四人帮"后,质疑或否定"枫桥经验"有几种情况:一是认为"枫桥经验"过时了,"四类分子"早已摘了帽,还要"枫桥经验"干什么? 二是认为"枫桥经验"是计划经济和封闭社会产生的,不适合改革开放新形势。三是认为"枫桥经验"是极"左"路线的产物。上述认识是因为不了解"枫桥经验"诞生、发展的历史和它的内涵,现在已提高了认识。尹文则故意将"枫桥经验"与谢富治拉扯在一起,又将林彪、"四人帮"的罪行强加给"枫桥经验",以达到他不可告人的目的。

在文化多元化的今天,各种不同意见都可以出现,但是要实事求是,不能虚构,不能张冠李戴,也不能断章取义。希望不了解"枫桥经验"诞生、发展和内涵的人,请拨冗到枫桥实地调查后再写文章,以免造成误会,甚至误导群众。先进的经验、科学的理念总是会受到质疑、歪曲和否定,而真理就是在与谬误的博弈中产生的。"枫桥经验"是群众创造的,是经过实践检验的经验,是确保人民安居乐业、社会安定有序、国家长治久安的经验,谁也否定不了的。

## 第七节　"枫桥经验"在创新发展

"枫桥经验"早已扎根在群众之中,而且随着时代的发展而发展,当前正在社会治理中发挥积极作用。

"枫桥经验"是随着世界多极化、经济全球化、文化多元化、社会信息化的发展而发展的,是在与犯罪全球化、暴力化、集团化、科技化和网络化的斗争中发展的。

"枫桥经验"之所以具有强大生命力,主要是群众创造的经验已深入人心,正是"从群众中来、到群众中去"显示的效果。专家学者在总结实践经验的同时,吸取历代治理社会的经典思想,也借鉴西方犯罪学的合理内核,不断充实、创新和发展。从单纯以"打击为主"的指导思想,逐步调整为打防结合,预防为主,从调解矛盾、消除隐患扩展为综合治理,进而发展为系统控制、整体预防、社会协同。提炼了依靠群众、化解矛盾、帮助教育、心理疏导、综合治理、情报信息、安全检查、社区矫正、民主法治、人权保障等新的安全理念,为应对传统安全威胁和非传统安全威胁,以及来势汹汹的以互联网为平台的各类国内外犯罪活动的勾连与渗透,提供科学的社会治理模式,为构建中国特色犯罪学的理论体系增添新的元素。

"枫桥经验"在新时期的核心理念是:在党的领导下,真心诚意依靠群众,同心同德,团结一致,创新社会治理体系,提高社会治理能力现代化,重视预防和控制犯罪活动的系统性、整体性和协同性,维护公民合法权益,保障国家长治久安,促进经济和社会发展,达到社会既充满活力又和谐有序的目标要求。伟大的中华民族就能抵御任何社会风险,中华民族伟大复兴的中国梦就一定能实现!

## 参考文献

(1)吕剑光."枫桥经验"的产生过程[M]//祝春林.历史瞬间.北京:群众出版社,1999.

(2)朱志华,周长康,等.枫桥经验发展论——兼论中国特色整体预防犯罪模式的构建[M].杭州:浙江人民出版社,2011.

(3)公安部《建国以来公安工作大事要览》编写组.建国以来公安工作大事要览[M].群众出版社,2003.

(4)《中国人民公安史稿》编写组.中国人民公安史稿[M].警官教育出版社,1997.

(5)浙江省公安志编纂委员会.浙江人民公安志[M].中华书局,2000.

（6）应勇,周长康.当代中国小城镇社区犯罪控制［M］.中国发展出版社,1995.

（7）周长康,金伯中.走向 21 世纪的"枫桥经验"——预防犯罪实证研究［M］.群众出版社,2000.

（8）周长康,张锦敏.枫桥经验的科学发展［M］.西泠印社出版社,2004.

（9）周长康.浙江"枫桥经验"的八个关键词［J］.犯罪与改造研究,2014.

## 第十八章
## "枫桥经验"两种根本不同的解读
## ——评尹曙生《谢富治与"枫桥经验"》一文

　　《炎黄春秋》2014年第7期刊登了安徽省公安厅原常务副厅长尹曙生关于"枫桥经验"的文章,我阅读数遍,深感作者既不客观求实,又喜欢主观臆断,既不讲政治道德,更缺乏学术精神,他在文章结论部分写道,"'枫桥经验'是极左年代产生的一个'以阶级斗争为纲'的极左文件,以'群众专政'代替司法机关,几百万被群众专政的四类分子的合法权益被剥夺殆尽,其悲惨遭遇令人惨不忍睹,家属子女受到的歧视难以尽述"。作为一个在浙江从警数十年,长期从事"枫桥经验"调研,与诸多"枫桥经验"亲历者、实践者、研究者有交流、交往的老公安,有必要谈谈我了解的史实和一些观点、看法,以正视听。

### 第一节　还原"枫桥经验"的历史真貌

　　2013年10月11日,纪念毛泽东同志批示"枫桥经验"50周年大会在浙江杭州召开。会前,习近平曾指出,50年前,浙江枫桥干部群众创造了"依靠群众就地化解矛盾"的"枫桥经验",并根据形势变化不断赋予其新的内涵,成为全国政法综治战线的一面旗帜。浙江省各级党委和政府高度重视学习推广"枫桥经验",紧紧扭住做好群众工作这条主线,为经济社会发展提供了重要保障。他还强调,各级党委和政府要充分认识"枫桥经验"的重大意义,发扬优良作风,适应时代要求,创新群众工作方法,善于用法治思维和法治方式解决涉及群众切身利益的矛盾和问题,把"枫桥经验"坚持好、发展好,把党的群众路线坚持好、贯彻好。"枫桥经验"是中国社会基层治理模式的创新实践,五十年风雨坎坷,与国家、时代、改革开放同命运、共甘苦,是体现中国道路、中国制度、中国理论在乡村基层社会治理方面的一个典范和品牌,而尹曙生为何要全力否定、反对,甚至给"枫桥经验"扣上许多"莫须有"的罪名和不实之词,先让我们来还原一下"枫桥经验"产生的历史场景。

　　1963年6月19日,中共浙江省委根据中央关于在农村开展社会主义教育运动的决定,派出省委工作队到诸暨县枫桥区,会同县委在枫桥区的7个公社进行社教运动试点,时任浙江省公安厅副厅长吕剑光带领省厅和宁波地区公安处的30多名民警参加了试点工作。试点中,有一段时间以开展对敌斗争为主,当时规定,在社教运动中,除了现行犯,一律不捕人,尽量缩小打击面。在7—9月的调查中,工作队掌握了全区6.5万人中共有911名"四类分子",其中,有较严重违法行为的163名,占总数的17.9%。群众中揭露出来的主要问题是20世纪60年代初国家经济处在困难阶段,国际上反共反华势力猖獗,特别是1962年台湾国民党多次派遣武装特务窜犯大陆,图谋反攻复国,"四类分子"中有的记"变天账"、写反动诗,有的要求收回土改时分给贫苦农民的房子、财产等,还有不少人利用"酒色财气"腐蚀拉拢基层干部。鉴于此,一部分基层干部和积极分子要求逮捕45名"四类分子"。省委工作队随即组织他们学习政策,在群众中展开讨论,是"文斗"(即摆事实、讲道理的说理斗争)好,还是触及皮肉的"武斗"好?是少捕人好,还是多捕人好?通过讨论,大家统一了思想,在会上坚持摆事实、讲道理,不打不骂,并允许当事人申辩,没有逮捕一人。1963年10月下旬,时任公安部部长谢富治向当时正在杭州的毛泽东汇报诸暨社教运动中没有捕人的情况,毛泽东说,这叫作"矛盾不上交,就地解决",并指示要好好总结经验。① 11 月 20 日,毛泽东在审阅公安部拟在第二届全国人大第四次会议上的发言稿时批示,"此件看过,很好。讲过后,请你们考虑,是否可以发到县一级党委及县公安局,中央在文件前面写几句介绍的话,作为教育干部的材料。其中应提到诸暨的好例子,要各地仿效,经过试点,推广去做"。② 过了两天,11 月 22 日,毛泽东与时任公安部副部长汪东兴谈话时又说,"你们公安部,日常的具体工作很多,如巩固边防的工作,搞一些特大案件,投靠外国使领馆的案件,等等,这是经常要做的。还要研究情况,提出一个时期的政策。但最重要的一条,是如何做群众工作,教育群众,组织群众,做一般性的公安工作。……从诸暨的经验看,群众起来之后,做得并不比你们差,并不比你们弱,你们不要忘记动员群众。群众工作做好了,可以减少反革命案件,减少刑事案件。我们公安工作,历来是与苏联的不同。诸暨县有经验,要好好总结一下,整理一个千把字的材料批发下去,回答两个问题:①群众是怎么懂得这样去做的;②依靠群众办事是个好办法。材料要短一点,长了没人看,短了就有人看了。你们经常要蹲点,做这种工作"。③ 毛泽东关于"枫桥经验"的批示、指示精神,更多、更充分地反映在他的讲话之中。按照毛泽东的要求,省委责成公安厅组织专门力量总结"枫桥经验",初稿约有两千来字,后来公安部副部长凌云又进一步帮助修改,最后经省委和公安部讨论,形成《诸暨县枫桥区社会主义教育运动中开展对敌斗争的经验》,由省委工作队、诸暨县委共同署名。1964 年 1 月 14 日,中共中央发出《关于依靠群众力量,加强人民民主专政,把绝大多数四类分子改造成为新人的指示》,同时附发了诸暨县枫桥区社会主义教育运动中开展对敌斗争的经验,"枫桥经验"由此闻名全国。1965 年 6—7 月,公安部召开第十四次全国公安会议。经查,1964 年、1965 年"这两年是中华人民共和国成立十多年来捕人最少的年份。实践证明,实行依靠群众,少捕人、矛盾不上交,收到显著成效"④。

① 吕剑光:《枫桥经验的产生过程》,祝春林主编:《历史瞬间》第 1 卷,群众出版社 1999 年版,第 57—61 页。
② 公安部编写组:《建国以来公安工作大事要览》,群众出版社 2003 年版,第 259 页。
③ 朱志华、周长康:《枫桥经验发展论》,浙江人民出版社 2011 年版,第 24 页。
④ 吕剑光:《枫桥经验的产生过程》,祝春林主编:《历史瞬间》第 1 卷,群众出版社 1999 年版,第 57—61 页。

## 第二节 "枫桥经验"的发展历程

在改造"四类分子"过程中产生的"枫桥经验",随着时代和社会的发展,其内涵与外延也在不断丰富和创新。20世纪60年代中期,枫桥在维护社会治安时,先后成立了监督改造、调解矛盾、帮助教育、安全检查4个组,解决了大量人民内部矛盾,尤其是创造了依靠群众,关心、教育、帮助懒汉、二流子、流窜犯改正的经验,受到公安部高度评价。1965年12月,浙江省公安厅汇集了11篇学习、发展"枫桥经验"的典型材料,供全省公安机关借鉴学习。

"文革"十年动乱中,公检法被砸烂,一些别有用心的人肆意诋毁"枫桥经验",批判其为"修正主义样板""资产阶级人性论""和平改造的黑旗",对坚持"枫桥经验"的干部进行批斗、迫害,对治保人员罚站、关押、吊打、批斗、游街等,致使"枫桥经验"在很长一段时间蒙污,未能发挥其应有的积极作用。

然而,群众在实践中创造的、有生命力的经验,是任何力量也摧垮不了的。"文革"结束后,青少年犯罪曾一度大幅上升,治安秩序混乱,枫桥的干部群众又创造了帮教失足青少年和一般违法人员经验,省、市、县三级公安机关经常派员到枫桥蹲点、总结经验。特别是1977年10月,公安部委派一局副局长赵明带领工作组到枫桥长期蹲点,会同省地县公安局组成四级联合工作组,调研、总结、推广"枫桥经验",尤其是总结了依靠群众制订《治安公约》,通过民主评审给"四类分子"摘帽的经验,在全国开了历史先河。浙江省公安厅党委向省委、公安部做了专题报告,认为"对改造比较好的'四类分子'摘帽的经验是可行的,有利于社会主义事业",公安部给予很高评价。1979年1月11日,中共中央下达《关于地主、富农分子摘帽问题和地、富子女成分问题的决定》。2月5日,《人民日报》以"摘掉一顶帽,调动几代人"为题,发表长篇通讯,介绍枫桥区落实政策,给"四类分子"摘帽,化消极因素为积极因素的经验。这是枫桥干部群众在新形势下为全国普遍开展"四类分子"摘帽,调动广大人民群众力量,积极投身社会主义建设的又一重大贡献,是"枫桥经验"在新时期新发展的又一成果。

改革开放以后,随着党的工作重心的转移,"枫桥经验"也与时俱进,工作着力点及时转移到依靠群众,维护社会治安,保障经济建设上来。在这过程中,一度有人提出,"四类分子"都摘帽了,"枫桥经验"过时了;有的认为"枫桥经验"是计划经济、封闭时代产生的经验,在改革开放中不适用,甚至有人说是极左路线的产物,等等(实际上比尹曙生现在著文说得更早),"枫桥经验"一时也受到冷落。但面对责难非议,枫桥人民不动摇、不气馁、不停步,在党和政府领导下,充分发挥基层治保组织作用,依靠群众对违法人员进行教育改造,同时做好犯罪预防工作,防止各类人民内部矛盾激化。枫桥镇先后成立了治保会、联防队、消防队、人口协管员等四支群众性治安队伍;实行"五个依靠",一是依靠群众就地化解民事纠纷。二是依靠群众就地挽救违法人员。三是依靠群众加强公共复杂场所管理。四是依靠群众强化企业内部防范。五是依靠群众侦破刑事案件,并把治安管理和树立良好道德风尚结合起来,从而在社会主义商品经济发展的情况下,保持了捕人少、治安好、经济发展快的良好局面。①

1993—2010 年全国、浙江省与枫桥刑事案件对照统计表②

| 数字\年份 | 全国刑事案件 | | 浙江省刑事案件 | | 枫桥刑事案件 | |
|---|---|---|---|---|---|---|
| | 立案(起) | 每万人立案数(起/万) | 立案(起) | 每万人立案数(起/万) | 立案(起) | 每万人立案数(起/万) |
| 1993 | 1616879 | 13.64 | 90644 | 21.08 | 32 | 6.94 |
| 1994 | 1660734 | 13.86 | 103997 | 24.03 | 73 | 15.80 |
| 1995 | 1621003 | 13.38 | 107018 | 24.57 | 59 | 12.74 |
| 1996 | 1600716 | 13.08 | 104615 | 23.86 | 75 | 16.23 |
| 1997 | 1613629 | 13.05 | 157718 | 35.75 | 67 | 14.50 |
| 1998 | 1986068 | 15.92 | 213581 | 48.16 | 102 | 13.69 |
| 1999 | 2249319 | 17.88 | 224042 | 50.52 | 132 | 17.77 |
| 2000 | 3637307 | 28.70 | 280781 | 62.61 | 194 | 14.65 |

① 浙江省公安志编纂委员会:《浙江人民公安志》,中华书局 2000 年版,第 274 页。
② "1993—2007 年全国刑事案件数据"引自宋浩波、靳凤高主编:《犯罪学》,复旦大学出版社 2009 版。

| 年份＼数字 | 全国刑事案件 | | 浙江省刑事案件 | | 枫桥刑事案件 | |
|---|---|---|---|---|---|---|
| | 立案（起） | 每万人立案数（起/万） | 立案（起） | 每万人立案数（起/万） | 立案（起） | 每万人立案数（起/万） |
| 2001 | 4457579 | 34.93 | 308280 | 68.35 | 165 | 22.27 |
| 2002 | 4336712 | 33.76 | 289064 | 63.84 | 158 | 21.35 |
| 2003 | 4393893 | 34.00 | 419543 | 92.18 | 155 | 21.12 |
| 2004 | 4718122 | 36.30 | 509844 | 111.38 | 146 | 20.00 |
| 2005 | 4648401 | 35.55 | 512001 | 111.25 | 161 | 16.70 |
| 2006 | 4653265 | 35.41 | 499930 | 107.98 | 151 | 15.70 |
| 2007 | 4746000 | 35.92 | 484673 | 104.02 | 179 | 18.60 |
| 2008 | 4889000 | 36.48 | 473683 | 101.04 | 554① | 57.70 |
| 2009 | 5579900 | 42.00 | 467023 | 101.00 | 541 | 56.30 |
| 2010 | 5969900 | 44.55 | 461635 | 98.22 | 630 | 60.00 |

18年刑案的数据比较，可以雄辩地证明，"枫桥经验"诞生地的社会治安、刑事发案率不但年年低于浙江省，而且有12年，即2/3的年份低于全国年均水平，且浙江是中国的经济大省，诸暨是浙江的经济强市，枫桥又是诸暨的经济强镇之一，保持如此良好的治安记录，坚持"枫桥经验"的功绩实不可没。

"枫桥经验"从早期主要化解民事纠纷，诸如家庭、婚姻、邻里、山林、水利、宅基地等矛盾，到改革开放深化后化解新产生的社会矛盾，诸如土地征用、房屋拆迁、劳资纠纷、工伤医疗、交通事故、环境污染、财务管理、合同纠纷、外来务工者与本地居民纠纷等等，都发挥了积极有效的社会功能和显著作用；从早期的《治安公约》到后来的《村规民约》，在实践探索中，还形成了"四前"工作法（即组织建设走在工作前，预测工作走在防范前，防范工作走在调解前，调解工作走在矛盾激化前），以及"四先四早"的工作机制（即预警在先，苗头问题早消化；教育在先，重点对象早转化；控制在先，敏感时期早防范；调解在先，矛盾纠纷早处理），从而消解了大量人民内部的矛盾

---

① 枫桥公安派出所为维护辖区安全，提高公众安全感，从2008年开始，将刑事案件立案标准从原来的财产损失2000元，改为600元；将有手段的意图案件，比如撬门入室意图盗窃，但未撬入、未失窃的案件，也立为刑事案件，故2008年始案件数增多。

纠纷,以及一般性的治安问题和轻微刑事案件,基本上做到"小事不出村,大事不出镇,矛盾不上交",形成了"矛盾少、治安好、发展快、社会文明进步"的良好局面。

党的十六大以来,浙江在全省范围内坚持和发展"枫桥经验",使其逐步成为深化平安建设、维护和谐稳定、推动科学发展的成功经验。特别是2004年5月,在习近平同志担任浙江省委书记时期,做出了建设"平安浙江"的重要决策,以加强和创新群众工作为主线,创造了乡镇(街道)综治工作中心、综治进民企、"网格化管理、组团式服务"、领导干部下访约访等在全国有重要影响的特色工作;全面推广重大事项社会稳定风险评估机制,构建大调解工作体系,社会信访总量呈逐年下降趋势;同时,坚持专门机关与群众路线相结合,动员、组织、协调各种社会资源,创新工作思路和工作方法,把源头预防和末端治安结合起来,把各种矛盾纠纷最大限度地解决在基层、解决在当地、解决在萌芽状态,确保了浙江省以约占1%的国土,约占全国4%的人口,创造了全国约7%的经济总量。2013年度,浙江省城乡居民人均收入绝对水平居全国前列,分别为全国的1.4倍和1.8倍。城镇居民人均可支配收入连续13年列全国各省、区首位,农村居民人均纯收入连续29年同样居全国各省、区首位。这一切,都与浙江人民坚持贯彻、发展"枫桥经验",构建平安、和谐、良序、稳定的社会环境是密不可分的。

## 第三节 "枫桥经验"再解读及尹文之谬误

综上简述"枫桥经验"的形成及其发展历史,一是可以看出,"枫桥经验"的实践探索主体始终都是枫桥当地的人民群众,以及推广后全省各地的干部群众;二是五十多年风雨春秋,"枫桥经验"伴随着时代的发展而发展,不断地创新、丰富其内涵,虽然在不同历史阶段,也受到来自右的或极左等不同方面的非难、质疑,干部群众遭遇打击迫害;然而,毕竟"青山遮不住,大江东流去","枫桥经验"与时俱进,历久弥新,其影响力、正能量在不断聚集扩展,焕发青春,一切歪曲、抹黑、污蔑都是徒劳无益的。现将"枫桥经验"的重新解读与尹文的谬误和不实之辞联加评析。

一、"枫桥经验"的精髓和毛泽东批示、讲话的思想核心是"群众路线",而尹文却主观歪曲和恶意篡改为"群众专政",这是截然不同的两种论断

尹曙生把"枫桥经验"的"最大特点"概括为"实行群众专政",他个人臆断"这样做的好处,可以节约执法成本,可以在群众中强烈地、人为地树立对立面,用一部分人压制另一部分人,造成人人自危的局面,达到社会控制的目的"。在尹的笔下,"枫桥经验"从诞生之日起,发展到50多年后的今天,中国社会是不是成了充满白色恐怖、人人自危、暗无天日的国家呢?读者自有公论,事实完全不是这种景象。当年毛泽东强调,"最重要的一条是如何做群众工作,教育群众,组织群众","群众起来之后,做得并不比你们差,并不比你们弱,你们不要忘记动员群众"。群众路线这一思想,不但贯穿了毛泽东的一生,包括对"枫桥经验"的批示、讲话,也是共产党人始终不渝的政治路线、思想路线、工作方针。中共从星火燎原到夺取政权,从新中国建设前30年,到改革开放后近40年,无论是革命还是执政,群众路线始终是党所坚守的红线、主线,是党和人民克敌制胜,从胜利走向胜利的传家法宝。"枫桥经验"的历史发展、枫桥人民的实践探索,从对敌斗争到党的工作重心转移,再到全面改革开放,今天又进入新的历史阶段,时代社会在变,经验的内容形式在变,但核心思想、精髓脉络相承不变,即始终不忘人民群众,坚持群众路线,化解各种纠纷,矛盾不上交,就地解决。前几年在全国开展的党的群众路线教育实践活动从哲学意义上说,其主题也正是突显了马列主义、毛泽东思想一贯强调的"人民,只有人民,才是创造历史的真正动力"这一唯物史观的精髓。而尹文却凭主观臆断,给"枫桥经验"扣上"群众专政"的黑帽子,用恐怖联想把中国描绘成无法无天的黑暗社会,对"枫桥经验"大加挞伐,既粗暴又专断。

二、尹文的标题很触目,把一个负面角色与"枫桥经验"紧密挂钩,吸人眼球,使人浮想联翩

谢富治何许人?年轻的同志知道得很少,但很多老同志,尤其是老公安都知道。20世纪60年代其时任公安部长,"文革"中随"四人帮"站队,犯

有严重政治错误,在人们心目中,其形象不好,是个负面人物。尹文把枫桥干部群众首创,浙江地方党委、政府做了大量工作、总结提炼的"枫桥经验",偷换成由谢富治主导,似乎在他一手操纵、掌控下搞出的"枫桥经验",那人们往往习惯性地推导,坏人还能搞出什么好经验? 尹曙生作为一个公安老人,还曾担任一定领导职务,不会不懂得,公安机关实行"双重领导",条块结合,以块为主,即以地方党委、政府领导属地公安为主,业务由上级公安指导、主管;而且凡事不能脱离当时的客观历史、背景条件,一个以公安对敌斗争为主的总结材料,受到毛泽东充分肯定,公安部参与调研、修改,经过公安部长的认可,就程序过程而言,是很正常自然的事。而尹文却要特别强调谢富治与"枫桥经验"的密切关联,但其文内容中几乎看不到谢富治在"枫桥经验"的实践探索中究竟起何重要乃至关键、主导作用? 尹文故意要将一个负面人物生拉硬扯地与"枫桥经验"强行挂钩、凸显,不能不让人怀疑他的政治用心?!

### 三、在谈及"枫桥经验"时,毛泽东曾有一段针对公安机关的经典言论,发人深省

要教育组织群众"做一般性的公安工作",即人民群众协助公安机关搞好当地治安,如群防群治,就地教育改造"四类分子"、教育挽救轻微违法人员等。又说,"群众工作做好了,可以减少反革命案件,减少刑事案件。我们的公安工作,历来是与苏联的不同"。故中央强调社教中,除现行犯外,"一个不杀,大部不抓",少捕人。而枫桥做到了依靠群众不捕人,矛盾不上交,就地解决。这样,既减少了案件,更减少了社会对立面,使消极因素转变为积极因素,于国于民都有利。这实际上体现了毛泽东和党中央一贯的政策思想,团结一切可以团结的人们,调动一切可以调动的力量,摆事实、讲道理,以理服人,从基层基础工作做起,正确处理敌我矛盾和人民内部矛盾,维护社会和谐安定。毛泽东说,我国公安工作与苏联不同,关键是不搞孤立主义、神秘化,不搞脱离群众地单纯办案;历史上,苏区打"AB"团,延安时期搞"抢救运动"是有教训的。从中华人民共和国成立至今,中国公安一直强调专门机关和群众路线相结合,枫桥派出所更是积数十年之经验,创造性地提出"群众警务"概念,即公安机关坚持以民为本,一切以群众利

益为出发点和落脚点;在预防、控制、打击犯罪,维护社会治安过程中,坚持走群众路线,相信、依靠、组织、发动群众共同预防违法犯罪,警民联防,共建平安和谐社会;而警务工作的优劣,治安秩序的好坏,社会安全感和满意度最后要由人民群众来评判,由老百姓说了算。这就是具有中国特色的警务概念和经典品牌,揭示了我国公安工作既不同于美英西方国家,也不同于苏联的政治属性和工作方针,体现了中国公安的独特性和优良传统、内在动力。毛泽东还提出,材料要回答两个问题:一是群众怎么懂得这样去做;二是依靠群众办事是个好办法。还要求各地经过试点,推广去做。这些话语再次突显了毛泽东终生强调的群众观念、群众路线思想;又具体阐述了蹲点试点、解剖麻雀、以点带面、全面推广,从群众中来、到群众中去的工作方法和路径。这既是他的个人思想,又是党的路线方针,同时更明确、更具体地指出了中国公安工作的正确方向和行为准则,成为党和国家、公安机关的宝贵精神财富。而尹文根本无视或故意歪曲"枫桥经验"乃至毛泽东的基本思想实质,或断章取义,唯我所需,或随意裁剪,主观曲解,作为一个有公安经历的人,却完全不谈或有意避谈公安机关的本质属性和光荣传统、政治优势以及主流成就,而把当时历史条件下存在的问题、缺失、错误突出强调,放大、上纲,其用意目的人们不是看得很清楚了吗?

**四、用选择性、非客观公允的数据说事,硬往"枫桥经验"上栽赃,实乃尹文不诚实、不道德的一种障眼手法**

通观尹文全篇,从 1958 年叙事到 1962 年这 5 年中,篇幅占了全文约半,讲了一大堆极左路线和大跃进、三年困难时期的"罪恶史",而此时离"枫桥经验"产生的时间还有一大截。真正谈到"枫桥经验"的篇幅只占了约四分之一,而前挂后连,批"枫桥经验",污名、诋毁的篇幅占了四分之三。尤其让人大跌眼镜的是,"枫桥经验"在"文革"时期被批判为"修正主义""人性论""右倾样板",被抛弃搁置,而在尹的笔下,硬是把"文革"中北京、湖南、安徽等地极左造成的恶果连到"枫桥经验"上予以清算,真是颠倒黑白,恶意栽赃! 事实上,"枫桥经验"的诞生,对于纠正当时社会主义教育运动中"左"的思想和行为偏差是有积极、正面意义的。此外,尹文中还引用所谓《人民日报》1979 年 2 月 5 日报道写道,"文革"后,枫桥"四类分子"的总数比社教时增加了 3 倍。经查,《人民日报》1979 年 2 月 5 日的报道,其实是对"枫桥经验"和枫桥地区率先给"四类分子"摘帽的充分肯定。报道原文中是这样说的,"枫桥区共有 13 个公社,13.7 万多人("枫桥经验"产生时仅在全区 7 个公社试点,为 6.5 万人口),去年 5 月(1978 年 5 月)以前,还有"四类分子"1055 人"。"除了极少数坚持反动立场,至今还没有改造好的以外,其他都要在最近一律摘帽"。在文章最后一段又报道,"据不完全统计,枫桥全区历年(文中未交代'历年'是从何年截至何年,也可理解为从 1949 年至 1979 年)戴帽的有 3279 名"四类分子"。他们的直系亲属就有 23000 多人,其中在外地工矿企业、国家机关工作的就有 5800 多人;在中国台湾、香港、澳门的有 1600 多人;在国外的有 70 人,大多数地、富分子和犯有历史罪行的反革命分子,他们的家庭已经有了第三代,乃至第四代。社员、干部都深有体会地说:摘掉一顶帽,调动几代人"。报道中先后出现两个不同数据,如果做学术探讨,应客观引用数据,将两组数据分别列出,并加以分析,或让读者自己研判。而尹文有意回避此时的枫桥区已由 1963 年试点时的 7 个公社增加到 13 个公社,人口也增加了约 1 倍。不顾区域和人口已发生变化的前提,笼统或有意诬断,"经过 15 年时间,枫桥区'四类分子'人数不仅没有减少,反而增加了 3 倍",似乎这就是"枫桥经验"所结的恶果。从中可以看出,尹文利用的恰恰是读者往往不去深究数据变化的原因,以及偷梁换柱的手法,实无半点科学精神和实事求是之心。这里且不说从"枫桥经验"诞生到后来历经 15 年,人口、行政区域的变化调整,而要将"文革"十年的非正常、特殊历史时期所产生的种种问题,都归罪到本身也在"文革"中受批判、被否定的"枫桥经验"上来,岂非毫无道理?另外,尹文所引用的《人民日报》数据也完全是根据自己的爱好、政治所需,只引用看似对自己有利的一组数据,而不提"还有四类分子 1055 人"对自己不利的数据。在此,尹曙生连基本的客观公正的学术态度都没有了,为何要采取这些不诚信的无良手法,岂不引人深思吗?

不知作者目前还是否是中共党员?如是,我想你应知党是有政治纪律的,共产党员应在政治上与党中央保持一致,公开场合不发表与党的主张相反的意见。而内部争论可以向上级领导、组织反映,申诉不同观点、意见都是党员权利,是正常、正确的做法。"枫桥经验"从党的第一代、后几代中央领导都充分肯定,中共中央专此发文,并召开全国性纪念大会,而你的公开反对,甚至要全盘否定、推倒"枫桥经验",是否有违党的政治纪律,请酌。尹文从负面人物谢富治说起,到全盘否定"枫桥经验",虚妄和无中生有地历数"枫桥经验"所带来的种种危害和恶果,而"枫桥经验"又是得到毛泽东首肯和充分认可的。"项庄舞剑,意在沛公",尹文剑指何人?其针对目标、所要批判的对象不是呼之欲出了吗?须知,毛泽东仍是全党全军全国人民公认的伟人和第一代核心领袖,他的思想仍是上了党章、上了宪法,是引领全党和国家的指导思想,尹曙生文章明批谢富治和"枫桥经验",暗向毛泽东发难、泼污水,是否既有违背党章,又有违反宪法之嫌呢?

最后,我不知尹曙生有多久没到浙江枫桥了,欢迎你到枫桥实地走走、听听、看看,实际接触一下"枫桥经验"的亲历者、实践者、当地的干部群众、浙江的专家学者,使你对"枫桥经验"的产生、发展、意义、作用有一个全面、客观、正确的认知。

## 创新篇结语:

创新是时代的要求,创新是发展的动力。各地遵循习近平总书记关于加强和创新社会治理,完善中国特色社会主义社会治理体系的论述,在坚持和发展"枫桥经验"的实践中,总结了一系列创新经验。湖州市安吉县等创造了"家园卫士"的经验,民警登门入户,充分调动了群众自治法治德治的积极性;上虞区创造了凝聚新乡贤等大批志愿者,踊跃参与乡村治理;景宁畲族自治县探索了新时代检察监督体制机制新样态,构建了检察网格化的典型样本;江苏盐城市总结了"梳网清格"的经验,有效治理了基层社会;上海市长宁区法院探索了超大城市推广"枫桥经验"的做法,构建了矛盾纠纷多元化解机制,等等,这些均系群众在实践中的创新之举,促进了新时代"枫桥经验"的新发展。

"枫桥经验"的发展不是一帆风顺的,它是经过曲折的路径,是在同各类犯罪活动做斗争中发展的,是在同各种错误思想尤其是故意歪曲、攻击的言论进行博弈中创新的,是在同各种灾害事故和传染疾病做斗争中完善的。越是面临复杂矛盾和重大风险,越能创新发展。这就是坚持和发展"枫桥经验"的内生力。

## 附　录

# 吕剑光与"枫桥经验"——怀念人民公安事业老前辈吕剑光

　　清晨,一条手机短信映入我眼帘:"吕剑光副部长于 2012 年 12 月 5 日 1 点零 8 分在北京医院逝世,享年 95 岁",这是公安部吕老部长的秘书常德贵同志发来的。我随即回信:"沉痛悼念人民公安事业的老前辈吕老部长",同时告知了与吕剑光老部长有关联的一些警界战友,并准备去京参加其有关治丧活动。我伏案提笔,脑海中浮现出近几年与吕老交往的一幕幕情景……

　　我是 1980 年参加公安工作的,入警之初,就听说当时的公安部副部长吕剑光是从浙江上调北京的,后来时间长了,才知道吕剑光出生于山东省莱芜,1937 年在抗日烽火中参加革命,解放前先后担任泰山特委保卫局局长、县公安局长、市委社会部部长、潍坊市公安局局长。1949 年 10 月后,曾任山东省公安厅处长、济南市公安局副局长,后调任浙江省公安厅党组副书记、副厅长,继原国务委员、公安部部长王芳同志后又担任省厅党组书记、厅长兼武警浙江总队第一政委,浙江省委常委兼省委秘书长,直至调京。生前,曾多次为毛泽东主席等党和国家领导人做过警卫工作。2009 年,我到北京吕老部长家中看望他时,他家客厅墙上还端端正正地悬挂着当年毛主席在杭州时与他合影的大幅照片。

　　以往在我心目中,吕剑光老部长是一位德高望重的公安老前辈,可敬但不可能有机会近距离接触,真正将我与老人联结到一起的是"枫桥经验"。进入 21 世纪前十年后,中国社会出现了快速发展中的大量矛盾纠纷,预防犯罪,维护稳定,建设平安和谐浙江的任务十分艰巨。2004年我担任公安厅副巡视员后,有了更多的时间和精力深入基层,调查研究,与许多基层民警和专家学者共同研讨探索如何化解社会矛盾纠纷,防范和遏制违法犯罪活动高发频发的现象及趋势,而"枫桥经验"在新时期的新发展,它数十年的生命活力由此进入了我们视野。在"枫桥经验"诞生45周年前后,我曾数次到诸暨市枫桥镇调研,发现2005—2007年,该镇年均刑事发案率为14‰,老百姓连续多年对"安全感"的认可度都在97%以上,而全省的刑事发案率为107‰,个别地方竟高达400‰。而这其中,"枫桥经验"数十年如一日,坚持群众路线,化解矛盾纠纷从最基层做起,预防犯罪从源头抓起;公安派出所坚持"群众警务",警民密切合作,强化基础工作,构建网格化维稳机制,发挥了重大积极作用。2009年,我第一次到北京吕剑光老部长家,他向我询问浙江公安工作的情况和"枫桥经验"的新发展,听后他非常高兴,因为"枫桥经验"最初就是1963年他亲率工作组到枫桥调研总结形成的,后上报公安部,最后呈送毛泽东主席;毛主席亲笔写下一大段批示,1964年中共中央又专此发文到全国县团级,由此形成了远近闻名的"枫桥经验"。"枫桥经验"经数十年风雨洗礼,薪火相传,历久弥新。

吕老与"枫桥经验"的渊源很深,感情厚重。2010年,是他93岁高龄最后一次来浙江杭州。我当时正长驻上海,担任省委省政府驻沪工作组副组长在一线做世博会安保工作,接到周长康同志(曾任吕剑光秘书)电话告知,吕剑光老部长提出要去枫桥看看。于是我专程从上海赶回杭州,和周长康、齐跃明(厅老干部处处长)等同志一道陪同前往。吕老部长对我说这次到杭州,其他地方都不去了,就是想到枫桥看看。到枫桥后,老人顾不上休息,在会议室专门听取枫桥公安派出所时任所长蒋其等人的汇报。听完汇报,吕老即席有感而发:"这次我重来诸暨枫桥主要是看望大家,感谢你们长期不懈的努力,坚持创新发展'枫桥经验'。听了同志们的汇报,我很高兴,我93岁的人比吃什么药都好,虽然耳聋眼花,但脑子还清楚,来此后身体会更好。""'枫桥经验'在不断地传承与发展,这个很重要。党中央、各级党委政府、各级公安机关都很重视'枫桥经验'。""孟建柱部长在看望我时也说:'枫桥经验'起了很大作用,希望你们要高度重视。""毛主席曾经说过,一个人做一件好事并不难,难的是一辈子做好事。坚持和发展'枫桥经验'是个长期曲折的过程,'文化大革命'时'四人帮'反不了,因为'枫桥经验'深入人心;粉碎'四人帮'后,内部也有人认识不一致,说'枫桥经验'过时了。但浙江诸暨枫桥的同志坚持下来了。任何经验成果都不可能是一帆风顺的,科学的东西都是经过很多年辩证发展过来的。'枫桥经验'之所以发展到现在就是不断斗争发展的,因为它有群众基础,有强大的生命力。希望大家不断创新发展'枫桥经验',使老百姓安居乐业,社会和谐稳定,真正做到人民公安为人民、人民公安靠人民。"当快要离开枫桥时,老人高兴地和枫桥派出所及诸暨市公安局的负责同志等在派出所大门口合影留念。是晚,在诸暨市宾馆住地,吕老和时任诸暨市市委常委、公安局长袁立江又谈起了"枫桥经验"。

这次浙江杭州、诸暨之行,老人虽年事已高,但依然精神饱满,谈锋甚健。其间原省委常委、公安厅长、省高院院长夏仲烈和时任省委常委、公安厅长王辉忠都前往西子宾馆看望;吕老还专程去南山公墓王芳同志墓地深情地祭拜了他当年的老战友、老搭档。在杭州的时候,吕老听说我和周长康牵头,正组织公安机关内外的专家学者撰写《"枫桥经验"发展论》这部理论专著,十分高兴,回北京后,不时让其身边的常秘书来电询问专著进展情况。在新书终稿,即将出版前夕,他又欣然为该书作序。2011年6月,《"枫桥经验"发展论》正式出版后,我们随即给他老人家寄送去两册。6月27日上午,他接到该书后,马上前往公安部孟建柱部长办公室,对孟部长说:"我今天来,是专程给你送书的,这是浙江省13位同志写的《"枫桥经验"发展论》一书。"孟部长说:"谢谢,前几年,我去浙江诸暨枫桥镇调研并开了会。"又说:"'枫桥经验'是最宝贵的经验,是与时俱进的,适合于任何年代的发展需要,是警民关系沟通的桥梁。"吕老又说:"今天下午,公安部召开庆祝建党90周年大会,我不能参加了,因为我耳聋,眼睛看不清楚,请你顺便在会上说一说。"果然,在当天下午公安部召开的全国公安机关纪念建党90周年电视电话会议上,孟建柱部长专门脱稿讲了一段有关"枫桥经验"、群众路线的内容。

2011年7月3日,星期天下午,我应吕老部长之约,第二次前往他家,汇报《"枫桥经验"发展论》出版发行情况及后续推广"枫桥经验"的想法。吕老首先充分肯定了浙江的同志出了一本好书,是给党的90周年生日献礼,为传播推广"枫桥经验"做出了贡献。然后他回顾了"枫桥经验"经历的风风雨雨,还一再强调"年轻的同志要继续把'枫桥经验'传承下去,特别是在当前社会矛盾突出,社会管理创新,建设平安和谐社会中,'枫桥经验'更有其特殊意义;'枫桥经验'不但是浙江的,也是全国的,还要走出去(意即走向世界);作为公安机关十分重视的典型经验,到现在已经 48 年了,历时这么长久的一个典型是很不容易的,也是不大有的,能把'枫桥经验'这件事做好,人生也是很有价值了。"他还说:"再过两年就是'枫桥经验'诞生50周年,希望浙江省公安厅向省委打个报告,如何纪念,要及早有个考虑安排。"当我汇报说一些同志酝酿筹划召开一个"枫桥经验"理论研讨会,并拟推动成立"枫桥经验"研究会或研究中心时,吕老说,这两件事都很好,并说到时候如身体好也要去参加。会见持续了一个多小时,临别时,老人执意把我送到电梯口。回杭后,我即把这次吕老部长约谈的情况,向厅党委做了书面汇报。

2011 年 7 月中旬,我已到退休年龄,卸下警装,开始书写人生路上的第二个春秋历程。尽管诸事繁忙,但老部长交代"枫桥经验"要继续发展传扬下去的嘱托我始终铭记在心。2012 年,我曾先后两次去京,当时因吕老参加春节部领导和国务院领导宴请老同志活动偶感风寒,后发烧住院治疗。第一次去看望时,他在昏睡中,病情较重,我稍视探望即离开了;第二次去看望,适逢午休后,他的病情已有好转,护理阿姨叫醒他,我们前后谈了几分钟,他又提起"枫桥经验"的话题,我怕打扰他治疗和休息,稍待一会就告辞了。后来,其秘书也曾来电说老人身体在恢复中,其间还出院回家一段时间,我正庆幸他能痊愈康复,不料后来听说又进北京医院了。在迎接党的十八大召开的日子里,我将从警二十年期间所写下的一些文稿结集后拟在公安内部出书,打电话请常秘书征求吕老意见能否为我新书作序,吕老又欣然答应,在了解我撰写的文稿内容和听完周长康同志代为起草的序言后,在 2012 年 9 月 7 日于病榻上端正地签下了他的名字。

党的十八大胜利召开后,11 月 21 日我参加厅机关组织的离退休老同志传达十八大精神学习会,在会议室墙壁上悬挂的玻璃镜框中,我一眼就瞥见了 2011 年 8 月吕老书写的 8 个毛笔大字:"枫桥经验有新活力",醒目而刚劲。老人的一生真是和"枫桥经验"结下了不解之缘。11 月 24 日是星期六,我和周长康同志组织长期关注、跟踪、研究、传扬"枫桥经验"的专家学者等再次踏上枫桥镇的土地,调研考察近些年"枫桥经验"的创新发展,并打算在第二年、即 2013 年"枫桥经验"诞生 50 周年之际召开一次理论研讨会,并将论文汇编成册,送往北京并向老部长做汇报,不料竟传来吕老离世的消息……

12 月 13 日上午,北京城前两天刚刚下过一场雪,白白的积雪还没全部化尽,天气寒冷,我赶到北京医院最后看望吕老遗体并告别。肃穆的大厅里吕老静静地躺卧在鲜花和绿叶丛中,身上覆盖着鲜红的党旗,胡锦涛、习近平、温家宝、李克强等党和国家领导人送的花圈排列在侧,中央政治局委员、国务委员、中央政法委书记、公安部长孟建柱等公检法领导,以及吕老家乡、他曾经工作过的地方的党委、政府、人民群众代表前来送行……

人民公安事业的老前辈,"枫桥经验"诞生这一重要历史事件的参与者、见证者吕剑光老部长走了,但他对"枫桥经验"的认真、执着的精神深深地烙在后人的脑海中。在党的十八大勾画出未来中国的奋斗征途中,"枫桥经验"必将继续发扬光大,吕老的遗愿必将会在后人的传承中实现。

2012 年 12 月 15 日夜于杭州

# 后　记

　　春夏秋冬，暑去寒来，经过十多位专家学者的共同努力，《"枫桥经验"的时代之音》一书终于和世人见面了。2018年是"枫桥经验"诞生55周年，中央政法委员会和浙江省委召开了隆重的纪念大会，随着"枫桥经验"数十年春风化雨，润物无声，传播弘扬，与时俱进，其基本经验、核心理念不但在过去、在今日，也必将在未来更有力地助推"平安中国""法治中国"的建设，并将从中国走向世界，在"全球治理""一带一路"建设中，为构建世界平安共同体提供充满"中国智慧""中国人价值理念"的"中国方案""中国样本"。

　　即将印发的这本专著，我们从数年前即开始酝酿、调研，到2018年组织班子，几议提纲，伏案写作，编审研读，修改校正，筹集经费，付梓印行，凝聚着众多同仁的心血汗水、辛勤劳动。其中尤其值得一提的数事是：浙江省第七、八届政协主席，已82岁高龄的刘枫同志，在手腕疼痛无法提笔、正持续做理疗的过程中，稍有好转，马上就给本书题写书名。原浙江省委常委、省人大副主任，曾任省公安厅厅长刘力伟同志，我们邀约他作序时，他不但欣然应允，而且谢绝了我们原拟为他起稿送审的提议，表示要成为本书的第一读者，读完后亲自动笔作序。他作为一名党的高级干部，这种认真负责、亲力亲为的作风使我们十分敬佩、感动。事实上，他不但成为细读本书的第一读者，而且帮助我们在内容文字上都进行了审阅把关，光校正指出书中错别字、病句、标点符号就达349处之多。担任本书主编之一的周长康同志，已是91岁高龄的老共产党员，他是20世纪60年代曾随省公安厅老厅长吕剑光同志到诸暨枫桥开展社会主义教育运动的亲历者，是从"枫桥经验"诞生至今，始终持续跟踪调研并笔耕不辍的可敬长者。上海市长宁区法院的诉前调解是"枫桥经验"在法院系统的创新典型，为写好有关章节，党组专门开会研究，并组织专门力量参与编写。江苏省盐城市公安局学习"枫桥经验"，在打造"平安中国之珠"活动中走在全国前列，其副市长兼公安局长王巧全不但介绍该局平安建设情况近三个小时,而且亲自给本书撰稿。有的专家学者不顾年迈体弱,视物昏花,三伏天长时间在屏幕前专心写作,直到因病治疗。有的作者白天上班工作,晚上和节假日潜心构思,伏案疾书。感谢浙江工商大学原党委书记胡祖光和浙江工商大学出版社社长鲍观明对本书的大力支持,以及责任编辑唐红细心审稿,认真修改。感谢公安厅文印中心的同志尽心协助配合,不厌其烦地改稿校对。同时,我们还要感谢省人大代表、共产党员、退伍军人、永兴特种不锈钢股份有限公司董事长高兴江对本书的解囊相助、热心支持。此外,对于曾参与本书工作和提供帮助的沈秋伟、毛雯、郑德明、蒋国长等同志,我们也一并表示衷心的感谢。总之,本书的圆满完成并公开面世,是浙江省老领导、全体作者、编审、社会各界热心人士集体智慧、共同努力的硕果。

2011 年在庆祝中国共产党诞辰 90 周年之际,我们曾出版发行了《"枫桥经验"发展论》专著,当时尚健在的公安部老领导吕剑光收到该书后,专程前往时任国务委员、公安部长孟建柱同志办公室送书。随后在全国公安机关庆祝建党 90 周年的电视电话会议上,孟部长专门强调传承"枫桥经验",坚持党的群众路线,并提到了我们所写的专著;在 2013 年恰逢"枫桥经验"诞生 50 周年的时候,继任国务委员、公安部长郭声琨同志看到《"枫桥经验"发展论》一书后,又专门给我们来信,表达了充分的肯定和鼓励,并对继续坚持和弘扬"枫桥经验"提出了新的要求;一些省内外公安机关和很多个人也纷纷前来求购和索要,进一步促进了我们的研究成果在社会上的推广和应用。2018 年 11 月,中共中央政治局委员、中央书记处书记、中央政法委员会书记郭声琨在和本书主编之一朱志华谈到"枫桥经验"时说,"枫桥经验"在不同时代是两代核心都充分肯定并树立的一面旗帜,但先进经验要与时俱进,要有新的发展和创新,并鼓励老同志在传承弘扬"枫桥经验"中继续发挥积极作用。这些都给了我们极大的鼓舞和鞭策。2019 年 3 月 5 日,国务院总理李克强在政府工作报告讲到当年政府工作第十项任务时强调:推动社会治理重心向基层下移,推广促进社会和谐的"枫桥经验",构建城乡社区治理新格局。这是"枫桥经验"首次写入国务院政府工作报告。习近平总书记在今年中央政法工作会议和省部级主要领导干部坚持底线思维,着力防范化解重大风险专题研讨班上都讲到了"枫桥经验",且已写入《中国共产党农村基层组织工作条例》，以及 2019 年《中共中央国务院关于坚持农业农村优先发展做好"三农"工作的若干意见》(中发〔2019〕1号)。2019 年又是中华人民共和国成立 70 周年，在中国人民喜迎祖国大庆前夕，《"枫桥经验"的时代之音》和大家见面了。此专著既是《"枫桥经验"发展论》的姊妹篇，也是我们课题组的全体同志对伟大祖国七十华诞的一份献礼和祝福。同时我们热切希望广大读者在阅读本书并进行思考的过程中，通过各种形式与我们交流互动，并提出建设性的批评意见。

编　者
2019 年 4 月